SAM WALTON ★ JOHN HUEY

Sam ★ Walton

MADE IN AMERICA

SAM WALTON ★ JOHN HUEY

Sam ★ Walton

MADE IN AMERICA

Tradução
Waltensir Dutra

ALTA BOOKS
EDITORA
Rio de Janeiro, 2017

Sam Walton — made in America
 ISBN: 978-85-508-0214-5

Impresso no Brasil.

Obra disponível para venda corporativa e/ou personalizada. Para mais informações, fale com projetos@altabooks.com.br

Tradução
Waltensir Dutra

Copidesque
Franklin Roosevelt Gonçalves

Editoração Eletrônica
Estúdio Castellani

Revisão
Mariflor Brenlla Rial Rocha | Edna Rocha

Produção Editorial
Elsevier Editora - CNPJ: 42.546.531./0001-24

CIP-Brasil. Catalogação-na-fonte.
Sindicato Nacional dos Editores de Livros, RJ

W197s

Walton, Sam, 1918-1992
Sam Walton, made in America / Sam Walton, John Huey ; tradução de Waltensir Dutra. – Rio de Janeiro : Alta Books, 2018
il.

Tradução de: Sam Walton, made in America
ISBN 978-85-508-0214-5

1. Walton, Sam, 1918-1992. 2. Walt-Mart (Firma). 3. Homens de negócios – Estados Unidos – Biografia. I. Huey, John. II. Título.

05-3314. CDD 926.58
CDU 929:658

ALTA BOOKS
EDITORA

Rua Viúva Cláudio, 291 — Bairro Industrial do Jacaré
CEP: 20970-031 — Rio de Janeiro - RJ
Tels.: (21) 3278-8069 / 3278-8419
www.altabooks.com.br — altabooks@altabooks.com.br
www.facebook.com/altabooks

AGRADECIMENTOS

A VIDA FOI BOA PARA MIM, provavelmente melhor do que qualquer homem tem o direito de esperar. No lar, tive a sorte de contar com uma mulher e filhos que se mantiveram unidos e se amaram, e concordaram com a minha obsessão de cuidar dos negócios. No trabalho, minha vida empresarial foi passada em harmonia com um incrível grupo de associados do Wal-Mart, que toleraram toda a minha irritação e teimosia e uniram forças para tornar corriqueiro e rotineiro o que antes parecia realmente impossível.

Em primeiro lugar, quero dedicar este livro a Helen Robson Walton e aos quatro belos filhos que – criou com uma certa ajuda do velho – ou seja, nossos rapazes Rob, John e Jim, e a nossa menina, Alice.

Em seguida, quero dedicá-lo a todos os meus sócios – e gostaria de poder identificá-los individualmente, mas conversamos sempre durante esses anos, e sabem o que penso de vocês – e a todos os meus 400 mil associados, que tornaram essa louca aventura do Wal-Mart tão divertida e tão especial. Grande parte deste livro é, na realidade, a sua história.

Nosso número era, a princípio, muito menor. Jackie Lancaster, nosso primeiro diretor de loja em Newport, Arkansas. Inez Threet, Ruby Turner, Wanda Wiseman, Ruth Keller – meus quatro primeiros associados quando abrimos a Walton's Five and Dime* em Bentonville, a 1º de agosto de 1951. O que teríamos feito sem aqueles primeiros diretores? A maioria deles correu grande risco, deixando bons empregos em cadeias de lojas muito maiores, para se juntar a uma carroça de um cavalo só, dirigida por um sonhador excessivamente ativo, lá em Bentonville – pessoas como Clarence Leis, Willard Walker, Charlie

---

* *Nota do Tradutor:* "Five and Dime" – Lojas populares onde todas as mercadorias são vendidas pelos mesmos preços, 5 (five) e 10 (dime) centavos de dólar, como as "Lojas de dois mil-réis" que existiram no Brasil até a década de 1940, aproximadamente.

Baum, Ron Loveless, Bob Bogle, Claude Harris, Ferold Arend, Charlie Cate, Al Miles, Thomas Jefferson, Gary Reinboth. Lá estavam também Bob Thornton, Darwin Smith, Jim Henry, Phil Green e Don Whitaker. E não posso esquecer Ray Thomas, Jim Dismore, Jim Elliot ou John Hawks. Ron Mayer contribuiu de maneira especial, e Jack Shewmaker colaborou, como tantos outros, para fazer do Wal-Mart uma grande companhia. John Tate ofereceu sempre conselhos valiosos.

É claro que o Wal-Mart não seria o que é hoje sem uma legião de bons concorrentes, muito especialmente Harry Cunningham, da Kmart, que realmente planejou e construiu a primeira loja de ofertas, tal como a conhecemos hoje, e que, na minha opinião, deve ser lembrado como um dos grandes comerciantes a varejo, de todos os tempos.

Mesmo assim, prefiro ficar com o meu pessoal do Wal-Mart, sabendo que David Glass está no leme, dirigindo uma grande equipe: Don Soderquist, Paul Carter e A. L. Johnson. E quando penso nos novos, como Bill Fields e Dean Sanders e Joe Hardin à frente de setores enormes da companhia, sei que algum dia eles nos deixarão para trás.

É claro que meu sócio número um no varejo, desde nossa terceira loja, tem sido meu irmão James L. "Bud" Walton, que tem algumas coisas a dizer a meu respeito, neste livro – e nem todas lisonjeiras. Os conselhos e a orientação prudente de Bud nos evitaram muitos erros. Minha natureza sempre foi impulsiva, de dizer "vamos fazer logo". Muitas vezes Bud aconselhava que tomássemos uma direção diferente, ou talvez que moderássemos o ritmo. Aprendi logo a escutar o que ele dizia, devido ao seu julgamento excepcional e ao seu enorme bom senso.

Finalmente, espero que haja no céu um lugar especial reservado às minhas duas secretárias, Loretta Boss, que me acompanhou durante 25 anos, e Becky Elliott, que já trabalha comigo há três anos. Elas merecem esse lugar, depois do que sofreram comigo aqui na Terra.

SAMUEL MOORE WALTON
Bentonville, Arkansas

PREFÁCIO À EDIÇÃO BRASILEIRA

A HISTÓRIA DO WAL-MART é marcada por muita simplicidade, trabalho e espírito de equipe. Quando ingressei na empresa, há pouco mais de oito anos, me surpreendi pela abertura e transparência que existiam dentro da corporação e por todos aqueles detalhes que, mais tarde entendi, são os pilares em cima dos quais foram construídos a empresa. Hoje, estes pilares, a essência do que denominamos a cultura Wal-Mart, são o maior diferencial competitivo que temos.

O espírito cativante, pioneiro e inovador de Sam Walton, como não poderia de ser, marca de maneira essencial toda a trajetória do Wal-Mart no Brasil. Apesar de nosso fundador não ter podido acompanhar esse novo capítulo da história do Wal-Mart, que coincide com um movimento mais amplo da empresa de ultrapassar as fronteiras dos Estados Unidos para diferentes rotas, os valores e a própria biografia de Sam estão presentes no nosso dia-a-dia e servem de inspiração para construirmos um negócio cada vez melhor.

No caso brasileiro, iniciamos nossa história com a abertura de uma loja de cada vez. As primeiras unidades do Wal-Mart no Brasil foram abertas na região da grande São Paulo. Muitas foram as aventuras e histórias pitorescas dos primeiros anos. Das primeiras contratações, da construção do modelo de "preços baixos todos os dias", do desenvolvimento de um novo conceito de loja de tudo isso a empresa aprendeu bastante com o Brasil, com os profissionais aqui contratados e com a cultura do brasileiro.

O Wal-Mart iniciou as atividades no país com dois formatos de loja – o Wal-Mart Supercenter, formato de hipermercado, e o SAM'S CLUB, formato para atender a comerciantes. Foi assim que, em 1995, concluímos o primeiro ano no Brasil com cinco unidades na região metropolitana de São Paulo: duas em São Caetano, duas em Santo André e uma em Osasco. No ano seguinte, demos outro passo importante para o crescimento do negócio: a construção de nosso primeiro Centro de Distribuição.

Em 1998, com 12 unidades em São Paulo, ultrapassamos os limites do estado e chegamos à região Sul, com duas unidades no Paraná. No aniversário de cinco anos, em 2000, chegamos a mais dois estados: Rio de Janeiro e Minas Gerais. E já somamos 20 lojas.

O ano de 2001 foi bastante especial, pois representou a concretização de um projeto com elevado teor de inovação e adaptação ao mercado brasileiro. Neste ano, implantamos um novo formato de lojas, o Wal-Mart Todo Dia, criado especificamente para atender ao consumidor brasileiro das classes C e D. Uma loja de vizinhança porém com um sortimento e apresentação diferenciados. No ano seguinte, inauguramos o Centro de Distribuição de Itapevi, com capacidade para atender pelo menos três vezes o tamanho da operação existente.

Em 2004, nove anos após o início da operação no país, outro momento fundamental para a nossa consolidação no Brasil: a aquisição da rede de supermercados Bompreço, líder no Nordeste, com mais de 100 unidades. Primeira aquisição da empresa no país, o Bompreço trouxe energia nova para todos os associados do Wal-Mart e contribuiu para que a operação da empresa tomasse outro tamanho. A partir de março daquele ano, o número de lojas passou de 30 para 149, e o quadro de associados cresceu de 7 mil para 28 mil pessoas. Neste mesmo ano, inauguramos mais seis unidades fazendo dele o ano mais importante em termos de crescimento e consolidação do negócio da empresa no país, em uma clara demonstração de comprometimento com o Brasil.

Tão importante quanto a densidade necessária para o fortalecimento do negócio, o Bompreço se revelou uma importante fonte de aprendizado e troca. Aprendemos bastante sobre pessoas, hábitos dos consumidores, características culturais de cada localidade e sobre o próprio processo de integração.

Neste ano, que marca a primeira década da empresa no Brasil, registraremos o maior crescimento orgânico nesses 10 anos: serão 10 novas lojas até dezembro, que ampliarão também nossa atuação para novos mercados, como a região Centro-Oeste, por meio da chegada a Goiânia e ao Distrito Federal, além de reforçar a presença no Sudeste, com a primeira loja no Espírito Santo.

O Brasil é um mercado estratégico para o Wal-Mart e, mais importante do que termos um negócio consolidado e de estarmos investindo no país, é o fato de termos um negócio bem construído, uma equipe genuinamente brasileira e que, a cada dia mais, aprende e contribui com o país. Um dos maiores desafios do varejo é a capacidade de customização de cada loja. Graças aos nossos associados e fornecedores, temos desenvolvido e estreitado negócios com parceiros em cada localidade. Muitos destes parceiros têm sido também nossos fornecedores de produtos de marca própria e muitos outros têm fornecido para as lojas da empresa em outros países. Isso é apenas mais uma evidência da capacidade que o Brasil tem de colocar, à disposição do consumidor, produtos de qualidade. Hoje mais de 450 milhões de reais em produtos brasileiros são exportados anualmente para serem vendidos a clientes do Wal-Mart em outros países. Embora o volume seja importante, acreditamos que ainda há potencial para muito mais.

Também nos orgulhamos de ser um dos maiores empregadores privados do país, com mais de 30 mil associados. Apenas neste ano, abrimos cerca de três mil novas vagas de emprego graças à inauguração das nossas novas unidades, além de milhares de empregos indiretos. E o mais importante é que cada um destes associados participa de um programa de desenvolvimento customizado e encontra no Wal-Mart reais oportunidades de crescimento e desenvolvimento de carreira.

Se hoje escrevo estas palavras aqui, com orgulho de ter um negócio construído no Brasil sobre uma sólida estrutura, os principais responsáveis são os 30 mil associados da empresa que a cada dia aprendem, inovam e injetam mais energia para vitalizar e fazer das nossas lojas o melhor para os nossos clientes. E, novamente, cabe aqui uma menção a este livro e a esta história que começou com Sam Walton. Os princípios de respeito ao indivíduo, busca da excelência e atendimento ao consumidor sempre nortearam o nosso negócio.

Para os próximos 10 anos, os desafios são estimulantes. Para o Wal-Mart, o Brasil é estratégico, devido à importância do seu mercado, além da qualidade da mão-de-obra e da diversificação e qualidade do setor produtivo, tanto indústria como agropecuária. Por isso, queremos estar cada vez mais presentes no dia-a-dia do brasileiro, fazendo parte da comunidade e contribuindo para o desenvolvimento do país.

O varejo brasileiro é bastante peculiar, com uma estrutura complexa e pulverizada. Há milhares de negócios distintos, tanto grandes como pequenos, espalhados nos bairros e nas cidades brasileiras, oferecendo diferentes opções de produtos e de serviços para os consumidores. Isso é extremamente saudável para a população brasileira e para o mercado varejista, pois exige que todos nós estejamos atentos em surpreender sempre os nossos clientes e dispostos a investir mais em inovação, serviços, tecnologia, atendimento e, é claro, reduzir os preços dos produtos.

Uma preocupação que sempre esteve presente no nosso DNA, mas que ganha mais força dentro da empresa – e se tornará no futuro uma questão vital para as corporações –, é com a nossa responsabilidade perante as comunidades nas quais estamos presentes. Para nós, o conceito de responsabilidade social não se resume a ações beneficentes ou filantrópicas, mas está inserido em todas as etapas do negócio: na gestão social, na promoção da diversidade, na contratação de associados no próprio bairro ou na cidade onde a loja está instalada, na economia de recursos naturais e na conduta ética e transparente com clientes, funcionários, fornecedores, comunidades e autoridades.

Creio que Sam, que estaria hoje com 87 anos, ficaria satisfeito com os avanços e inovações que o Wal-Mart vem desenvolvendo no Brasil. Ao comemorar 10 anos de operações no país vale refletir sobre o que nos fez chegar até aqui e como iremos enfrentar e construir o negócio daqui para a frente. A história de como foram criadas a empresa e a cultura Wal-Mart, a cada leitura, nos acrescenta algo novo. Sam foi um visionário, um pioneiro e, acima de tudo, um homem extraordinariamente simples, humilde e determinado. Estou certo de que hoje ele estaria muito agradecido por todo o apoio e retribuição dados pela população brasileira ao Wal-Mart. Mas certamente estaria também pensando e nos desafiando de como superar ainda mais as expectativas dessas comunidades nos próximos anos.

Os valores, princípios e este grande legado que Sam deixou para o Wal-Mart, sem dúvida, serão grande inspiração para fazermos cada vez mais pelo consumidor brasileiro.

Boa leitura.

VICENTE TRIUS
Presidente do Wal-Mart Brasil

INTRODUÇÃO À EDIÇÃO BRASILEIRA

SE VOCÊ COMPROU ESTE LIVRO pensando em encontrar alguma fórmula mágica ou sofisticada para se realizar na vida, você fez o seu pior investimento, pois a história nele contida é a do mais simples e óbvio caminho do sucesso. Aliás o óbvio é tão brilhante que não conseguimos vê-lo; é como olhar para o sol. Este caminho está à disposição de qualquer um, você não precisa ser herdeiro ou ter MBA, e não é nada a mais que não se distanciar das coisas mais importantes da vida: entre elas não se inclui o dinheiro.

O que o bom senso, a simplicidade, o trabalho duro, a persistência, a valorização das pessoas e da honestidade, principalmente de propósitos, não fazem? Com tudo isso é possível alcançar até mesmo o que você não imaginava. Sam Walton no livro da sua vida *Made in America,* com a sua história linda do começo ao fim, mostra a sua honestidade sem fantasias. Porém não mostra sua capacidade e seu poder de influenciar e até mesmo mudar a vida das pessoas sempre para melhor, e o efeito disto.

Naturalmente o que ele fez no Wal-Mart é isso aí. Mas Sam mudou até a vida de pessoas que nem o conheceram pessoalmente, lembrando-as daquilo que a chamada "vida moderna" e sofisticada tem-nos feito esquecer. É uma história de pés no chão.

Aí vão as suas principais características:

Bom senso e simplicidade

Sam tinha idéias simples e lógicas. Tudo era tão simples, que até parecia que não ia dar certo.

Ele não inventava a roda, se era algo que lhe interessava, olhava com atenção, e copiava sempre melhorando o original.

Uma vez visitando o Brasil, foi preso numa loja do Carrefour, de tantas fotografias que tirou e as anotações que fez.

Quando todos os seus concorrentes nos Estados Unidos abriam lojas em cidades grandes, ele o fazia em cidades de 15 mil habitantes, todos diziam que ele ia quebrar. Era o mercado que ele conhecia profundamente e sabia mal servido. Assim construiu o Wal-Mart, uma companhia de 50 bilhões de dólares de vendas, a maior fortuna do país e a segunda do mundo.

Respeito aos outros

Na sua sala simples tinha uma citação de Goethe na parede: *'Trate as pessoas como você gostaria que elas fossem, desse modo, você estará ajudando-as a atingir o seu potencial."*

Era assim com todos, seus associados no Wal-Mart (era assim que tratava a todos que com ele trabalhavam), seus clientes, seus amigos. Gostava, achava importante e o tempo todo estava ajudando alguém a melhorar.

No Wal-Mart todos têm acesso às suas ações, e participações nos seus lucros. Com o sucesso da companhia, cujas ações subiram 40% ao ano nos últimos 20 anos, entre os seus 400 mil associados, há sem sombra de dúvida a maior concentração de milionários, comparada com qualquer outra companhia.

Sua atitude criava na companhia um clima permanente do Brasil em Copa do Mundo, que sem dúvida fez o Wal-Mart.

Implementação

A maior característica de Sam era a coerência. O que ele pregava ele praticava. Como eram idéias simples muitas vezes pareciam de fácil implementação, mas pudemos conhecer a persistência e tenacidade que as faziam funcionar. Era através da pregação de um missionário.

Sua simplicidade não significava que não usasse as tecnologias mais desenvolvidas, apesar da sua eterna desconfiança. Pelo contrário, ter sido pioneiro em algumas delas custou caro. Mas trouxe uma aprendizagem que possibilitou o Wal-Mart estar sempre na frente.

O cliente

A simplicidade de Sam o levaria a analisar o seu negócio Wal-Mart pelo ponto de vista do cliente.

Ele achava e sem dúvida estava certo que o olho do cliente era um input mais forte à apresentação de mercadorias e ao layout de suas lojas que qualquer estudo científico, e em vez de recomendar que alguém lesse um manual sobre tal assunto, que tentasse comprar determinados produtos, assim tirando a conclusão, para a ação, como se fosse o cliente.

Nada foi feito por ele no Wal-Mart, sem antes ter sido respondida a pergunta: "O que os clientes vão achar disto?"

O principal disto, era que toda esta atitude interna no Wal-Mart, correspondia a como Sam tratava os clientes nas lojas que visitava, com carinho e fazendo-os achar que eram as mais importantes figuras. Isto era muito fácil, pois eles realmente eram.

Sam visitava mais de 10 lojas por semana, era raro em uma loja não receber um agradecimento de um cliente, pelo que tinha feito por ele.

Dedicação e MBWA

A Sam não era homem de relatórios, lia pouquíssimo, mas sabia de tudo numa companhia de 2 mil lojas, 400 mil pessoas e 70 mil itens. Conversava com todos o tempo todo, tinha tempo para todo mundo e retornava a todas as ligações. Nas suas andanças, tomava café da manhã com os motoristas de caminhão às 5:30h da manhã, pois eram eles que mantinham as lojas abastecidas.

Pilotando seu próprio avião, voava milhares de milhas por mês, atrás de informações e idéias dos seus associados, além de incentivá-los, disseminando e cada vez tornando mais forte a cultura do *tudo pelo cliente e de "Trate bem seus associados, que eles tratarão bem de você"*, repetindo isto o tempo todo aos seus diretores.

Todos no Wal-Mart estão envolvidos com mercadorias, qualquer associado sugere a introdução de um novo item, uma promoção ou uma forma de exposição. E ao fazê-lo está entrando num concurso de maior volume de venda por item sugerido.

Normalmente, Sam tinha o seu item, e nas suas viagens tentava trabalhá-lo, checando se ele estava bem exposto e em quantidade suficiente. Era mais uma vez o bom exemplo.

O seu método de administração MBWA (managing by walking around) exigia uma dedicação mais que integral.

Tudo isto poderia parecer tratar-se do caso de mais um workaholic, mas Sam amava a vida, pôde criar, com ajuda de Helen, sua companheira de toda a vida, uma família maravilhosa, onde todos são felizes, pois antes de tudo, a individualidade de cada um foi respeitada, cada um faz o que gosta. A família junta tem mais de 40% das ações do Wal-Mart, e só um dos seus filhos lá trabalha como chairman do Conselho de Administração.

O Wal-Mart não é, nem nunca foi, uma companhia a serviço de uma família.

Sam amava a natureza e os esportes, sendo competitivo em tudo que fazia. Perder uma partida de tênis lhe doía muito. Na temporada de codornas, ele e seus cachorros eram tão importantes quanto o Wal-Mart. As lojas visitadas nesta época, por coincidência, eram sempre lugares de boas caçadas.

Apesar desta vida de trabalho, conseguia tempo para seus interesses, sua família, seus amigos. Era o total equilíbrio, por isto o Wal-Mart deu certo. Ele só fazia o que gostava e com muita intensidade.

Devemos meditar sobre este livro, e ver com esses exemplos como podemos ajudar o Brasil.

JORGE PAULO LEMANN
CARLOS ALBERTO SICUPIRA

SUMÁRIO

Capítulo 1 APRENDENDO A VALORIZAR O DÓLAR . . . 1

Capítulo 2 COMEÇANDO COM UM TOSTÃO . . . 10

Capítulo 3 RECOMEÇANDO . . . 28

Capítulo 4 NADANDO CONTRA A CORRENTEZA . . . 42

Capítulo 5 CRIANDO A FAMÍLIA . . . 60

Capítulo 6 RECRUTANDO A EQUIPE . . . 70

Capítulo 7 ABRINDO O CAPITAL DA EMPRESA . . . 82

Capítulo 8 ESTENDENDO A FÓRMULA . . . 96

Capítulo 9 CONSTRUINDO A SOCIEDADE . . . 111

Capítulo 10 DANDO UM PASSO ATRÁS . . . 127

Capítulo 11 CRIANDO UMA CULTURA . . . 138

Capítulo 12 FAZENDO DO CLIENTE O Nº 1 . . . 153

Capítulo 13 ENFRENTANDO A CONCORRÊNCIA . . . 167

Capítulo 14 AMPLIANDO OS CÍRCULOS . . . 182

Capítulo 15 PENSANDO PEQUENO . . . 190

Capítulo 16 RETRIBUINDO . . . 207

Capítulo 17 DIRIGINDO UMA COMPANHIA BEM-SUCEDIDA: DEZ REGRAS QUE FUNCIONARAM COMIGO . . . 216

Capítulo 18 DEIXANDO UM LEGADO . . . 220

PÓS-ESCRITO . . . 227

NOTA DO CO-AUTOR . . . 229

ÍNDICE . . . 231

Capítulo 1

APRENDENDO A VALORIZAR O DÓLAR

"Certa noite em que estava acordada liguei o rádio e ouvi anunciarem que Sam Walton era o homem mais rico da América. E eu pensei, 'Sam Walton. Ora, ele era da minha classe'. E fiquei tão emocionada."

HELEN WILLIAMS
ex-professora de História e Dicção,
Escola Secundária de Colúmbia, Missouri.

O SUCESSO SEMPRE TEVE O SEU PREÇO, creio, e aprendi essa lição na dura prática em outubro de 1985, quando a revista *Forbes* me chamou de o "homem mais rico dos Estados Unidos". Bom, não foi difícil imaginar todo aquele pessoal de jornal e televisão em Nova York dizendo "Quem?" e "Onde é que ele mora?". E sem demora repórteres e fotógrafos começaram a chegar aqui a Bentonville, suponho que para tirar fotos minhas mergulhando na piscina cheia de dinheiro que achavam que eu tinha, ou para me ver acender charutões com notas de 100 dólares enquanto garotas dançavam balançando os quadris, junto ao lago.

Na verdade não sei o que pensavam, realmente, mas eu não estava disposto a cooperar com eles. Por isso, descobriram todas aquelas coisas sensacionais a meu respeito: que eu andava numa velha caminhonete com gaiolas atrás para os meus perdigueiros, ou que usava um boné do Wal-Mart, ou que cortava o cabelo no barbeiro ali perto da praça – alguém com uma teleobjetiva conseguiu até mesmo fotografar-me na cadeira de barbeiro e a foto saiu nos jornais de todo o país. Depois, pessoas de que nunca tínhamos ouvido falar começaram a nos telefonar e escrever, de todo o mundo, e a vir aqui pedir dinheiro. Muitas delas representavam causas justas, estou certo, mas os pedidos vinham também de quase todos os malucos do mundo. Lembro-me de uma carta de uma mulher que foi logo dizendo: "Nunca pude ter a casa de 100 mil dólares que sempre desejei. O senhor pode me dar o dinheiro?" Continuam a fazer isso até hoje, escrevem ou telefonam pedindo um carro novo, ou dinheiro para férias, ou para um tratamento de dentes – para qualquer coisa que lhes venha à cabeça.

Ora, eu sou um sujeito de natureza cordial – sempre falo com as pessoas na rua, e coisas assim, e minha mulher Helen é a mais espontânea e extrovertida possível, participando de todos os tipos de atividade comunal, e nossa vida foi sempre de muita participação em acontecimentos públicos. Mas realmente achamos que aquela coisa de "o mais rico" ia prejudicar nosso estilo de vida. Sempre procuramos contribuir com a nossa parte, mas de repente todos começaram a esperar que pagássemos também a parte deles. E o pessoal curioso da mídia nos telefonava a qualquer hora do dia ou da noite, e eram grosseiros quando lhes dizíamos que não, que não podiam trazer uma equipe de televisão à nossa casa, ou que não queríamos que a revista passasse uma semana fotografando a vida dos Walton, ou que eu não tinha tempo para contar a história da minha vida. De qualquer modo, eu ficava muito irritado porque tudo o que queriam era falar das finanças pessoais de minha família. Não se interessavam nem mesmo pelo Wal-Mart, que constitui provavelmente uma das melhores histórias de negócios do mundo, em qualquer momento; nunca lhes ocorreu, porém, fazer perguntas sobre a companhia. A impressão que tenho é que a maioria do pessoal da mídia – e alguns tipos de Wall Street, também – pensavam que éramos um grupo de caipiras que vendiam meias num caminhão, ou algum tipo de artistas do ganho rápido, ou manipuladores de ações. E quando acontecia de escreverem sobre a companhia, eles se enganavam ou então riam de nós.

Assim, a família Walton colocou, quase que instintivamente, um veto muito rigoroso à publicidade pessoal de qualquer de seus membros, embora continuássemos vivendo às claras, e visitando as pessoas nas lojas, sem interrupção. Felizmente, aqui em Bentonville nossos amigos e vizinhos nos protegem muito contra esses abutres. Fui, porém, emboscado por um sujeito que fazia matérias do tipo "Estilos de Vida dos Ricos e Famosos" num torneio de tênis que eu estava disputando, e Helen conversou com uma dessas revistas femininas, para um artigo. A mídia geralmente me retratou como um recluso barato, excêntrico, uma espécie de matuto que dorme com os seus cachorros, apesar de ter bilhões de dólares guardados num porão. E quando o mercado de ações sofreu uma queda violenta em 1987, e as ações do Wal-Mart caíram, como todas as outras, eles escreveram que eu tinha perdido meio bilhão de dólares. Quando me perguntaram isso, respondi: "É apenas papel" e eles exploraram muito a minha frase.

Mas eu gostaria de explicar algumas das minhas atitudes para com o dinheiro – até certo ponto. Depois desse ponto, nossas finanças, como as de qualquer outra família americana que pensa normalmente, são uma questão exclusivamente nossa. Não há dúvida quanto a isso, grande parte de minha atitude para com o dinheiro vem do fato de ter crescido durante uma época muito dura na história do nosso país: a Grande Depressão. E essa área central de onde viemos – Missouri, Oklahoma, Kansas, Arkansas – foi muito atingida durante aquela era de seca. Nasci em Kingfisher, Oklahoma, em 1918, onde vivi até cerca dos cinco anos de idade, mas as minhas mais remotas recordações são de Springfield, Missouri, onde comecei a freqüentar a escola, e, mais tarde, da pequena cidade de Marshall, no mesmo estado. Depois disso, moramos em Shelbina, Missouri, onde iniciei os estudos secundários, e mais tarde ainda, Colúmbia, onde os terminei e passei à universidade.

Meu pai, Thomas Gibson Walton, era um grande trabalhador que se levantava cedo, labutava o dia inteiro e era honesto. Completa, totalmente honesto, lembrado por quase todos pela sua integridade. Era também uma espécie de personagem, que gostava de fazer trocas, de negociar com praticamente qualquer coisa: cavalos, mulas, gado, casas, fazendas, carros. Qualquer coisa. Certa vez ele trocou nossa fazenda em Kingfisher por uma outra perto de Omega, Oklahoma. Em outra ocasião, trocou o relógio de pulso por um porco, para que comêssemos carne. E foi o melhor negociador que conheci. Tinha o instinto raro de saber até onde podia ir com uma pessoa – e agia de uma maneira que nunca perdia a sua amizade. Mas por vezes me deixava constrangido com algumas das ofertas que fazia, tão baixas eram. Essa é uma das razões pelas quais provavelmente não sou o melhor negociador do mundo: falta-me a habilidade para arrancar o último dólar. Felizmente, meu irmão Bud, que foi meu sócio desde o começo, herdou de nosso pai a capacidade de negociar.

Papai nunca teve a ambição de criar um grande negócio seu, ou faltou-lhe a confiança para isso, e não acreditava em contrair dívidas. Quando eu era menino, ele exerceu todos os tipos de atividades. Foi banqueiro, fazendeiro, avaliador de fazendas, corretor de seguros e de imóveis. No começo da Depressão, ficou totalmente sem trabalho durante alguns meses, e acabou indo para a firma do irmão, a companhia de Hipotecas Walton, agente da Seguros de Vida Metropolitan. Ficou encarregado das hipotecas antigas sobre fazendas, em sua maioria já vencidas. De 1929 a 1931 teve de arrestar centenas de fazendas de pessoas maravilhosas, cujas famílias eram donas daquelas terras há muito, muito tempo. Eu o acompanhei algumas vezes, e era trágico, realmente difícil também para papai – mas ele tentava agir de uma maneira que preservasse ao máximo a dignidade dos fazendeiros. Tudo isso deve ter deixado uma marca no menino que eu era, embora não me lembre de ter dito nunca a mim mesmo nada que se parecesse com "Jamais serei pobre".

Nunca nos consideramos pobres, embora certamente não tivéssemos o que se pode chamar de renda disponível, e fazíamos todo o possível para ganhar algum dinheiro aqui e ali. Por exemplo, durante a Depressão minha mãe, Nan Walton, teve a idéia de vender leite. Eu levantava pela manhã cedo para ordenhar as vacas. Mamãe preparava e engarrafava o leite, e eu o entregava, depois de ter treinado o futebol, à tarde. Tínhamos uns 10 ou 12 fregueses, que pagavam dez centavos por um galão.* E o que era melhor ainda, mamãe desnatava o leite e fazia sorvete, sendo de espantar que eu não tivesse ficado conhecido, naquela época, como Sam Walton Gordinho, com tanto sorvete que tomei.

Também comecei a vender assinaturas de revistas, provavelmente aos sete ou oito anos, e fiz entrega de jornais desde a sétima série do curso secundário até a universidade. Também criei e vendi coelhos e pombos, o que nada tinha de excepcional para um menino do interior, naquela época.

Aprendi, desde muito pequeno, que era importante para nós, meninos, ajudar a manter a casa, contribuir em lugar de apenas consumir. Nesse processo, é claro, aprendemos o quanto era preciso trabalhar duro para ganhar um dólar, e que, quando o ganhávamos, ele valia alguma coisa. Meu pai e minha mãe concordavam perfeitamente em sua atitude para com o dinheiro: não o gastavam.

BUD WALTON

"As pessoas não podem compreender por que ainda somos tão conservadores. Espantam-se com o fato de Sam, sendo um bilionário, dirigir uma velha caminhonete ou comprar suas roupas no Wal-Mart ou recusar-se a viajar de primeira classe.

Fomos criados assim.

Quantas pessoas sairiam de casa para apanhar uma moedinha caída na rua? Eu iria. E sei que Sam também iria."

---

* *Nota do Tradutor*: O galão americano tem 3.785 litros.

STEPHEN PUMPHREY, FOTÓGRAFO

"Certa vez eu estava me preparando para fotografar Sam na pista de um pequeno aeroporto em Missouri. Ele estava preenchendo um plano de vôo, e eu joguei uma moeda no chão – tentando ser esperto e disse para o meu ajudante: 'Vamos ver se ele apanha.' Aviões sobem e descem, e Sam vem andando muito depressa, um pouco constrangido por ter de posar para mais uma foto. 'Muito bem, onde vocês querem que eu fique – em cima daquela moeda?'"

Quando saí pelo mundo disposto a ser alguma coisa, eu já tinha um forte e arraigado respeito pelo valor de um dólar. Mas o meu conhecimento sobre dinheiro e finanças provavelmente não era nada sofisticado, apesar do meu diploma de Comércio. Conheci então Helen, e conversar com seu pai, L.S. Robson, era em si mesmo um curso. Ele me influenciou muito. Era um grande vendedor, uma das pessoas mais convincentes que já conheci. E tenho a certeza de que seu sucesso como comerciante e homem de negócios, seu conhecimento das finanças e do direito, e a sua filosofia, tiveram grande influência sobre mim. Minha natureza competitiva me levou a ver seu sucesso e a admirá-lo. Não o invejava, admirava-o. Disse para mim mesmo: talvez algum dia eu seja tão bem-sucedido quanto ele.

Os Robsons eram muito eficientes na administração de suas finanças: o pai de Helen organizou a fazenda e os negócios da família como uma sociedade, da qual participavam Helen e os irmãos. Revezavam-se na escrituração dos livros e em atividades semelhantes. Helen era formada em Finanças, o que naquela época não era comum para uma moça. De qualquer modo, o sr. Robson aconselhou-nos a fazer o mesmo com nossa família, e fizemos, em 1953. O pouco que tínhamos naquela época, investimos numa sociedade com os nossos filhos, que foi mais tarde transformada nas Empresas Walton.

Durante todos esses anos, as nossas ações do Wal-Mart foram para essa sociedade. A junta executiva das Empresas Walton, que somos nós, a família, toma decisões à base do consenso. Por vezes discutimos, e outras, não. Mas controlamos o que pagamos a cada um de nós, e todos ganham a mesma coisa. Os rapazes ganharam, durante esses anos, tanto quanto Helen e eu, com a única diferença que eu tinha um salário, que cabe hoje ao meu filho Jim, como chefe das Empresas Walton. Dessa maneira, acumulamos fundos nas empresas em lugar de gastá-los por aí, vivendo no luxo. E em minha opinião, certamente a nossa retirada representa tudo o que precisamos.

A sociedade funciona de várias maneiras diferentes. Primeiro, permite-nos controlar o Wal-Mart através da família, e mantê-lo unida, em lugar de vendê-lo aos pedaços, ao acaso. Ainda possuímos hoje 38% das ações da companhia, o que é um volume excepcionalmente grande para ficar nas mãos de alguém, num negócio do tamanho do Wal-Mart, e essa é a melhor proteção existente contra os golpes dos manipuladores de ações para assumir o controle de uma empresa. Qualquer família que tenha fé em sua força como uma unidade e no potencial de crescimento do seu negócio pode fazer isso. A transferência da propriedade foi feita há tanto tempo que não tivemos de pagar um imposto muito pesado sobre doação ou herança. O princípio em que isso se baseia é simples: a melhor maneira de reduzir o pagamento de impostos estaduais é abrir mão dos nossos ativos antes que se valorizem.

Esse princípio revelou-se uma grande filosofia e uma grande estratégia, e eu certamente não teria pensado nele naquela época, se não fosse o conselho do pai de Helen. Nada teve de excessivo nem exorbitante, e foi parte do plano – manter unida a família e preservar um senso de equilíbrio em nossos padrões.

HELEN WALTON

"Foi uma grande medida financeira, mas houve nela um outro aspecto: o relacionamento que estabeleceu entre as crianças e a família. Desenvolveu seu senso de responsabilidade mútua. Isso é imbatível."

Aí então vem a *Forbes* em 1985 e diz que sou o homem mais rico dos Estados Unidos. Bem, não há dúvida quanto a isso, se multiplicarmos o preço das ações do Wal-Mart pelo número delas que temos, e nesse caso talvez nossa fortuna seja de 20 ou 25 bilhões de dólares, ou o que quer que digam. A família pode ter todos esses ativos, mas eu nunca os vi, pessoalmente. Entre outras coisas, Helen e eu temos apenas 20% da participação total da família no Wal-Mart. Uma outra coisa é que enquanto eu tiver alguma coisa que ver com isso – e tenho a certeza de que terei pelo menos por mais uma geração – a maioria das ações do Wal-Mart continuará onde está. Não precisamos de dinheiro. Não precisamos comprar um iate. E graças a Deus, nunca nos passou pela cabeça a idéia de comprar algo como uma ilha. Simplesmente não temos esses tipos de necessidade ou ambição, que fazem naufragar muitas empresas, quando se prolongam por anos. Algumas famílias vendem suas ações aos poucos, para viver no luxo, e então bum – alguém assume o controle da companhia e tudo vai por água abaixo. Uma das razões reais pelas quais estou escrevendo este livro é para que meus netos e bisnetos o leiam daqui a muitos anos e saibam disto: se vocês começarem a fazer dessas asneiras, eu voltarei para assombrá-los. Portanto, nem pensem nisso.

Não é que eu esteja tentando bancar o pobre, aqui. É certo que há muito tempo temos, na família, recursos mais do que adequados antes mesmo de termos engrenado o Wal-Mart. Mas é que o dinheiro nunca significou muito para mim, nem mesmo no sentido de contar pontos. Desde que tivéssemos mantimentos bastante, um bom lugar para morar, bastante espaço para manter e alimentar meus perdigueiros, um lugar para caçar, um lugar para jogar tênis e os meios de proporcionar aos meninos uma boa educação – éramos ricos. Não há dúvidas quanto a isso. E nós temos. Não somos doidos. Não vivemos como pobres, ao contrário do que dizem certas pessoas. Todos gostamos de voar, e temos belos aviões, mas já tive cerca de 18 deles durante esses anos, e nunca comprei nenhum que fosse novo. Temos reuniões de família em belos lugares como o Ritz-Carlton em Naples, Flórida, ou no Del Coronado, em San Diego. A casa em que moramos foi projetada por E. Fay Jones, que vive aqui perto em Fayetteville e é um discípulo mundialmente famoso de Frank Lloyd Wright. E embora eu ache que ela nos custou caro demais, tenho de reconhecer que é bonita – mas, bonita de um jeito realmente simples, natural.

Não temos vergonha de ser ricos, mas eu não acho que um estilo de vida exibicionista seja adequado em lugar algum, e muito menos aqui em Bentonville, onde as pessoas têm de trabalhar muito para ganhar seu dinheiro, e onde sabemos que todas são econômicas. Nunca me preocupei realmente com essa coisa de celebridade. Por que diabo, por exemplo, eu receberia um convite para o casamento de Elizabeth Taylor, em Hollywood? Ainda não posso acreditar que o fato de cortar o cabelo no barbeiro seja notícia. Onde iria cortá-lo, se não fosse ali? Por que dirijo uma caminhonete? Como acham que devo transportar meus cachorros, num Rolls-Royce?

Hoje em dia inclino-me a admitir que um certo bem pode ter vindo daquele artigo da revista e de toda a agitação que provocou, por mais que o tenha odiado durante anos. A princípio, achei que seria ruim para as minhas relações com os associados nas lojas. Mas, descobri que eles praticamente o receberam com um "Vejam, nós o ajudamos a chegar lá. Que bom para ele!". Acho que a minha ida até as lojas para visitá-los passou a significar mais para eles. Notei uma grande diferença de reação, desde que aquela lista me transformou numa espécie de figura pública. E certamente também os nossos clientes parecem gostar disso – pedem-me para autografar notas de um dólar, e coisas assim.

CHARLIE BAUM, UM DOS PRIMEIROS SÓCIOS DO WAL-MART

"Conheço Sam deste sua primeira loja em Newport, Arkansas, e creio que o dinheiro é, sob certos aspectos, quase que imaterial para ele. O que motiva esse homem é o desejo de estar absolutamente no alto. *Não* é o dinheiro. O dinheiro o deixa louco agora. A pergunta que me fez às seis da manhã, não faz muito tempo, foi: 'Como dar a um neto razão para ir trabalhar, se sabe que não terá um dia sequer de pobreza em toda a sua vida?'"

DAVID GLASS, DIRETOR-EXECUTIVO DO WAL-MART

"Sam tem dinheiro? Tenho viajado com ele há 30 anos e não saberia dizer. Na verdade, se eu não lesse a procuração para votar na assembléia de acionistas, todos os anos, eu juraria que ele está quebrado. Lembro-me certa vez em que deixávamos Nova York de avião – num vôo comercial para ir ver nossos amigos do The Limited, em Columbus, Ohio – de súbito Sam parece assustado e diz, 'David, não tenho nenhum dinheiro comigo. Você tem?' Peguei a carteira e tirei duas notas de 20. Ele olhou para elas e disse: 'Você não vai precisar de duas, empreste-me uma.'"

Mas quando se trata do Wal-Mart, não há duas maneiras de agir: eu poupo. Creio ser verdade que o Wal-Mart só comprou um jato quando estávamos nos aproximando dos 40 bilhões de dólares em vendas e nos expandindo até a Califórnia e Maine, e mesmo assim tiveram de praticamente me amarrar e me segurar para fazer isso. Em viagem, dormimos dois num quarto, embora ao ficar mais velho eu tenha finalmente começado a ter um quarto só para mim. Ficamos nas Holiday Inns e Ramada Inns e Days Inns, e comemos muito em restaurantes familiares – quando temos tempo para comer. Muita coisa do que acontece hoje em dia com companhias que voam de luxo e com esses diretores-executivos que ganham demais, e que estão na realidade saqueando lá do alto sem pensar em outra coisa a não ser eles mesmos, realmente me preocupa. É uma das coisas mais erradas com a atividade comercial americana, hoje.

GARY REINBOTH, UM DOS PRIMEIROS DIRETORES DE LOJA DO WAL-MART

"Naquela época, saíamos em viagens de compras com Sam, e ficávamos todos, tanto quanto possível, num ou dois quartos. Lembro-me certa vez em Chicago em que éramos oito num quarto. E não era um quarto muito grande. Poderíamos dizer que andávamos com um orçamento muito restrito."

Perguntam-me por vezes, hoje, porque, se o Wal-Mart teve tanto êxito, se somos uma companhia de mais de 50 bilhões de dólares, continuamos a fazer tanta economia? É simples: porque acreditamos no valor do dólar. Existimos para oferecer valor aos nossos clientes, o que significa que, além da qualidade e do serviço, temos de economizar para eles. Todas as vezes que o Wal-Mart desperdiça um dólar, ele vem diretamente do bolso dos nossos clientes. Todas as vezes que lhes poupamos um dólar, isso nos coloca mais um passo à frente da concorrência – o que sempre pretendemos fazer.

Capítulo 2

COMEÇANDO COM UM TOSTÃO

"Desde que éramos crianças, Sam podia destacar-se em tudo o que se empenhasse em fazer. Acho que ele nasceu assim. Quando entregava jornais, fizeram um concurso. Esqueci quais eram os prêmios – talvez 10 dólares, quem sabe. Ele ganhou, indo vender novas assinaturas de porta em porta. E sabia que ia ganhar. É o jeito de ser desse homem. Minha única explicação é que Sam herdou muitas da características da nossa mãe."

BUD WALTON

NÃO SEI O QUE FAZ UMA PESSOA ser ambiciosa, mas a verdade é que fui mais do que abençoado com a disposição e a ambição desde que comecei a andar, e acho que meu irmão provavelmente tem razão. Nossa mãe era extremamente ambiciosa para seus filhos. Ela lia muito e gostava da educação, embora não tivesse muita. Freqüentou a universidade durante um ano, antes de deixá-la para casar-se, e talvez para compensar isso decidiu desde cedo que eu iria para a universidade e seria alguma coisa. Uma das grandes tristezas da minha vida, é ter ela morrido de câncer ainda jovem, exatamente quando os negócios começavam a correr bem.

Minha mãe deve ter sido uma motivadora muito especial, porque a levei a sério quando ela me disse que eu devia sempre procurar ser o melhor possível, em tudo o que fizesse. Portanto, sempre procurei fazer tudo aquilo pelo que me interessei com uma paixão sincera – alguns diriam com obsessão – para vencer. Sempre mantive bem alto as minhas pretensões: fixei para mim metas pessoais extremamente altas.

Mesmo quando criança em Marshall, Missouri, lembro-me que era ambicioso. Fui representante da classe vários anos. Joguei futebol, beisebol e basquetebol com os outros meninos, e nadei no verão. Eu era tão competitivo que quando entrei para os escoteiros, em Marshall, fiz uma aposta com os outros meninos sobre qual de nós seria o primeiro a alcançar o posto de Águia. Antes que eu tivesse chegado lá, mudamo-nos para a pequena cidade de Shelbina, Missouri – cuja população era de uns 1.500 habitantes – mas ganhei a aposta; obtive a minha Águia aos 13 anos – o mais jovem Águia na história do escotismo no estado do Missouri, naquela época.

DO *SHELBINA DEMOCRAT*, VERÃO DE 1932

"Devido ao seu treinamento de escoteiro, Sammy Walton, de 14 anos, filho do sr. e sra. Tom Walton, de Shelbina, salvou Donald Peterson, filhinho do prof. e sra. K. R. Peterson, de afogar-se no rio do Sal, na tarde de quinta-feira...

Donald entrou em águas demasiado profundas para ele e gritou por socorro. Loy Jones, que acompanhava os meninos, tentou salvá-lo, mas em sua agitação Donald fez com que o sr. Jones afundasse várias vezes. O jovem Walton, que estava a uma certa distância, alcançou os dois no momento exato em que Donald afundava pela quinta vez. Agarrou-o por trás, como lhe haviam ensinado, arrastou-o para a margem e aplicou-lhe a respiração artificial que os escoteiros aprendem a fazer com eficiência.

Donald estava inconsciente e todo o seu corpo estava azulado. Foi necessário algum tempo para que recuperasse os sentidos."

Dizem que eu salvei a sua vida – talvez sim, talvez não. Os jornais têm a tendência de exagerar essas coisas. Mas pelo menos eu o tirei da água. Recordar esses episódios da infância me faz compreender que sempre tive uma forte inclinação pela ação – característica que representou um papel destacado na história do Wal-Mart. Sinceramente, porém, falar disso me constrange, pois não quero parecer que estou me gabando ou tentando bancar o herói. E me preocupa especialmente porque aprendi, há muito tempo, que exercitar o ego em público não é, na verdade, a maneira de construir uma organização eficiente. Quem procura a glória não realiza grande coisa; no Wal-Mart, tudo o que fizemos foi resultado de esforços conjuntos para chegar a um objetivo comum – alguma coisa que também aprendi muito cedo.

O trabalho em equipe começou para mim quando eu estava na quinta série, e um amigo do meu pai organizou, com um grupo de meninos, um time infantil de futebol americano. Competimos com outras cidades, como Odessa, Sedalia e Richmond. Eu jogava na ponta, mas queria atirar a bola ou ser um zagueiro móvel, embora eu fosse pequeno e ainda não pudesse enfrentar os outros. O atletismo em equipe continuou sendo parte importante de minha vida durante todo o curso secundário e – internamente – também na universidade. Quando nos mudamos para Shelbina, eu tinha mais experiência de futebol americano do que a maioria dos outros garotos da minha série, e por isso pude entrar no time como zagueiro da segunda linha. Eu ainda era pequeno – pesava apenas 63 quilos – mas sabia muita coisa de bloqueio, perseguição e de lançamento da bola e, por ser extremamente competitivo, consegui entrar.

Depois, nós nos mudamos outra vez, agora para Colúmbia, Missouri. Ali, na Escola Secundária Hickman, tomei parte em tudo, praticamente. Eu não era o que se costuma chamar de um aluno bem dotado, mas trabalhei com afinco e fiz parte da lista dos 10 melhores. Era presidente da associação dos alunos e participava ativamente de muitos clubes – lembro-me em particular do clube de oratória – e fui eleito o Rapaz Mais Versátil. Eu era, na verdade, um rato de ginásio. Gostava de ficar no ginásio jogando basquetebol, mas não tentei ingressar no time – talvez por não ter bastante altura. Mais tarde, porém, recrutaram-me para a equipe, e tornei-me jogador da defesa – e, por vezes, jogava como lançador. Não era um cestinha, mas manejava bem a bola e era bom como líder. Acho que gostava de comandar o time. Ficamos invictos – e numa das minhas maiores emoções foi ter ganmho o ganhamos o campeonato estadual.

Minha experiência atlética do curso secundário foi realmente inacreditável, porque eu era ainda zagueiro do time de futebol americano, que também ficou invicto e ganhou o campeonato estadual. Eu não atirava muito bem, mas nosso time se destacava mais pela velocidade. Eu era muito lento como defensor, mas era evasivo, tão evasivo que conseguia ganhar boa distância. Na defesa, meu jogo favorito era quando o técnico me colocava na linha de fundo. Eu tinha um bom senso da trajetória da bola, e realmente gostava disso. Acho que eu era apenas muito competitivo como atleta, e meu maior talento era provavelmente o mesmo que tenho como varejista – eu era um bom motivador.

É difícil de acreditar, mas é verdade: em toda a minha vida nunca joguei uma partida que perdesse. Certamente não me cabe muito crédito por isso, e na verdade tive muita sorte. Fiquei doente ou contundido durante alguns jogos que não teriam sido ganhos com ou sem a minha colaboração – evitei portanto participar de algumas derrotas. Acho, porém, que esse recorde teve um importante efeito sobre mim: ensinou-me a esperar ganhar, a enfrentar desafios difíceis sempre pensando em sair vitorioso. Mais tarde, creio que a Kmart, ou qualquer que fosse a competição que enfrentávamos, tornou-se exatamente a equipe da Escola Secundária de Jeff City, contra a qual disputamos o campeonato estadual de 1935. Nunca me ocorreu que pudesse perder; para mim era quase como se eu tivesse o direito de ganhar. Esse tipo de pensamento parece transformar-se, muitas vezes, numa espécie de profecia que se auto-realiza.

Tendo jogado na zaga para os Hickman Kewpies – os campeões estaduais invictos – eu já era bastante conhecido em Colúmbia onde ficava a Universidade de Missouri. Dessa forma, minha carreira de secundarista transformou-se sem problemas numa carreira universitária. A maioria das associações de alunos universitários era realmente para os rapazes ricos, e em circunstâncias normais eu não teria sido aceito. Mas eles estavam atrás de mim ainda na escola secundária e pude escolher entre as melhores. Preferi a Beta Theta Pi porque era a mais importante e tinha liderado a liga atlética interna por vários anos.

Quando eu era calouro, os Betas me fizeram capitão de curso. Comprei então um Ford bem velho e viajei por todo o estado naquele verão entrevistando potenciais candidatos Beta. Com todo o espírito competitivo e a ambição que eu tinha então, cheguei mesmo a pensar em vir a ser, um dia, presidente dos Estados Unidos.

Pensando em coisas mais próximas, eu tinha decidido que queria ser presidente da associação dos alunos da universidade. Aprendi desde cedo que um dos segredos da liderança no campus era muito simples: falar com as pessoas que encontrasse no passeio antes que elas falassem comigo. Foi o que fiz na faculdade. Eu fazia isso quando entregava jornais. Sempre olhava para a frente e falava com a pessoa que viesse na minha direção. Se a conhecesse, chamava-a pelo nome, mas mesmo que não a conhecesse, ainda assim falava com ela. Em pouco tempo eu provavelmente conhecia mais alunos do que qualquer outra pessoa na universidade, e eles me reconheciam e me consideravam seu amigo. Candidatei-me a todos os cargos que surgiram. Fui eleito presidente da sociedade de honra dos alunos do quarto ano, membro da diretoria de minha fraternidade e presidente da classe dos seniores. Fui capitão e presidente da Bainha e Espada, a organização militar de elite do ROTC, o corpo de treinamento de oficiais da reserva.

DE UM ARTIGO INTITULADO "WALTON, O DINÂMICO" NO JORNAL DA ASSOCIAÇÃO DE ALUNOS, 1940

"Sam é uma dessas raras pessoas que conhecem todos os faxineiros pelo nome, passa a bandeja na igreja, gosta de inscrever-se em organizações... ... A capacidade de liderança de Sam tem sido motivo de muitas piadas. Seu uniforme militar levou-o a ser chamado de 'Pequeno César'. Sua presidência da classe de Bíblia conquistou-lhe o apelido de 'Diácono'."

Também durante o tempo em que vivi no Missouri, fui eleito presidente da Classe Bíblica Burall – uma classe enorme, formada de alunos tanto do Missouri College quanto do Stephens College. Quando eu era menino, freqüentava sempre a igreja, e o catecismo todos os domingos; era parte importante da minha vida. Não sei se era religioso, mas sempre senti que a igreja era importante. Obviamente, eu gostava de me candidatar a cargos eletivos, durante os anos de universidade. Mas com exceção de algumas incursões pela política municipal, anos depois, realmente deixei minhas ambições pelos cargos eletivos no campus da universidade.

Eu ia me formar em Comércio na Universidade de Missouri em junho de 1940, e vinha estudando com a maior intensidade de toda a minha vida. Sempre tive muita energia, mas sentia-me cansado. Desde a escola secundária, eu ganhava o meu próprio dinheiro e pagava todas as minhas roupas. Isso continuou na universidade, e mais ainda, com as anuidades, a alimentação, as taxas para as associações e outras despesas pessoais. Meus pais teriam prazer em ajudar se pudessem, mas estávamos na Depressão e eles não tinham nenhum dinheiro sobrando. Eu tinha entregue jornais durante todo o curso secundário, e na universidade aumentei o número de entregas, contratei alguns ajudantes e transformei aquela atividade num negócio bastante bom. Ganhava entre 4 mil a 5 mil dólares por ano, o que no fim da Depressão era uma soma bastante razoável.

EZRA ENTREKIN, EX-DIRETOR DE CIRCULAÇÃO DO *COLUMBIA MISSOURIAN*

> "Contratamos Sam para entregar jornais, e ele realmente tornou-se nosso principal vendedor. Quando as aulas começaram, fizemos uma campanha para conseguir assinaturas dos rapazes das associações de alunos. E Sam foi a pessoa que tivemos para isso, pois ele podia vender mais do que qualquer outro. Ele era bom. Era realmente bom. E dedicado. E fazia muitas outras coisas além de entregar jornais. Na verdade, ele era um pouco distraído por vezes. Tinha tantas coisas a fazer, que quase esquecia uma delas. Mas quando se concentrava num trabalho, era formidável."

Além de entregar jornais, eu servia mesas em troca da comida e também era o chefe dos salva-vidas encarregados da piscina. Vocês podem ver que eu era um sujeito muito ocupado, e podem ver também por que meu conhecido respeito pelo valor do dólar continuou. Mas, agora que eu estava em vias de ser uma pessoa formada, sentia-me disposto a abandonar essa rotina, e realmente ansioso para sair pelo mundo e conquistar uma posição num emprego de verdade.

Meu primeiro contato com as possibilidades do comércio varejista ocorreu em 1939, quando nossa família se mudou para uma casa ao lado de um sujeito chamado Hugh Mattingly. Ele tinha sido barbeiro em Odessa, Missouri, antes que, junto com os irmãos, criasse uma cadeia de lojas de armarinho, que já naquela época tinha se transformado numa empresa de 60 lojas. Eu conversava com ele sobre técnicas de venda, sobre como colocá-las em prática e como funcionavam bem para a sua empresa. Hugh interessou-se por mim e mais tarde ofereceu-me até mesmo um emprego.

Naquela época, porém, eu não pensava no varejo a sério. De fato, eu estava certo de que seria corretor de seguros. O pai de uma namorada que eu tive na escola secundária era um corretor muito bem-sucedido, trabalhando para a Companhia Americana Geral de Seguros de Vida. Conversei com ele sobre esse ramo e fiquei com a impressão de que estava ganhando todo o dinheiro do mundo. Os seguros me pareciam uma atividade natural, porque eu achava que podia vender. Sempre vendera coisas. Criança ainda, eu vendia revistas *Liberty* a cinco centavos, depois passei para a *Woman's Home Companion* quando ela apareceu por dez centavos, achando que podia ganhar o dobro. A garota e eu acabamos com o namoro, mas eu ainda tinha grandes planos. Pensava que depois de me formar iria para a Faculdade de Finanças Wharton, na Pensilvânia. Mas, durante o curso, compreendi que mesmo continuando com as múltiplas atividades que tinha então, nem assim haveria dinheiro suficiente para ir para Wharton. Decidi, por isso, utilizar os trunfos de que já dispunha e procurei dois representantes de companhias que estavam no campus da Universidade de Missouri para recrutar formandos. Ambos me ofereceram trabalho. Aceitei a oferta da J. C. Penney, e recusei a da Sears Roebuck. Hoje, compreendo a verdade simples de que entrei para o negócio de varejo porque estava cansado e queria um emprego de verdade.

As instruções eram bastante simples – apresentar-me à loja J. C. Penney em Des Moines, Iowa, três dias depois da formatura, dia 3 de junho de 1940, e começar a trabalhar, fazendo um treinamento para gerência. Salário: 75 dólares por mês. Foi esse o dia em que ingressei no negócio de vendas a varejo e – com exceção de um breve período como oficial do Exército – nele permaneci durante os últimos 52 anos. Talvez eu tenha nascido para ser comerciante, talvez tenha sido o destino. Não entendo disso. Mas tenho a certeza do seguinte: eu gostei do negócio desde o começo, e ainda gosto hoje. Não que tudo tenha corrido suavemente logo de início.

Como disse, eu podia vender. E gostava disso. Infelizmente, nunca aprendi caligrafia muito bem. Helen diz que há apenas cinco pessoas no mundo que podem ler os meus rabiscos – e ela não está entre essas pessoas. Isso começou a me criar problemas no novo emprego. A Penney tinha um funcionário de Nova York, chamado Blake, que viajava pelo país fazendo inspeções e avaliação de pessoal nas lojas, e muitas outras coisas, e que nos visitava regularmente. Lembro-me dele como um sujeito grande, mais de 1,80m, sempre vestido "nos trinques", vocês sabem, os melhores temos, camisas e gravatas da Penney. De qualquer modo, ele ficava muito aborrecido com a maneira pela qual eu rabiscava os talões de venda e geralmente cometia erros na caixa registradora. Eu não gostava de deixar um novo cliente esperando enquanto fazia a burocracia de uma venda já realizada, e tenho de reconhecer que isso provocava uma certa confusão.

"Walton", dizia Blake quando ia a Des Moines, "eu mandaria você embora se não fosse tão bom vendedor. Talvez você não sirva para o varejo".

Felizmente, eu encontrei um defensor em meu diretor, Duncan Majors, grande motivador, que se orgulhava muito de ter treinado mais gerentes da Penney do que qualquer outra pessoa no país. Tinha técnicas próprias e era um diretor muito bem-sucedido. Seu segredo era nos colocar para trabalhar das 6:30 da manhã até 7 ou 8 horas da noite. Todos nós queríamos ser como ele. Nos domingos, quando não estávamos trabalhando, íamos para a sua casa – éramos cerca de oito pessoas, todos homens – e conversávamos sobre a venda a varejo, é claro, mas também, jogávamos pingue-pongue ou cartas. Era um trabalho de sete dias por semana. Lembro-me de que certo domingo Duncan Majors tinha acabado de receber o seu cheque de gratificação anual da Penney, e o mostrava por toda a casa. Era um cheque de 65 mil dólares, que nos impressionou muito. Foi observando esse homem que eu me entusiasmei com o varejo. Ele era realmente bom. Depois, o acontecimento culminante foi quando o próprio Penney visitou a loja. Ele não o fazia com muita freqüência, como eu ficaria sabendo mais tarde, mas mesmo assim aparecia às vezes. Lembro-me dele, ensinando-me como embrulhar e amarrar a mercadoria, com o mínimo de papel e de barbante, mas ainda assim dar ao embrulho uma bela aparência.

Trabalhei para a Penney's cerca de 18 meses, e eles eram realmente o Cadillac da indústria, no meu entender. Mas já naquela época eu observava os concorrentes. A esquina onde eu trabalhava, em Des Moines, tinha três lojas, de modo que durante a hora do almoço eu ia sempre andar pelas lojas da Sears e da Yonkers, para ver o que estavam fazendo.

Em 1942, porém, estourou a guerra, e como oficial da reserva eu estava ansioso para ir, pronto para embarcar para o além-mar e participar da ação. O Exército, porém, tinha uma grande surpresa para mim. Devido a um pequeno problema cardíaco fui reprovado no exame médico para combatente, e classificado para atividades limitadas. Isso me deixou deprimido, e como eu estava apenas esperando para ser convocado, deixei o emprego da Penney's e fui para o sul, para Tulsa, com a vaga idéia de ver como era o negócio do petróleo. Em lugar disso, consegui um emprego numa grande fábrica de pólvora da Du Pont na cidade de Pryor, nas proximidades de Tulsa. O único quarto que consegui para alugar ficava numa cidade próxima, Claremore. Foi ali que conheci Helen Robson, certa noite de abril, num boliche.

HELEN WALTON

"Eu tinha saído com outro rapaz, e era a primeira vez que ia a um boliche. Eu tinha acabado de jogar a bola e quando voltei para as cadeiras – eram aquelas velhas cadeiras de madeira de cinema – Sam estava com a perna por cima do braço de uma delas, sorriu para mim e disse, por mais vulgar que isso fosse: 'Eu não conheço você de algum lugar?' Descobrimos que ele tinha marcado um encontro com uma garota que eu conheci no colégio. Mais tarde, ele me ligou e perguntou qual era o número do telefone dela, e acho que chegou mesmo a sair com ela. Mas logo nós dois estávamos saindo juntos. Minha família toda apaixonou-se por ele, e eu sempre disse que ele se enamorou tanto da minha família quanto de mim."

Quando Helen e eu nos encontramos e eu comecei a namorá-la, apaixonei-me imediatamente. Ela era bonita, inteligente e educada, ambiciosa e decidida, com muita força de vontade – com idéias e planos próprios. E também era, como eu, uma atleta, que gostava da vida ao ar livre e tinha muita energia.

HELEN WALTON

"Eu sempre disse aos meus pais que queria me casar com alguém que tivesse energia e impulso especial, que quisesse o sucesso. Certamente encontrei o que procurava, mas agora por vezes acho graça, e digo que talvez eu tenha exagerado um pouco."

Ao mesmo tempo em que Helen e eu nos apaixonamos, eu era finalmente convocado pelo Exército, para o serviço ativo. Devido à minha irregularidade cardíaca não podia participar de combates, mas mesmo assim era capaz de aceitar minha comissão como segundo-tenente. Quando entrei no Exército, eu tinha resolvido duas coisas: sabia com quem queria me casar e sabia o que queria fazer para ganhar a vida – venda a varejo. Cerca de um ano depois de ter sido convocado, Helen e eu nos casamos, no Dia dos Namorados de 1943, em sua cidade natal, Claremore, Oklahoma.

Eu gostaria de ter uma carreira militar brilhante para contar como o meu irmão Bud, que foi piloto de bombardeiro da Marinha, num porta-aviões – mas meu tempo de serviço transcorreu de maneira bastante comum, como tenente e depois capitão, fazendo coisas como supervisionar a segurança em fábricas de aviões e em campos de prisioneiros de guerra na Califórnia e em todo o país.

Helen e eu passamos dois anos vivendo a vida militar e quando dei baixa em 1945 eu não só sabia que queria entrar no ramo de vendas a varejo, como também sabia que queria ter meu próprio negócio. Minha única experiência era o emprego com a Penney, mas eu tinha muita confiança em que teria êxito trabalhando por conta própria. Nossa última designação militar foi para Salt Lake City, onde procurei uma biblioteca e retirei todos os livros sobre varejo. Também gastei grande parte de meu tempo livre estudando ZCMI, a loja de departamentos mórmon que havia lá, apenas imaginando que quando eu voltasse à vida civil entraria, de alguma forma, no ramo das lojas de departamentos. A única questão pendente era a escolha do local para nos instalarmos.

HELEN WALTON

"Meu pai queria que nos mudássemos para Claremore, mas eu lhe disse: 'Papai, quero que meu marido seja alguém, não quero que seja o genro de L. S. Robson. Quero que ele seja Sam Walton.'"

Como já disse, o pai de Helen era advogado, banqueiro e criador de gado muito conhecido, mas ela queria que fôssemos independentes. Concordei, e achei que nossa melhor oportunidade poderia estar em St. Louis. Um velho amigo meu, Tom Bates, também pretendia entrar para o ramo das lojas de departamentos. Eu o tinha conhecido quando éramos meninos em Shelbina – o pai dele era dono da maior loja de departamentos da cidade – e tínhamos sido companheiros de quarto na associação Beta Theta Pi, no Missouri. Quando deixei o Exército, procurei Tom em St. Louis. Ele trabalhava na seção de calçados da Irmãos Butler, uma empresa varejista regional, que operava com duas franquias: Lojas Federated, uma cadeia de pequenas lojas de departamentos, e

Ben Franklin, uma cadeia de lojas de variedades, que chamávamos de "cinco e dez", ou de "lojas de dez centavos".

Tom teve uma grande idéia, pareceu-me. Nós seríamos sócios, cada um entraria com 20 mil dólares, e compraríamos uma loja de departamentos da Federated localizada na avenida Del Mar, em St. Louis. Helen e eu tínhamos 5 mil dólares aproximadamente, e eu sabia que poderíamos tomar o resto emprestado com seu pai, que sempre tivera muita confiança em mim, e era um homem muito solidário. Eu estava pronto a tornar-me dono de uma loja de departamentos de cidade grande. Foi então que Helen falou e estabeleceu um princípio.

HELEN WALTON

"Sam, estamos casados há dois anos e já nos mudamos 16 vezes. Bem, eu vou com você para qualquer lugar, desde que não me peça para morar numa cidade grande. Dez mil habitantes é o bastante para mim."

Assim, qualquer cidade com uma população de mais de 10 mil habitantes estava fora de cogitações para os Waltons. Se você sabe alguma coisa da estratégia inicial de pequena cidade que impulsionou o Wal-Mart quase duas décadas depois, pode perceber que isso mais ou menos fixou o curso do que viria a acontecer. Helen também vetou as sociedades; eram demasiado arriscadas. Sua família tinha visto algumas sociedades darem errado, e ela estava firme na idéia de que a única solução era trabalhar sozinho. Portanto, voltei aos Irmãos Butler para ver se tinham alguma outra coisa para mim.

O que tinham era uma loja de miudezas da cadeia Ben Franklin em Newport, Arkansas – uma cidade ferroviária e produtora de algodão de cerca de sete mil habitantes, na área do delta do rio Mississippi, a leste do Arkansas. Lembro-me de ter ido para lá no trem de St. Louis, ainda com o uniforme do Exército, com o cinturão-talabarte, e descido a rua principal para dar uma olhada nessa loja – o meu sonho. O dono era um sujeito de St. Louis, e as coisas não iam muito bem para ele. Estava perdendo dinheiro e queria passar a loja o mais depressa possível. Compreendo hoje que eu fui o otário que os Irmãos Butler mandaram para salvá-lo. Tinha 27 anos e estava muito confiante, mas não conhecia o elementar para avaliar uma proposta como aquela, e por isso mergulhei de cabeça. Comprei uma por 25 mil dólares – 5 mil do nosso dinheiro e 20 mil emprestados pelo pai de Helen. Minha ingenuidade em relação a contratos e coisas assim viria, mais tarde, a atormentar-me seriamente.

Naquela época, porém, eu estava certo de que Newport e Ben Franklin tinham um grande potencial, e sempre acreditei em metas, razão pela qual me propus uma: queria que minha lojinha de Newport fosse a melhor e mais lucrativa loja de miudezas em Arkansas, dentro de cinco anos. Sentia que tinha o talento para isso e que era possível fazer o que eu desejava, então por que não tentar? Proponha-se tal meta e veja se a consegue realizar. Se não conseguir, terá se divertido, tentando.

Somente depois de fechado o negócio, é claro, fiquei sabendo que a loja era um abacaxi. Tinha um movimento de vendas de cerca de 72 mil dólares por ano, mas o preço de sua franquia era de 5% das vendas – o que me pareceu bom – mas que, como fiquei sabendo depois, era o mais alto de que já se ouvira falar no ramo de lojas de miudezas. Ninguém pagava 5% de vendas de franquia. E tinha um sério concorrente – uma Loja Sterling do outro lado da rua – cujo excelente gerente, John Dunham, fazia um movimento de mais de 150 mil dólares anuais, o dobro do meu.

Apesar de toda a minha confiança, eu não tinha um dia sequer de experiência na direção de uma loja de miudezas, e por isso os Irmãos Butler me mandaram fazer um treinamento de duas semanas na Ben Franklin, em Arkadelphia, Arkansas. Depois disso, eu estava por minha própria conta, e inaugurei o negócio a 1º de setembro de 1945. Nossa loja era do tipo característico do armarinho antigo, com uma largura de 15 metros e uma profundidade de 30 metros, de frente para a rua Front, no centro da cidade, voltada para os trilhos da estrada de ferro. Naquela época, lojas assim tinham uma caixa registradora e balcões dos dois lados, em toda a sua extensão, com um espaço atrás onde ficavam os caixeiros, para atender aos clientes. Não tinha sido criado ainda o auto-atendimento.

Foi realmente uma bênção para mim ser tão imaturo e ignorante, pois foi essa experiência que me proporcionou uma lição que nunca mais esqueci, durante todos esses anos: podemos aprender com qualquer pessoa. Não aprendi apenas lendo todas as publicações sobre comércio varejista que me caíam nas mãos, provavelmente aprendi mais estudando o que John Dunham fazia do outro lado da rua.

HELEN WALTON

"Evidenciou-se que havia muito a aprender sobre a direção de uma loja. E, naturalmente, o que motivava Sam realmente era aquela concorrência do outro lado da rua – John Dunham na Loja Sterling. Ele estava sempre lá, vendo o que John fazia. Sempre. Examinando seus preços, seus mostruários, observando o que estavam fazendo. Procurava sempre uma maneira de fazer melhor. Não me lembro dos detalhes, mas lembro que eles começaram uma espécie de guerra de preços. Mais tarde, muito depois de termos partido de Newport e de ter John se aposentado, costumávamos vê-lo e ele se ria do fato de Sam estar sempre na sua loja. Mas estou certa de que isso o irritava bastante, no começo. John nunca tivera uma concorrência séria, antes de Sam."

Aprendi tremendamente, administrando uma loja do programa de franquias de Ben Franklin. Eles tinham um excelente programa operacional para suas lojas independentes, uma espécie de curso enlatado sobre como dirigir uma loja. Foi, em si mesmo, toda uma educação. Tinham um sistema de contabilidade próprio, com manuais que diziam o que se devia fazer, quando e como. Tinham formulários para relatórios de mercadorias, para demonstração de contas a pagar, demonstração de lucros e perdas, tinham pequenos livros-razão chamados Faça Melhor do que Ontem, nos quais se podia comparar as vendas do ano corrente com as do ano anterior, dia a dia. Tinham todos os instrumentos necessários para que um comerciante independente dirigisse uma operação controlada. Eu não tinha experiência de contabilidade – e não tinha sido bom na matéria, na faculdade – e portanto fiz tudo como mandava o manual. De fato, usei o seu sistema de contabilidade muito depois que comecei a violar as regras sobre todos os outros aspectos. Utilizei-o até mesmo para os cinco ou seis primeiros Wal-Marts.

Por mais útil que seu programa de franquia fosse para um rapaz de 27 anos ansioso por aprender, os Irmãos Butler queriam que fizéssemos as coisas, literalmente, pelas regras – as regras deles. Não davam muita independência aos seus franqueados. A mercadoria era armazenada em Chicago, St. Louis ou Kansas City. Diziam-me o que vender, por quanto vender, e por quanto a vendiam para mim. Diziam-me que os artigos por eles escolhidos eram o que os fregueses esperavam. Também me diziam que eu tinha de comprar deles pelo menos 80% de minhas mercadorias e, se o fizesse, teria um desconto no final do ano. Se eu quisesse ter um lucro líquido de 6 ou 7%, disseram-me que teria de contratar certo número de empregados e fazer determinado volume de publicidade. É assim que funciona a maioria das franquias.

A princípio concordei, e administrei minha loja de acordo com as regras deles, porque não sabia fazer melhor. Mas não levei muito tempo para começar a fazer experiências – e sou assim, e sempre fui assim. Em pouco tempo eu estava lançando programas promocionais próprios, e depois comecei a comprar mercadorias diretamente dos fabricantes. Tive muitas discussões com eles. Eu dizia: "Quero comprar essas fitas e laços diretamente. Não quero que vendam para os Irmãos Butler, para depois eles me venderem por mais 25%. Quero comprar direto." Na maioria das vezes eles não queriam criar caso com os Butler e por isso não faziam negócio comigo. Mas de vez em quando eu encontrava alguém que não se importava e fazia as coisas ao meu modo.

Este foi o início de muitas das práticas e filosofias que ainda hoje predominam no Wal-Mart. Eu estava sempre à procura de fontes ou fornecedores não muito conhecidos. Comecei a ir ao Tennessee procurar pessoas que, como descobri, me vendiam mercadorias especiais a preços muito inferiores aos cobrados por Ben Franklin. Uma dessas firmas, lembro-me, era a Companhia Mercantil Wright, em Union City, que vendia a pequenos negócios como o meu a bons preços de atacado. Eu trabalhava na loja o dia inteiro, saía mais ou menos na hora de fechar e dirigia por uma estrada até a barca do rio Mississippi em Cottonwood Point, Missouri, e dali para o Tennessee, com um reboque feito em casa ligado no meu carro. Eu enchia o carro e o reboque com tudo o que podia conseguir a bom preço – geralmente, artigos leves: calcinhas e meias de náilon de mulher, camisas de homens – e os levava de volta, fixava um preço baixo e vendia tudo rapidamente.

Devo dizer-lhes que isso deixou louco o pessoal da Ben Franklin. Não só não estavam conseguindo a sua percentagem, como também não podiam competir com os preços pelos quais eu estava comprando. Comecei então a ir além do Tennessee. Entrei em correspondência com um agente de um fabricante de Nova York, chamado Harry Weiner. Ele dirigia os Serviços de Compra Weiner, Sétima Avenida 505. Aquele sujeito tinha um negócio muito simples. Procurava diferentes fabricantes e relacionava o que tinham para vender. Quando alguém como eu lhe mandava um pedido, ele ficava talvez com 5% de comissão e mandava o pedido para a fábrica, que o remetia para nós. Aqueles 5% me pareciam uma comissão bastante razoável, se comparados aos 25% de Ben Franklin.

Nunca me esquecerei um dos negócios de Harry, um dos melhores artigos que já tive e também uma das primeiras lições sobre preços. Foi o que me fez pensar pela primeira vez no que acabaria sendo o alicerce da filosofia do Wal-Mart. Se você está interessado em saber "como o Wal-Mart conseguiu sucesso", deve sentar-se e prestar bastante atenção a esta história. Harry estava vendendo calcinhas de mulher, de malha acetinada, com elástico na cintura – por dois dólares a dúzia. Estávamos comprando artigo igual de Ben Franklin por 2,50 a dúzia e vendendo o jogo de três por um dólar. Bem, ao preço de Harry, de dois dólares, podíamos vender um jogo de quatro por um dólar e fazer uma grande promoção para a nossa loja.

Eis a lição simples que aprendemos, e que outros estavam aprendendo ao mesmo tempo e que acabou mudando a maneira pela qual os varejistas vendem e os clientes compram, em todos os Estados Unidos: digamos que eu compre um artigo por 80 centavos. Descobri que vendendo-o a um dólar podia vender três vezes mais do que se fixasse um preço de 1,20. Poderia ganhar apenas a metade em cada unidade, mas como estava vendendo três vezes mais, o lucro geral seria muito maior. Muito simples. Mas é essa na realidade a essência das promoções: reduzindo o preço, podemos aumentar as vendas a tal ponto que ganhamos muito mais com o menor preço a varejo do que ganharíamos se vendêssemos o artigo a um preço maior. Na linguagem das vendas a varejo, podemos baixar o nosso preço e ganhar mais, devido ao maior volume de vendas.

Comecei a acalentar essa idéia em Newport, mas seriam necessários outros 10 anos para que eu a levasse a sério. Eu não podia colocá-la em prática em Newport, porque o programa de Ben Franklin era demasiado rígido. E apesar de meus negócios com comerciantes como Harry Weiner, eu ainda tinha o contrato dizendo que devia comprar pelo menos 80% de minhas mercadorias de Ben Franklin. Se não cobrisse essa quota, não recebia meu bônus de fim de ano. A verdade é que eu forcei esse contrato o mais que pude. Podia comprar quanto quisesse fora, e ainda assim tentar atingir os 80%. Charlie Baum – que era então um dos viajantes de Ben Franklin – dizia que estávamos apenas com 70%, e eu protestava, indignado. Acho que os Irmãos Butler só não foram mais duros comigo porque a nossa loja tinha se transformado rapidamente numa das mais movimentadas do distrito.

As coisas começaram a correr muito bem em Newport, em pouco tempo. Em apenas dois anos e meio tínhamos pago o empréstimo de 20 mil dólares ao pai de Helen, e isso me fez muito bem. Significava que o negócio se mantinha sozinho, e achei que estávamos realmente independentes, agora.

Tentamos várias promoções que funcionaram muito bem. Primeiro, instalamos uma máquina de pipoca no passeio, e vendemos muita pipoca. Pensei e repensei, e finalmente resolvi que precisávamos de uma máquina de sorvete, também. Reuni toda a minha coragem e fui ao banco tomar emprestada a soma, que na época parecia astronômica, de 1.800 dólares para comprar a tal máquina. Foi o primeiro dinheiro que tomei emprestado de um banco. Depois, colocamos a sorveteira na calçada ao lado da máquina de pipoca, e digo que atraímos uma certa atenção com as duas. Era algo novo e diferente

– outra experiência – e realmente tivemos lucro com ela. Paguei os 1.800 dólares em dois ou três anos, e me senti muito bem com isso. Eu não queria ser lembrado como o sujeito que perdeu a camisa numa coisa louca como uma máquina de sorvete.

CHARLIE BAUM

"Todos queriam ir ver a loja de Sam Walton. Nunca tivemos uma outra loja com uma máquina Ding Dong de sorvete. As pessoas iam para vê-la e era fantástico. Mas numa noite de sábado esqueceram-se, por algum motivo, de limpar a máquina quando fecharam. No dia seguinte fui até lá com alguns clientes para mostrar-lhes a vitrina fronteira de Sam. E garanto-lhes, o que tinha de moscas naquela vitrina não era deste mundo."

Por melhor que corressem os negócios, eu nunca podia deixar as coisas paradas e, de fato, creio que minha constante agitação e inconformismo com o *status quo* deve ter sido uma das minha maiores contribuições ao sucesso posterior do Wal-Mart. Como eu disse, ficávamos de frente para a rua principal, e nosso maior concorrente – a Loja Sterling de John Dunham – ficava do outro lado, na esquina da rua Hazel. Era uma loja um pouco menor do que a nossa, mas ele conseguia fazer duas vezes mais negócios do que a nossa, antes que a comprássemos. Mas nós entramos forte. Em nosso primeiro ano, a Ben Franklin fez um movimento de 105 mil dólares em vendas, em comparação com os 72 mil do antigo proprietário. No ano seguinte, foram 140 mil dólares, e no outro, 175 mil.

Finalmente alcançamos, e em seguida ultrapassamos, o velho John lá do outro lado, na esquina da rua Hazel. Mas vizinha a ele, e em frente a nós, ficava a mercearia do Kroger. Nessa época eu estava realmente integrado na comunidade e mantinha os ouvidos bem abertos; fiquei sabendo que a Sterling ia ficar com o contrato de Kroger e ampliar a loja de John com aquele espaço, tornando a loja deles muito maior do que a minha. Por isso, corri a Hot Springs, procurei a dona do prédio do Kroger. Consegui convencê-la a alugá-lo para mim, e não para a Sterling. Eu não tinha a menor idéia do que fazer com aquela loja, mas estava certo de que não queria que a Sterling a ocupasse. Bem, resolvi instalar ali uma pequena loja de departamentos. Newport já tinha várias lojas assim, uma das quais era do meu senhorio na loja, P. K. Holmes. Isso pode, ou não, ter alguma coisa a ver com os problemas que eu iria enfrentar logo depois. Mas não pensamos nisso.

Fiz um plano, comprei uma tabuleta, comprei equipamento de uma companhia no Nebraska, e comprei a mercadoria – vestidos, calças, camisas, paletós, tudo o que me pareceu que fosse possível vender. O equipamento chegou na quarta-feira de trem, e Charlie Baum, que deveria estar supervisionando minha mercadoria para os Irmãos Butler, ofereceu-se para me ajudar a arrumar tudo. Ele é o mais eficiente arrumador de loja que já conheci. Fomos até a estação e descarregamos o material, montamos, arrumamos a loja, ajeitamos a mercadoria – e abrimos seis dias depois, na segunda-feira. Adotamos o nome de Loja Águia.

Assim, ficamos então com duas lojas na rua Front, em Newport. Eu corria para baixo e para cima na rua, com mercadoria: o que não vendia numa loja, tentava na outra. Acho que competiam entre si, mas não muito. Nessa época, a Ben Franklin ia realmente muito bem. A Águia nunca deu muito dinheiro, mas eu achava melhor o lucro pequeno do que ter ali o meu concorrente, com uma loja grande. Tive de contratar meu primeiro assistente de diretor para ajudar na Ben Franklin, enquanto eu corria de um lado para outro. Meu irmão Bud tinha vindo da guerra e também estava trabalhando comigo.

BUD WALTON

"Aquela loja em Newport foi realmente o começo daquilo que o Wal-Mart é hoje. Fazíamos tudo. Lavávamos as vidraças, varríamos o chão, arrumávamos as vitrinas. Fazíamos todo o serviço do depósito, trazíamos as mercadorias que chegavam. Tudo o que é necessário numa loja. Era preciso manter no mínimo as despesas. Foi assim que começamos, há anos. Nosso dinheiro foi ganho controlando as despesas. Com isso, e com a inventividade de Sam. Ele nunca parava de tentar fazer alguma coisa diferente. Uma coisa, porém: nunca o perdoei por me fazer limpar aquela maldita máquina de sorvete. Ele sabia que eu odiava leite e laticínios, desde que éramos pequenos. Sam costumava esguichar leite em mim, quando ordenhava as vacas. Eu sempre achei que ele me dava aquela tarefa porque sabia que eu não gostava de leite. Ele ri disso até hoje."

Não podíamos ter achado melhor a nossa situação ali. Helen e eu temos o tipo de personalidade que nos leva a participar da vida comunitária, e estávamos profundamente envolvidos nela. Tínhamos ingressado na Igreja Presbiteriana, e embora eu fosse metodista, estava tudo bem. Como Helen e eu tínhamos sido criados na igreja, achávamos que nossos filhos se beneficiariam de uma formação religiosa. A igreja é parte importante da sociedade, especialmente nas cidades pequenas. Quer sejam os contatos e ligações que estabelecemos, ou as contribuições que podemos fazer para ajudar outras pessoas, ela parece contribuir para a integração. Helen era muito atuante no trabalho da igreja, e ainda é hoje, e na PEO, uma organização internacional de mulheres. Nossos quatro filhos já tinham nascido, e Helen gostava realmente de Newport. Eu era membro da junta de diáconos da igreja, era atuante no Rotary Club e tinha sido eleito presidente da Câmara de Comércio, além de chefe da sua comissão industrial. Estava muito envolvido com tudo o que acontecia na cidade.

Do outro lado de nossa loja, também na rua Front, havia uma loja J. C. Penney. Não competíamos muito, e eu mantinha relações cordiais com o gerente. Certo dia um elegante supervisor de Nova York, chamado Blake, veio à cidade para uma inspeção daquela loja, e começou a conversar com o gerente.

"Sabe", o gerente disse a Blake, "temos um ex-funcionário da Penney bem aqui em Newport. Ele veio há alguns anos e realmente teve muito êxito. Duplicou as vendas da sua loja Ben Franklin, tem duas lojas, e é presidente da Câmara de Comércio." E quando o gerente lhe disse que era Sam Walton, o velho Blake quase desmaiou. "Não pode ser o mesmo que conheci em Des Moines", disse ele. "Aquele sujeito não pode ter dado em nada." Ele foi até a minha loja e rimos muito, quando viu que era realmente o rapaz que não sabia escrever de uma maneira que se pudesse ler.

Mas já então meus cinco anos em Newport estavam terminando, e eu tinha atingido a minha meta. Aquela pequena loja Ben Franklin estava faturando 250 mil dólares de vendas por ano, e dando um lucro anual entre 30 mil a 40 mil dólares. Era a loja número um da cadeia Ben Franklin – em vendas ou em lucro – não só no Arkansas, mas em toda a região de seis estados. Era a maior loja de miudezas de qualquer tipo em Arkansas, e não acredito que houvesse outra maior em três ou quatro estados vizinhos.

Nem todas as loucuras que tentamos deram tão certo quanto a máquina de sorvete, certamente, mas não houve erro que não fosse possível corrigir depressa, e nenhum tão grave que ameaçasse o negócio. A não ser um pequeno erro jurídico cometido logo de início. Em toda a minha animação em me tornar Sam Walton, negociante, eu tinha esquecido de incluir uma cláusula no meu contrato de aluguel que me desse a opção de renová-lo depois dos primeiros cinco anos.

E o nosso sucesso tinha chamado muita atenção. Meu senhorio, o dono da loja de departamentos, ficou tão impressionado com nosso sucesso na Ben

Franklin que resolveu não renovar o contrato – por nenhum preço – sabendo muito bem que não tínhamos para onde ir naquela cidade. Ofereceu-se para comprar a franquia, instalações e estoque a um preço justo; queria dar a loja para o filho. Não tive alternativa senão desistir. Mas vendi o contrato da Loja Águia para a Sterling – de modo que John Dunham, meu digno concorrente e mentor, pôde finalmente ter a expansão que desejava.

Foi o ponto baixo de minha vida comercial. Eu me senti mal. Não podia acreditar que estivesse acontecendo comigo. Foi realmente um pesadelo. Eu tinha construído a melhor loja de variedades em toda a região e trabalhado duramente na comunidade – feito tudo certo – e agora estava sendo posto para fora da cidade. Não parecia justo. Culpei-me por ter feito um contrato tão prejudicial, e fiquei furioso com o senhorio. Helen, que estava se fixando com uma família de quatro filhos, ficou muito pesarosa com a perspectiva de deixar Newport. Mas era o que tínhamos de fazer.

Nunca fui de lamentar os reveses, e não me lamentei na ocasião. Não é apenas um lugar-comum dizer que se pode transformar em positivo um fato muito negativo, se nos empenharmos. Sempre considerei os problemas como desafios, e aquele não era diferente. Não sei se essa experiência me modificou, ou não. Sei que passei a ler meus contratos mais cuidadosamente depois disso, e talvez me tenha tornado um pouco mais consciente do quanto o mundo pode ser duro. E pode ter sido então que comecei a estimular o nosso filho mais velho, Rob, então com seis anos, a ser advogado. Mas não fiquei lamentando minha decepção. O desafio que tinha pela frente era bastante simples: era preciso recolher as forças e continuar, fazer tudo de novo, só que desta vez melhor.

Helen e eu começamos a procurar uma nova cidade.

Capítulo 3

RECOMEÇANDO

"Quando saímos de Newport, ela era uma florescente cidade algodoeira, e não me foi agradável deixá-la. Tínhamos construído uma vida, ali, e era tão perturbador ter de abandoná-la. Já repeti isso muitas vezes. Ainda tenho bons amigos lá, que datam daquela época."

HELEN WALTON

SAÍ DA EXPERIÊNCIA DE NEWPORT com o orgulho um pouco abalado, mas tinha ganho dinheiro com a venda da Ben Franklin – mais de 50 mil dólares. Foi provavelmente uma bênção. Tive a oportunidade de começar de novo, e dessa vez sabia o que estava fazendo. Agora, com 32 anos de idade, tudo o que eu precisava era de uma loja. Na primavera de 1950, Helen, as crianças e eu começamos a viajar pelas proximidades, em busca de uma, e o noroeste do Arkansas nos atraía por várias razões. Primeiro, ficava muito mais perto dos parentes de Helen, em Claremore, do que Newport. E era bom para mim porque eu queria ficar mais perto de uma boa caça de codornas, e com Oklahoma, Kansas, Arkansas e Missouri se juntando bem ali, eu tinha fácil acesso a quatro estações de codornas em quatro estados.

Tentamos comprar uma loja em Siloam Springs, na divisa com Oklahoma, mas não chegamos a um acordo com o proprietário, Jim Dodson, que mais tarde se tornou nosso amigo. Por isso, certo dia o pai de Helen e eu fomos até Bentonville e demos uma olhada na praça. Foi a menor das cidades que examinamos e já tinha três lojas de miudezas, quando uma teria sido suficiente. Mas eu adoro a concorrência, e aquele me pareceu o lugar certo para provar que eu podia refazer tudo, novamente. Encontramos uma velha loja à venda – Armarinho Harrison – mas seria necessário duplicar seu tamanho e para isso precisaríamos de um contrato de arrendamento, por 99 anos, da barbearia que ficava ao lado (eu não queria saber mais de contratos de cinco anos). As duas velhas viúvas de Kansas City que eram proprietárias do imóvel não queriam saber de nada, e francamente, se o pai de Helen não tivesse ido até lá – sem que eu soubesse – e negociado um acordo, não sei onde os Waltons teriam acabado.

HELEN WALTON

"Bentonville era realmente apenas uma triste cidade do interior, embora nela passasse o trem. Era conhecida sobretudo pelas maçãs, mas naquela época estava começando a produzir frangos. Lembro-me que não pude acreditar que fôssemos morar ali. Tinha apenas três mil habitantes, em comparação com Newport, que era uma florescente cidade algodoeira e ferroviária de sete mil habitantes. A loja era daqueles pequenos estabelecimentos de cidade do interior, com latas de rendas, caixas de chapéus, moldes de costura, tudo o que se possa imaginar, espalhado por todo lado. Mas eu sabia, mal chegamos aqui, que ia dar certo."

Agora eu tinha novamente uma loja para administrar, e muito embora ela só faturasse 32 mil dólares por ano quando a comprei – em Newport, as vendas eram de 250 mil dólares – isso não tinha muita importância, pois eu trazia grandes planos. Derrubamos a parede entre a barbearia e a velha loja, substituímos as poucas lâmpadas fracas, que estavam penduradas do teto, por uma nova iluminação fluorescente, e basicamente fizemos uma loja nova. Era enorme para a Bentonville da época – 15 m por 24 m, ou 360 m^2. Charlie Baum, da Ben Franklin, veio novamente me salvar. Dessa vez, ajudou-me a desmontar todas as instalações que tinha ajudado a montar na velha Loja Águia. Colocamos tudo num caminhão grande, que eu dirigi até Bentonville, desde Newport. Tivemos de tomar uma velha estrada de terra para contornar o posto de pesagem da rodovia em Rogers, porque eu sabia que a nossa carga era ilegal sob muitos pontos de vista. As sacudidelas naquela estrada velha arrebentaram com metade do equipamento. De qualquer modo, Charlie e eu instalamos novamente a decoração. Mais ou menos nessa época li um artigo sobre as duas lojas Ben Franklin em Minnesota que tinham adotado o auto-atendimento – um conceito novo na época. Viajei de ônibus toda uma noite para essas duas pequenas cidades – Pipestone e Worthington. Tinham prateleiras dos lados e dois balcões pequenos lá no fundo. Não havia empregados com caixas registradoras pela loja. Apenas pontos de verificação na frente. Gostei da idéia. Por isso, fiz a mesma coisa.

CHARLIE BAUM

"Logo que Sam mudou a loja de Newport para Bentonville, fez uma bela e grande liquidação, e colocamos barris cheios de mercadorias por toda a loja. As velhas entravam e se inclinavam sobre os barris. Nunca me esquecerei disso. Sam deu uma olhada, franziu a testa, e disse: 'Uma coisa temos de fazer, Charlie. Temos de ser fortes em lingerie.' Os tempos tinham sido difíceis, e algumas de suas roupas de baixo estavam bastante rasgadas."

Assim, quando Charlie e eu instalamos aquela loja em Bentonville, ela passou a ser a terceira loja de miudezas em todo o país, e a primeira em nossa área de oito estados, a adotar o auto-atendimento. Talvez ninguém aqui soubesse disso, mas era um grande negócio. Hoje, o nosso primeiro anúncio, em 29 de julho de 1950, no *Benton County Democrat,* está exposto no Centro de Visitantes Wal-Mart. É um anúncio da Grande Liquidação de Reforma da Walton's Five & Dime, prometendo muitas coisas boas: bolas de assoprar para as crianças, uma dúzia de pegadores de roupa por nove centavos, copos para chá gelado por dez centavos cada. Os fregueses apareceram, e continuaram vindo. Embora tivéssemos dado à loja o nome de Walton's Five & Dime, era uma franquia da Ben Franklin, e tornou-se logo um bom negócio, tal como acontecera em Newport. Era realmente uma loja de primeira para aquela região, na época.

INEZ THREET, VENDEDORA, WALTON'S FIVE & DIME, BENTONVILLE

"Acho que o sr. Walton tinha uma personalidade atraente. Ele falava com as pessoas a um quarteirão de distância. Cumprimentava todos os que via, e por isso muitas pessoas gostavam dele e faziam compras na loja. Era como se atraísse compradores, pelo fato de ser tão cordial.

Ele estava sempre pensando em experimentar coisas novas na loja. Lembro-me que certa vez foi de viagem a Nova York, voltou alguns dias depois e disse: 'Vem cá, quero lhe mostrar uma coisa. Vai ser o artigo do ano.' Fui ver e era uma lata cheia de – creio que eram chamadas de sandálias japonesas – e hoje se chamam sandálias de dedo. Eu apenas ri, e disse: 'Essas coisas não vendem. Elas farão bolhas nos dedos.' Nós as amarramos em pares e atiramos sobre uma mesa num canto, por 19 centavos o par. E venderam de uma maneira incrível. Nunca vi um artigo vender tão depressa, uma atrás da outra, montes delas. Todos na cidade tinham um par."

Comecei a procurar, imediatamente, oportunidades de comprar lojas em outras cidades. Talvez fosse minha ânsia de fazer mais negócios, e talvez também eu não quisesse investir de novo tudo numa loja só. Em 1952 fui a Fayetteville e encontrei uma velha mercearia que a Kroger estava abandonando devido ao mau estado do prédio. Ficava bem na praça, com apenas 5 metros e meio de largura por 45 m de comprimento. Nosso principal concorrente era uma loja Woolworth num dos lados da praça, e uma loja Scott no outro lado. Ali desafiaríamos, portanto, duas lojas populares com uma pequena loja de miudezas de cinco metros. Não era uma franquia da Ben Franklin, e lhe demos o nome de Walton's Five & Dime, como a loja de Bentonville. Lembro-me de que, logo depois de ter fechado o negócio, sentei-me na praça e ouvi dois tipos locais dizerem: "Bem, vamos dar àquele sujeito 60 dias, talvez 90. Ele não vai ficar muito tempo."

Mas também aquela loja estava à frente do seu tempo, com um auto-atendimento total, ao contrário da concorrência. Foi o início do sistema com que operamos por muito tempo. Estávamos inovando, experimentando e expandindo. As pessoas costumam ter a impressão de que o Wal-Mart foi alguma coisa que eu sonhei a partir do nada, já na minha meia-idade, e que essa idéia, por si mesma, se transformou num sucesso da noite para o dia. É verdade que eu tinha 44 anos quando abrimos nosso primeiro Wal-Mart em 1962, mas a loja foi totalmente o resultado de tudo o que tínhamos feito desde Newport – outro exemplo de minha incapacidade de deixar as coisas como estão, outra experiência. E como a maioria dos sucessos que acontecem da noite para o dia, este levou cerca de 20 anos em elaboração.

É claro que eu precisava de alguém para tomar conta da nova loja, e não tinha muito dinheiro; por isso fiz algo que continuaria a fazer pelo resto da minha atuação no ramos de vendas a varejo, sem vergonha ou constrangimento: bisbilhotar as lojas dos outros em busca de bons talentos. Foi assim que fiz a minha primeira contratação de verdade, o primeiro diretor, Willard Walker.

WILLARD WALKER, PRIMEIRO DIRETOR, WALTON'S FIVE & DIME, FAYETTEVILLE

"A primeira vez que vi Sam Walton foi quando ele e seu cunhado, Nick Robson, entraram numa loja de dez centavos TG&Y da qual eu era gerente, em Tulsa. Ficaram lá cerca de uma hora, fazendo muitas perguntas, foram embora, e não pensei mais nisso. Mais tarde ele me procurou, disse que estava abrindo uma loja nova em Fayetteville e queria saber se eu estava interessado em ser entrevistado para o cargo de diretor. Eu teria de mudar para lá, trabalhar meio expediente de graça até que a loja abrisse, e lembro-me de ter dormido numa cama de campanha, no depósito da loja. Mas ele disse que eu teria uma percentagem dos lucros, e isso me atraiu. Quando fui me despedir da TG&Y, o vice-presidente disse: 'Lembre-se, Willard, uma percentagem sobre nada continua sendo nada.' Mas eu fiquei firme, e aceitei o emprego. Sam trabalhava todos os dias, desde a hora em que começávamos até o momento em que íamos embora. Enrolava as mangas da camisa e trabalhava todos os dias, até que preparamos a loja, a partir do zero.

Sam trazia todos os tipos de mercadorias que comprava daqueles amigos no Tennessee – trazia numa caminhonete. Funcionava muito bem. No primeiro ano, acho que Bentonville deu 95 mil dólares, e nós, 90 mil.

Bem, mais tarde, quando tínhamos o Wal-Mart e nosso capital foi aberto, eu levantei um empréstimo que parecia muito grande na época, e comprei ações com o dinheiro. Bud e Sam vieram à loja certo dia, e Bud disse: 'Willard, espero bem que você saiba o que está fazendo.' Disse-me que eu tinha mais confiança do que ele. Eu sempre soube que o empreendimento seria um sucesso. A filosofia tinha sentido, e era impossível não acreditar naquele homem."

Nos anos futuros, a atração da participação nos lucros ajudou-nos a recrutar muitos bons diretores, mas não creio que algum deles tenha comprado mais ações do que Willard. E, naturalmente, ele está muito satisfeito com isso hoje.

Lembro-me daqueles dias principalmente como uma época na qual estávamos sempre procurando idéias e artigos que dessem destaque às nossas lojas. Houve uma ocasião em que o bambolê, a Hula Hoop, virou mania, e inundou as lojas das cidades grandes. Mas os artigos autênticos, que eram feitos de mangueira de plástico, eram caros e difíceis de conseguir para nós. Jim Dodson – o sujeito que não me vendeu a loja em Siloam Springs – me telefonou e disse que conhecia um fabricante que podia fabricar a mangueira do mesmo tamanho da Hula Hoop. Ele propunha uma sociedade meio a meio para fazermos nossos próprios bambolês. Foi o que fizemos. Nós os preparávamos em seu sótão, e vendemos uma tonelada deles nas nossas lojas. Toda criança do noroeste do Arkansas tinha um. Mais tarde, Jim acabou sendo diretor de um Wal-Mart em Colúmbia, Missouri, durante cerca de 15 anos.

Meu avô, Samuel Walton.

Minha avó, Clara Etta Layton Walton.

Minha mãe, Nannia Lee Lawrence Walton.

Meu pai, Thomas Gibson Walton.

A rua principal da cidade de Kingflisher, Oklahoma,
mais ou menos na época do meu nascimento.

Minha foto da formatura, em 1936, da Escola Secundária Hickam, em Columbia, Missouri. Meus colegas elegeram-me o Rapaz Mais Versátil.

Orgulhoso do meu primeiro carro de verdade. Era usado, claro, mas pegava um bom brilho.

Lá estou eu, atrás e à direita do menino que ficou bem no centro. Eu, e estas colegas, trabalhamos durante o curso entregando o Columbia Missourian no campus da Universidade de Missouri.

Helen e eu no dia de nosso casamento – Dia dos Namorados de 1943. A felicidade que compartilhamos só tem se aprofundado nesses 49 anos de casamento.

Mr. and Mrs. Leland Stanford Robson
request the honor of your presence
at the marriage of their daughter
Helen Alice
to
Samuel Moore Walton
Lieutenant, United States Army
on Sunday, the fourteenth of February
at five o'clock
First Presbyterian Church
Claremore, Oklahoma

Reception
immediately following the ceremony
Hotel Will Rogers

Nosso convite de casamento.

Com o nascimento de Rob, em 1944, nos éramos uma "família".

O primogênito Rob e seu orgulhoso pai, passando juntos momentos tranqüilos.

Sempre bem disposta, Helen convida uma multidão de amiguinhos de Rob para comemorar o seu quarto aniversário.

Um momento de calma em nossa agitada família, quando posamos para esse retrato em 1950. (As crianças são, da esquerda para a direita: Jim, Rob, John e Alice.)

A primeira loja: uma franquia da Bem Franklin em Newport, Arkansas, que comprei em 1945, quando dei baixa do Exército.

Papai Noel chega à praça de Bentonville, em frente à nossa loja Walton's Five & Dime, em 1951.

Foi especialmente satisfatório o retorno a Newport em 1969, com a abertura do Wal-Mart nº 18.

Este grupo de senhoras foi muito importante na nossa instalação e começo de atividades.

Benton County Daily Record

Conversando com tantas crianças como converso, estou otimista quanto a uma futura geração de líderes – mas cabe a todos nós assegurar-lhes as oportunidades educacionais para isso.

Mike Smith

A Walt-Mart entrou para a Bolsa de Valores de Nova York em 1972, e orgulho-me de termos compensado muito bem os nossos acionistas. A foto mostra quando fazíamos a primeira transação de nossas ações naquela Bolsa.

Ellen Clements/Wal-Mart World

As puxadoras do grito de guerra do Wal-Mart contribuem para o entusisamo.

Somos gratos pela confiança dos nossos acionistas, e gostamos particularmente da maneira pela qual nos apóiam, participando da assembléia anual de acionistas, a maior dos Estados Unidos (junho de 1987).

Sempre gostei de desafiar nosso pessoal. Quando esperamos grandes coisas das pessoas, elas também esperam. Nosso pessoal nunca nos decepcionou.

Ellen Clements/Wal-Mart World

Mass Market Retailers

Mass Market Retailers

Mass Market Retailers

Mass Market Retailers

Mass Market Retailers

David Glass é provavelmente o melhor ouvinte e comunicador que conheço. Nesta foto, ele ouve a opinião de alguns novos clientes em nosso Supercenter Wal-Mart, em Rolla, Missouri (1992).

Benton County Daily Record

Helen e eu fomos homenageados pelos nosso amigos de Bentonville em 1983 – e a cidade realmente se esmerou.

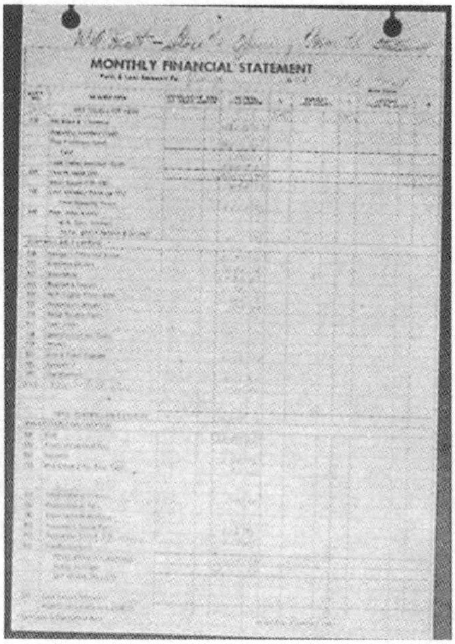

Berquist-Armstrong/Wal-Mart Visitors Center

O primeiro relatório financeiro de nosso primeiro Wal-Mart, à qual, confiantes, demos o nome de Wal-Mart nº 1.

Berquist-Armstrong/Wal-Mart Visitors Center

Meu rascunho manuscrito do programa Compre Americano, criado em 1984. Orgulho-me realmente dos quase 100.000 empregos que criamos ou preservamos para os americanos, com esse plano.

Naquela época eu também estava comprando o material das minhas instalações da Ben Franklin. Eram armações de madeira, comuns na época, com prateleiras para a mercadoria. Vi numa cidade por onde passei o que as Lojas Sterling estavam fazendo – a maioria das coisas que fiz foram copiadas de outros –, usando material todo de metal. Encontrei um sujeito chamado Gene Lauer, aqui em Bentonville, e o convenci a fazer algumas daquelas armações para a loja de Fayetteville, que se tornou, estou certo, a primeira loja de miudezas do país a usar armações totalmente de metal, como se vêem nas lojas hoje em dia. Gene fez as instalações para o primeiro Wal-Mart, e continuou a trabalhar para nós durante 21 anos, até aposentar-se, há alguns anos. Hoje ele trabalha aqui em Bentonville, no Centro de Visitantes Wal-Mart, que é uma espécie de museu instalado no local daquela primeira loja.

CHARLIE CATE, ESTOQUISTA DA LOJA DE FAYETTEVILLE, HOJE DIRETOR APOSENTADO DO WAL-MART

"Sam costumava vir à nossa loja de Fayetteville num velho Plymouth de 1953. O carro vinha tão carregado que ele mal tinha espaço para dirigir. E adivinhem o que trazia? Calcinhas de mulher. Três por um dólar, e quatro por um dólar e meias de náilon. Entrava, ocupava um balcão do fundo e dizia, 'Bem Charlie, você vai fazer o seguinte: nesta lata você coloca calcinhas a três por um dólar, e nesta outra, a quatro por um dólar. E coloca essas meias de náilon bem no meio delas. Vai ver como vendem.' E vendiam. Como banana."

Enquanto eu andava correndo entre Bentonville, Fayetteville, Tennessee e o escritório regional da Ben Franklin em Kansas City, meu irmão Bud levantou um empréstimo e comprou uma loja Ben Franklin para ele, na cidadezinha de Versailles, Missouri, cuja população era de dois mil habitantes. Mantínhamos contato, mas não estávamos realmente trabalhando juntos; Bud tinha constituído família e estava se saindo bem. Certa vez em que eu estava em Kansas City ouvi falar de um grande bairro que estava sendo criado lá – Ruskin Heights. No meio dele haveria um centro comercial de 9.000 m^2 – um conceito totalmente novo, naquela época. Teria lojas A&P e Ben Franklin no meio, uma drogaria Crown no extremo, e pequenas lojas entre elas. Telefonei para Bud e disse-lhe que me encontrasse ali, imediatamente.

Perguntei-lhe: "Você quer arriscar e entrar nesse negócio?" E ele respondeu: "É possível." E entramos. Tomamos emprestado todo o dinheiro que conseguimos e fizemos uma sociedade meio a meio numa loja da cadeia Ben Franklin.

BUD WALTON

"Antigamente, havia no negócio de lojas de miudezas, aqui, algumas convenções entre os concorrentes. Cada cadeia controlava, mais ou menos, um estado. Oklahoma era da TG&Y, Kansas era da Alco, Texas era da Mott's, Missouri era da Mattingly, Nebraska era da Hested's, Indiana era da Danners. Sua sede era no estado, e nele se tinha desenvolvido. Diziam: 'Vocês não entram no meu território, e eu não entro no de vocês.' As franquias de Ben Franklin eram feitas a pequenos comerciantes independentes que queriam instalar uma loja ou duas nas brechas deixadas pelos outros. É claro que Sam mudou tudo isso. As fronteiras estaduais não significavam nada para o meu irmão. Ele não se importava em fazer negócios em quatro estados – tudo no mesmo dia."

Se eu alguma vez tive dúvidas sobre o potencial do ramo em que estávamos trabalhando, Ruskin Heights acabou com elas. A coisa pegou como fogo em palheiro. No primeiro ano tivemos um lucro de 30 mil dólares sobre 250 mil de vendas, que subiram para 350 mil logo depois. Quando vi aquele centro comercial pegar do jeito que pegou, pensei: "Ora, este vai ser o precursor de muitos, muitos outros." E resolvi – quase que sem dinheiro – entrar no ramo de centros comerciais no Arkansas. Fui para Little Rock animado pela idéia de ser o precursor da criação de centros comerciais ali. Tentei conseguir uma esquina muito boa, mas um grande espertalhão das Lojas Sterling tirou-me o negócio das mãos e construiu o que se tornou o primeiro centro comercial da cidade, com uma Loja Sterling e outra da Pneus e Acessórios Oklahoma.

Continuei insistindo. Passei provavelmente dois anos andando e tentando vender a idéia dos centros comerciais em Arkansas, em meados da década de 1950 – e estava mais ou menos 10 anos adiantado em relação à época. Obtive finalmente, uma opção numa propriedade e consegui que Kroger e Woolworth assinassem contratos para lojas, com o argumento de que nós pavimentaríamos a rua. Comecei a levantar dinheiro para isso, mas foi muito complicado, e no fim achei melhor aceitar a derrota e voltei a concentrar-me no comércio varejista. Perdi provavelmente 25 mil dólares, numa época em que Helen e eu estávamos contando cada dólar. Foi provavelmente o maior erro de minha carreira empresarial. Aprendi muito sobre o negócio de imóveis com essa experiência, o que talvez tenha proporcionado algumas compensações, com o tempo – embora eu preferisse ter aprendido de uma maneira mais barata. Incidentalmente, depois que abri mão de minha opção para aquela propriedade, um jovem bastante conhecido, chamado Jack Stephens – que tinha muito mais dinheiro do que eu – acabou criando ali um centro comercial bem-sucedido, e que ainda existe.

DAVID GLASS

"Duas coisa distinguem Sam Walton de quase todas as outras pessoas que conheço. Primeiro, ele se levanta disposto a melhorar alguma coisa. Segundo, ele tem menos medo de estar errado do que qualquer pessoa que conheci. E quando percebe que está, deixa tudo de lado e parte em outra direção."

Durante todo o período daquele fracasso eu continuava, é claro, tentando administrar as lojas de miudezas, e tudo correu muito bem até 20 de maio de 1957 – nunca me esquecerei desse dia. Bud telefonou-me de Versailles e disse que um furacão tinha atingido a loja de Ruskin. "Ah, provavelmente sacudiu um pouco os vidros", pensei. Mas comecei a ficar preocupado e não consegui ligar para ninguém, lá, e por isso fui para Kansas City para ver pessoalmente. Cheguei pelas duas da manhã e vi que todo o centro comercial tinha sido praticamente arrasado. Nenhum dos nossos funcionários ficou seriamente ferido, mas a loja estava acabada. E embora a mercadoria e as instalações estivessem no seguro, foi um golpe sério para Bud e para mim. Era a nossa melhor loja, a que realmente nos entusiasmava. Eu cheguei e saí num minuto. Nós reconstruímos tudo e voltamos à atividade. Mas já então, com todos os lugares que eu tinha de visitar, estava viajando muito de carro e não tinha tempo para mais nada. Por isso comecei a pensar se não seria melhor viajar de avião.

BUD WALTON

"Recebi certo dia um telefonema de Sam, e ele disse: 'Encontre-se comigo em Kansas City, eu quero comprar um avião.' Foi uma grande surpresa. Eu sempre achei que ele era o pior motorista do mundo e nem mesmo meu pai queria andar no carro dele. Pensei: 'Vai se matar no primeiro ano.' Por isso, fiz todo o possível para que desistisse. Ele apenas disse: 'Quer você me encontre ou não, eu vou.' Não fui, porque tinha a certeza de que Sam se mataria naquele avião. Ele me telefonou mais tarde e disse que não o tinha comprado, mas que fora de Oklahoma City e comprara um Air Coupe por 1.850 dólares, e eu precisava ver o avião. Nunca me esqueci a ida ao aeroporto de Bentonville para ver o que ele chamava de avião. Tinha um motor de máquina de lavar e falhava muito. Nem mesmo se parecia com um avião, e eu nem sequer cheguei perto dele durante dois anos, pelo menos. Mas estávamos abrindo novas lojas nas cidades próximas de Little Rock e certo dia ele disse: 'Vamos para Little Rock.' Eu não voava desde a época em que servi na Marinha, no Pacífico, e estava habituado à água. Lá fomos nós, com Sam pilotando, tirando finos em todas aquelas árvores e montanhas. Foi a mais longa viagem que já fiz. Foi o começo da era da aviação para o Wal-Mart."

Apesar do que Bud diz, eu adorava aquele pequeno avião de dois lugares, porque fazia 100 milhas por hora – se o vento não estivesse contra – e eu podia ir em linha reta. Em todos esses anos e milhares de horas que tenho voado, tive apenas uma pane no motor, e aconteceu naquele Air Coupe. Eu tinha decolado de Fort Smith e estava bem sobre o rio quando um tubo de escapamento estourou. Parecia o fim do mundo. O motor não tinha morrido, mas tive de desligá-lo. Por um minuto pensei que pudesse ser o fim para mim, mas consegui dar a volta e aterrissar com o motor parado.

Quando comecei a voar, fui tomado pela febre das lojas. Abrimos lojas, muitas delas franquias da Ben Franklin, em Little Rock, Springdale e Siloam Springs, Arkansas, e tivemos mais algumas em Neodesha e Coffeyville. Eram todas organizadas como sociedades individuais entre eu e Bud, junto com outros sócios, inclusive meu pai, os dois irmãos de Helen – Nick e Frank – e até mesmo os meninos, que investiam o dinheiro que ganhavam entregando jornais.

JOHN WALTON, SEGUNDO FILHO DE SAM E HELEN

"É difícil de acreditar, mas o dinheiro que ganhei entregando jornais e o que ganhei no Exército – e investi nessas lojas – vale hoje cerca de 40 milhões de dólares."

Todo o dinheiro ganho numa loja era investido numa nova loja, e continuamos assim. E também, desde Willard Walker, oferecíamos sociedade limitada aos diretores que desejávamos contratar. Se o investimento na loja era, digamos, de 50 mil dólares e o diretor entrava com mil, ele ficava com 2%.

GARY REINBOTH:

"Ele não nos deixava comprar nunca mais de mil dólares por loja. Creio que 600 dólares eram um empréstimo, e 400 eram para cobrir quatro quotas, a 100 dólares cada. Tudo o que Sam garantia era o pagamento de juros anuais, juros esses que eram naquela época de 4,5%. Lembro-me que os diretores das lojas telefonavam e diziam: 'Você vai comprar ações da loja assim-assim?' E eu respondia, 'Creio que vou.' Depois, o sujeito dizia: 'Eu não vou emprestar dinheiro para Sam, para que ele cresça com o meu dinheiro.' Eu pegava o telefone, ligava para o sr. Walton e perguntava: 'Fulano de tal não vai comprar a sua parte naquela loja, posso ficar com ela?' Ele dizia: 'Claro.' Assim, eu ficava com duas participações."

Todo aquele período – que não merece quase atenção nenhuma da maioria das pessoas que nos estudam – foi realmente de muito sucesso. Num prazo de 15 anos passamos a ser a maior empresa independente de lojas de miudezas nos Estados Unidos. Mas os negócios, em si, pareciam um pouco limitados. O volume por loja era tão pequeno que realmente não significava muito. Quero dizer que depois de 15 anos – em 1960 – estávamos fazendo 1,4 milhão em 15 lojas. Mas vocês já me conhecem, agora. Comecei a procurar intensamente qualquer idéia nova que nos levasse a alguma coisa com um lucro um pouquinho melhor para o nosso trabalho. Nossa primeira grande pista surgiu em Saint Robert, Missouri – perto de Fort Leonard Wood – onde ficamos sabendo que com lojas maiores, que chamávamos de centros familiares, poderíamos conseguir um volume de negócios inédito para o ramo de miudezas, vendas de mais de 2 milhões de dólares por ano e por loja, o que era inimaginável em cidades pequenas. Esse princípio confirmou-se, em proporções menores, em Berryville, Arkansas, e também aqui mesmo, em Bentonville.

Comecei a ouvir falar das primeiras empresas de lojas de ofertas, ou de descontos – companhias como Ann & Hope, cujo fundador, Marty Chase, é geralmente considerado como o pai da idéia. As empresas Spartan's, Mammoth Mart, Two Guys, de Harrison, e Zayre e Arlan's, estavam todas começando no Nordeste, e lembrei-me da lição aprendida muito tempo antes, em Newport, com as calcinhas vendidas em grande quantidade ao preço de um dólar, em lugar de um dólar e 20 centavos. Por isso comecei a percorrer todo o país, estudando o conceito a partir das lojas exclusivas de um fabricante, no leste da Califórnia, onde Sol Price inaugurou o seu Fed-Mart em 1955.

E mais perto de nossa cidade, Herb Gibson – um barbeiro de Berryville – começou suas lojas com uma filosofia simples: "Compre a bom preço, empilhe e venda barato." Vendia mais barato do que qualquer outra pessoa, e vendia mais. Fez isso em Abilene, fez isso em Amarillo, e cercou Dallas com lojas. E então, em 1959, veio para o noroeste do Arkansas com uma cadeia de franquias chamada Howard's, e teve tanto sucesso em Fort Smith que se estendeu até a praça em Fayetteville e começou a concorrer com nossas lojas de miudezas. Sabíamos que tínhamos de agir. Ele era o único a fazer promoções dessa forma, e como eu tinha feito todas aquelas viagens ao Leste, era provavelmente uma das poucas pessoas aqui que compreendia o que Herb estava fazendo.

Nessa época eu sabia que as lojas de promoções eram o futuro. Mas estava habituado às franquias, e gostava do sistema. No geral, minha experiência com a Ben Franklin me parecia boa, e eu realmente não queria me envolver com a criação de uma companhia, com toda a infra-estrutura necessária. Por isso, procurei primeiro os Irmãos Butler em Chicago, armado com meu habitual bloco amarelo cheio de notas, e usei uma cerrada argumentação para que me apoiassem numa loja de ofertas. Queria que eles fossem o nosso braço atacadista, nosso fornecedor. Se tivéssemos concordado, nossa família poderia ter continuado nosso estilo de vida normal. Naquela época meu tempo não estava tão comprometido com os negócios e não teria sido tão difícil estruturar uma organização com a minha família. Mas os Irmãos Butler não se interessaram. Procurei então Gibson, mas ele já tinha uma empresa que o franqueava, e não era possível nos juntarmos. Tínhamos, na realidade, apenas duas opções: ficar no negócio de lojas de miudezas, que seria muito atingido pela onda de lojas de promoção do futuro, ou então abrir uma loja de promoções. É claro que eu não ia ficar ali parado, esperando que me acertassem. Bem perto de Bentonville fica a cidade de Rogers, no Arkansas, que era bem maior, mas onde eu não tinha operado nunca porque Max Russell era o dono da franquia de Ben Franklin. Tentei convencê-lo a formar uma sociedade comigo para abrirmos uma loja maior, ali, mas ele não se interessou.

Eu fui em frente e comecei a organizar uma loja em Rogers. Era um compromisso sério para a família. Não podíamos usar a franquia de Ben Franklin naquela loja, por isso tive de fazer um acordo com um distribuidor em Springfield, Missouri.

Ninguém queria arriscar naquele primeiro Wal-Mart. Acho que Bud entrou com 3% e Don Whitaker – que eu tinha contratado para gerenciar a loja e trabalhava antes numa TG&Y em Abilene, Texas – entrou com 2%, e eu tive que entrar com 95% dos dólares. Helen teve de assinar todos os papéis junto comigo, e sua assinatura permitiu-nos levantar mais dinheiro do que eu poderia ter conseguido sozinho. Demos como garantia casas e propriedades, tudo o que tínhamos. Mas naquela época estávamos sempre endividados. Íamos entrar no negócio das promoções para valer agora. E desde que foram abertos os Wal-Marts até praticamente hoje, o negócio tem sido um pouco desafiador.

BOB BOGLE, PRIMEIRO DIRETOR – WALTON'S FIVE & DIME, BENTONVILLE, HOJE APOSENTADO DO WAL-MART

"Estávamos voando para Fort Smith na primavera de 1962 e Sam pilotava o avião sobre as montanhas Boston. Era então um Tri-Pacer, e não o aparelho original, no qual tínhamos feito muitas viagens. Sam puxou um cartão do bolso, no qual tinha escrito três ou quatro nomes, estendeu-o para mim e perguntou-me de qual eu gostava mais. Todos tinham três ou quatro palavras no título, e eu disse, 'Bem, você sabe, sendo escocês eu simplesmente conservaria Walton no nome e mais alguma coisa indicando que é um lugar para fazer compras.' Rabisquei 'W-A-L-M-A-R-T' no pé do cartão e disse: 'Para começar, tem menos letras para comprar.' Eu tinha comprado as letras que diziam 'Ben Franklin' e sabia quanto custava montá-las lá em cima, iluminá-las e reparar o neon, por isso disse: 'São apenas sete letras.' Sam não disse nada, e, mudamos de assunto. Alguns dias depois eu fui ver quando poderíamos começar a fazer as instalações no prédio, e vi que nosso responsável pelas letras, Raymond Jacobs, já tinha o 'W-A-L' lá em cima e estava subindo a escada com um 'M'. Não era preciso ser um gênio para ver qual ia ser o nome. Apenas sorri, continuei."

Há uma outra coisa sobre o nome que vale a pena mencionar. Num dos lados dele eu tinha mandado Rayburn colocar "Vendemos por Menos", e do outro, "Sua Satisfação Garantida", duas pedras fundamentais que orientam a companhia até hoje.

Depois de anos e anos de estudo do negócio de lojas de ofertas, e depois de fazer experiências com o ramo sem muito empenho, estávamos finalmente nos preparando para mergulhar de corpo inteiro. No dia 2 de julho de 1962 abrimos finalmente o Wal-Mart nº 1, e nem todos estavam contentes com isso.

LEE SMITH, UM DOS PRIMEIROS FUNCIONÁRIOS DO WAL-MART

"Como havia uma loja Ben Franklin em Rogers, dirigida por uma outra pessoa, nós realmente mexemos num ninho de maribondos quando abrimos aquela primeira loja. Lembro-me bem do dia da inauguração. Juntamente com a multidão de fregueses, um grupo de 'funcionários' da Ben Franklin de Chicago – todos vestidos com ternos listrados – apareceu.

Chegaram andando como uma delegação militar, e na frente da loja me perguntaram, o mais friamente possível, 'Onde está o sr. Walton?'. E continuaram a caminhar para os fundos, até o escritório de Sam, sem dizer uma palavra.

Ficaram lá no fundo cerca de meia hora, e saíram sem sequer se despedir. Poucos minutos depois Sam veio dizer a Whitaker e a mim que eles tinham feito um ultimato: não abra mais dessas lojas Wal-Mart. Sabíamos que ele se sentia ameaçado porque tinha todas aquelas lojas em sistema de franquia com a Ben Franklin. Mas também sabíamos que Sam Walton não era homem de aceitar ultimatos."

Para dizer a verdade, porém, aquele primeiro Wal-Mart em Rogers não era lá grande coisa. Nosso movimento era de um milhão de dólares por ano, muito mais do que a maioria de nossas lojas de miudezas, que faziam entre 200 mil a 300 mil dólares por ano. Mas devemos lembrar que Saint Robert – lá em cima, naquela cidade de militares – estava fazendo dois milhões de vendas. Depois que abrimos Rogers, ficamos na expectativa durante dois anos. E então abrimos lojas em Springdale, uma cidade maior, perto de Rogers, e em Harrison, uma cidade menor. Devo, agora, deixar David Glass contar a sua história, que ficou famosa, de ter ido a Harrison ver o que era um Wal-Mart, e ter ficado horrorizado com o que viu.

DAVID GLASS

"Naquela época estava começando a circular a notícia de que um sujeito chamado Sam Walton tinha algumas idéias interessantes sobre o comércio a varejo; portanto, saí de Springfield, onde estava com a Crank Drugs na época, para ver a inauguração de um Wal-Mart. Era a pior loja de varejo que eu já tinha visto. Sam tinha comprado uns caminhões de melancia e amontoado as frutas na calçada. Tinha posto um burrico a andar pelo estacionamento. Fazia cerca de 45 graus centígrados, as melancias começaram a estourar, o burro começou a fazer o que os burros fazem, e tudo aquilo se misturou e escorreu pelo estacionamento. E quando se entrava na loja, a sujeira continuava, tendo sido espalhada por todo o chão. Ele era um bom sujeito, mas eu não acreditei. Era terrível."

Acho que devia ser realmente tão terrível quanto David descreve, mas acontece que ele foi no pior dia. A loja tinha apenas uns 1.000 m^2, um teto de dois metros e meio e um chão de concreto, com armações de madeira evidente. A Sterling tinha uma enorme loja de miudezas no centro de Harrison, com chão de lajotas, bela iluminação, armações realmente boas, e boa apresentação. Na nossa, as coisas tinham sido simplesmente ajuntadas – muito promocional, realmente feia, cheia de mercadorias – mas por 20% menos do que os concorrentes. Estávamos querendo saber se os clientes de uma cidade de seis mil habitantes viriam à nossa loja, que parecia um celeiro, para comprar as mesmas mercadorias, apenas devido ao preço. A resposta foi sim. Descobrimos que vinham, e que queriam vir. Hoje, temos uma loja de 8.000 m² em Harrison. Mais adiante, em Springdale, estávamos tentando descobrir uma outra coisa: uma loja realmente grande e bonita daria certo numa cidade maior? Abrimos ali um Wal-Mart de 2.300 m² que se tornou logo a nossa loja nº 1 em vendas. Para lhes dar uma idéia de como todo o conceito se tinha modificado com o tempo, abrimos recentemente uma gigantesca loja de 18.000 m² em Springdale, e a loja de Rogers tem hoje 12.500 m², quando a velha número um original tinha 1.600 m².

Muita gente, talvez, tenha visto as mesmas coisas que David Glass observou naquele dia, lá em Harrison, mas eu estava me sentindo muito bem. Depois que abrimos essas três primeiras lojas e elas estavam funcionando, eu sabia que iria dar certo.

O Wal-Mart tinha começado bem, e víamos muito potencial. Mas agora Gibson's e os outros estavam começando a olhar para as cidades menores e a dizer: "Ora, talvez exista alguma coisa ali que devemos examinar." Achamos que era melhor abrir lojas o mais depressa possível.

Capítulo 4

NADANDO CONTRA A CORRENTEZA

"Desde o primeiro dia do Wal-Mart, o sr. Walton deixou claro que não se tratava apenas de uma loja Ben Franklin com alguns artigos mais baratos. Ele queria descontos reais. Disse: 'Queremos descontos em tudo o que vendemos.' Numa época em que as outras cadeias à nossa volta não faziam ofertas, ele dizia: 'Anunciamos que vendemos por menos e vamos vender!' Assim, não importa o que fizéssemos, tínhamos de vender sempre por menos. Se chegava um artigo e todos na cidade o estavam vendendo por 25 centavos, nós tínhamos de marcar 21 centavos."

CHARLIE CATE
diretor de loja

COMO JÁ DISSE, depois que abrimos o Wal-Mart em Springdale, eu sabia que estávamos a caminho de realizar alguma coisa. Sabia, no íntimo, que daria certo. Na época, porém, muita gente – inclusive meu irmão, Bud – tinha uma atitude cética para com o conceito. Achavam que o Wal-Mart era apenas mais uma das idéias malucas de Sam Walton. Na época, ela ainda não tinha sido posta à prova, mas na realidade era o que vínhamos fazendo todo o tempo: experimentando, tentando coisas diferentes, aprendendo sobre o que estava acontecendo no comércio varejista e tentando estar à frente dessas tendências. Há uma grande contradição na minha personalidade, que não compreendo bem até hoje. Em muitos dos meus valores básicos – coisas como religião, família, liderança cívica e até mesmo política – sou bastante conservador. Mas por alguma razão, nos negócios sempre fui levado a rejeitar o sistema, a inovar, a impulsionar as coisas para além do ponto em que estavam. De um lado, na comunidade, eu realmente sou o tipo de pessoa do sistema; do outro, no mercado sempre fui um dissidente que gosta de sacudir um pouco as coisas e criar uma pequena anarquia. E por vezes o sistema me deixou louco. A verdade é que quando os Irmãos Butler rejeitaram minha idéia da loja de ofertas, fiquei um pouco irritado e isso talvez me tenha levado a resolver lutar sozinho contra a correnteza.

DON SODERQUIST, EX-PRESIDENTE DA BEN FRANKLIN, HOJE VICE-PRESIDENTE E DIRETOR-EXECUTIVO, WAL-MART

"Conheci Sam em 1964, quando eu era encarregado do processamento de dados na Ben Franklin, e ele era o nosso maior franqueado. Já tinha aberto o Wal-Mart de Rogers e estava em Chicago tentando convencer nossos diretores a conceder franquia para suas lojas de descontos em cidades pequenas. Eles lhe deram um redondo 'não'. Depois da reunião ele me procurou e começou a falar de computadores. Queria saber tudo sobre a maneira pela qual os estávamos usando e como estávamos planejando usar. E anotou o que eu disse naquele bloco amarelo.

O dia seguinte era um domingo e fui fazer compras – vestindo uns velhos jeans cortados – no Kmart, perto de minha casa. Fui até a seção de roupas e vi uma pessoa conversando com uma das vendedoras. Pensei: 'Meu Deus, parece o sujeito que encontrei ontem. Que diabo está ele fazendo aqui tão distante?' Aproximei-me, e pude ouvi-lo perguntar: 'Bem, com que freqüência vocês fazem os pedidos? aham... Quanto pedem?... Se pedirem na terça-feira, que dia a mercadoria chega?' Ia anotando tudo o que a moça dizia num bloco de notas azul, de espiral. Depois Sam ajoelha-se e apóia-se no chão com as mãos, para olhar por baixo da armação do mostruário, e abre as portas de correr e pergunta: 'Como é que vocês sabem quanto têm aqui em baixo, quando fazem o pedido?'

Finalmente, eu disse: 'É você, Sam Walton?' Ele olhou lá de baixo, do chão e disse: 'Oh, Don! Como vai? O que está fazendo aqui?' Respondi: 'Estou fazendo compras. E o que *você* está fazendo?' E ele: 'Ah, isso é apenas parte de meu processo educacional. Apenas isso.' É claro que continua a fazer a mesma coisa hoje, com a diferença que usa o seu pequeno gravador."

Acho que todos os que sabiam que eu ia tocar a idéia da loja de ofertas sozinho realmente pensaram que eu tinha perdido o juízo. Agora, quando olho para trás, para o início do Wal-Mart, acho graça. Em 1962 o negócio das lojas de descontos era novo e estava cheio de empresários que viviam no luxo, gastando muito, andando de Cadillacs – sujeitos como Herb Gibson – que estavam por cima da carne-seca. Mas tinha muito do que se poderia chamar de bons empresários – até 1962, ano que foi grande para esse tipo de varejo. Naquele ano, quatro companhias que conheço inauguraram cadeias de ofertas. A S. S. Kresge, uma grande cadeia com 800 lojas de miudezas, abriu uma loja de promoções em Garden City, Michigan, e chamou-a de Kmart. F. W. Woolworth, o avô de todas elas, deu início à sua cadeia Woolco. A Dayton-Hudson, de Minneapolis, abriu sua primeira loja Alvo. E um independente em Rogers, Arkansas, abriu um negócio chamado Wal-Mart. Na época, e por bastante tempo depois, posso assegurar-lhes que quase ninguém tomou conhecimento desse último sujeito. Ora, dentro de cinco anos a Kmart tinha 250 lojas em comparação com as nossas 19, e vendas superiores a 800 milhões de dólares, enquanto nós vendíamos 9 milhões. Eis o que me faz rir, hoje: teria sido totalmente impossível convencer alguém, naquela época, que dentro de 30 anos a maioria das primeiras lojas de descontos teria desaparecido, que três dessas quatro cadeias novas seriam as maiores do ramo, que o fracasso seria da Woolco, e que a maior, mais lucrativa, seria a de Arkansas. Por vezes até mesmo eu tenho dificuldade de acreditar nisso.

Mas posso dizer-lhes isto: depois de toda uma vida de nadar contra a correnteza, estou convencido de que um dos verdadeiros segredos do sucesso fenomenal do Wal-Mart foi exatamente essa tendência. Muitas das nossas melhores oportunidades foram criadas pela necessidade. As coisas que fomos obrigados a aprender e fazer, por termos começado com pouco financiamento e pouco capital, naquelas comunidades distantes e pequenas, contribuíram muito para a maneira pela qual crescemos como companhia. Se tivéssemos capital, ou se fôssemos o desmembramento de uma grande empresa, tal como eu desejei, poderíamos não ter tentado nunca as Harrisons ou as Rogers ou as Springdales e todas essas cidadezinhas para onde fomos nos primeiros tempos. E a primeira grande lição que aprendemos foi que havia muito, muito mais negócios naquelas pequenas cidades dos Estados Unidos do que todos, inclusive nós, podiam imaginar.

CLARENCE LEIS, SEGUNDO DIRETOR, WAL-MART Nº 1

"Quando abrimos o Wal-Mart nº 3 em Springdale, Sam queria um preço bastante baixo para o anticongelante. Por isso, conseguiu dois ou três caminhões de Prestone e marcou o preço de um dólar o galão. Depois, marcou 27 centavos o tubo da pasta dental Crest. Bem, vinha gente até de

Tulsa para comprar pasta de dente e anticongelante. A multidão era tão grande que os bombeiros nos mandaram abrir as portas por cinco minutos e fechá-las até que os clientes fossem atendidos. Sam apanhou um caixote e começou a usá-lo como registradora, despachando as pessoas o mais depressa possível."

Permanecemos fiéis ao que tínhamos aprendido com as lojas de miudezas, no que se relaciona com o atendimento ao cliente e a satisfação garantida, mas tenho de reconhecer que naquela época não havia nada que se aproximasse da ênfase na qualidade que oferecemos hoje. O que nos obcecava era manter nossos preços abaixo dos preços de qualquer concorrente. Nossa dedicação a essa idéia era total. Todos trabalhavam como doidos para reduzir as despesas. Tentamos conseguir prédios decentes, mas tínhamos de manter baixos os aluguéis – nunca nos agradou pagar mais de um dólar por pé quadrado.* Nossas lojas realmente não tinham muito boa aparência – não tinham um aspecto profissional. Abrimos uma, a número 8, em Morrilton, Arkansas, que era realmente digna de ser vista. Alugamos uma velha instalação de engarrafamento da Coca-Cola. Estava dividida em cinco salas, e compramos por 3 mil dólares algumas armações velhas de uma loja Gibson que ia fechar. Penduramos essas armações do teto, com arame de embalar fardos. Tínhamos roupas penduradas aos montes nos canos, por todo o teto e prateleiras amarradas nas paredes. Mas a cidade era realmente pequena, e a loja nº 8 foi mais uma experiência.

Não tínhamos sistemas. Não tínhamos programas de encomendas. Não tínhamos um sortimento básico de mercadorias. E certamente não tínhamos computadores. De fato, quando penso nisso hoje, compreendo que grande parte do que fizemos no começo foi realmente malfeito. Mas conseguíamos vender nossa mercadoria pelo mais baixo preço possível, e isso nos manteve de pé durante os primeiros 10 anos – isso, e o crescimento constante de nossas vendas naqueles mercados menores, graças ao desenvolvimento das relações com os clientes. A idéia era simples: quando os fregueses pensassem no Wal-Mart, deviam pensar em preço baixo e garantia de satisfação. Podiam ter a certeza de que não encontrariam o artigo mais barato em nenhum outro lugar, e, se não gostassem dele, podiam devolvê-lo.

---

* *Nota do Tradutor*: 0,093 m^2.

CLARENCE LEIS

"A loja de Rogers tinha sido aberta há cerca de um ano e toda a mercadoria estava simplesmente empilhada sobre mesas, sem qualquer ordem ou arrumação. Sam pediu-me que arrumasse os artigos mais ou menos pela categoria ou departamento, e foi assim que começamos o sistema de departamentos. Mas o que mais me lembro é a maneira pela qual fixávamos os preços das mercadorias. Quando elas chegavam, nós espalhávamos pelo chão e pegávamos a fatura. Sam não nos deixava manobrar com os preços. Digamos que o preço de venda previsto era de 1 dólar e 98 centavos, mas na verdade tínhamos pago apenas 50 centavos. A princípio, eu dizia: 'Bem, o preço de tabela é 1,98, porque não vendemos por 1,25?' E Sam respondia: 'Não. Nós pagamos 50 centavos. Acrescente 30% e chega. Não importa o que pagamos, se fizemos um bom negócio, temos de passá-lo ao cliente.' E isso era feito, é claro."

Foi um pouco frustrante, a princípio, estarmos sozinhos. Além de não dispormos de um sortimento básico de mercadorias, também não tínhamos um sistema de reabastecimento. Não tínhamos sequer um inventário como nas lojas Ben Franklin, que pudéssemos simplesmente consultar para saber o que precisávamos pedir aos Irmãos Butler, e fixar o preço devidamente. Não tínhamos distribuidores fixos. Nem crédito. Os vendedores apareciam na nossa porta e tentávamos fazer o melhor negócio possível. Por vezes era difícil chegar às companhias maiores – às Procter & Gambles, Eastman Kodaks, quaisquer que fossem e quando elas nos procuravam, impunham a quantidade que venderiam e os preços. P&G davam um desconto de 2% para o pagamento dentro de 10 dias e, se não fosse feito, eles cortavam esse desconto. Não me importo de dizer que fomos vítimas, naquela época, da arrogância de muitos vendedores. Não precisavam de nós, e agiam de acordo. Nunca pude compreender isso. Para mim, um cliente era sempre um cliente, e devíamos tentar vender-lhe tudo que fosse possível.

O maior desafio era comprar produtos de saúde e beleza a baixo preço e manter um estoque deles, porque esses artigos eram realmente a essência da estratégia de quase todas as primeiras lojas de ofertas. Compreendi isso depois de ter visitado a primeira loja Gibson. Toda a sua estratégia era comprar diretamente a custo menor do que era possível para lojas individuais, cobrar 100 dólares mensais por uma franquia e agir como comprador dessas lojas. A idéia básica do negócio de ofertas era atrair clientes vendendo pelo custo artigos como pasta de dente, antisséptico bucal, aspirinas, sabão, xampu. A esses artigos, os antigos negociantes em ofertas chamavam de "imagem". Era o que se destacava nos anúncios nos jornais – como a pasta dental Crest por 27 centavos em Springdale – e os produtos eram colocados em lugar bem visível para chamar a atenção para a pechincha que representavam. Espalhava-se a informação de que a loja realmente vendia barato. Todo o resto do estoque era vendido a baixos preços também, mas com uma margem de 30%. Os preços dos produtos de saúde e beleza eram vendidos pelo custo.

No que se relaciona com a organização da companhia, simplesmente não tínhamos tempo para isso. Estávamos ocupados demais com as operações do dia a dia. Eu tinha transferido meu escritório da loja Ben Franklin em Bentonville para uma velha garagem nas proximidades, e ali trabalhava com três senhoras que ajudavam na contabilidade. Em princípios da década de 1960 tínhamos 18 1ojas de miudezas e um punhado de Wal-Marts. (Por algum tempo, nessa época, tivemos uma mistura de diferentes tipos de lojas. Tínhamos as de miudezas, sob os nomes de Ben Franklin e Walton, bem como nossas lojas de ofertas Wal-Mart. Durante anos, enquanto estávamos consolidando os Wal-Marts, continuamos com as diversas lojas de miudezas Ben Franklin e Walton. Mas as desativamos aos poucos, em geral substituindo-as por Wal-Marts.) Tínhamos um pequeno escaninho na parede para os recibos de caixa e outros papéis de cada uma das lojas. Eu tinha um livro razão azul para cada uma delas. Quando abríamos uma loja, colocávamos mais um escaninho. Usamos esse sistema pelo menos até termos 20 lojas. Uma vez por mês Wanda Wiseman e eu fechávamos aqueles livros – registrávamos as mercadorias, as vendas, a receita, contabilizávamos o saldo, e os encerrávamos. Hoje em dia, ouve-se muito sobre métodos engenhosos de contabilidade, como UFO e FIFO, mas naquele tempo usávamos o método EAL, que realmente agilizava as coisas, quando chegava o momento de fechar os livros. É um método bastante básico: se não conseguimos fazer com que os livros confiram, tira-se a diferença entre eles e registra-se como EAL, que significa Erro em Algum Lugar.

Fazíamos depois um balanço de perdas e lucros, um P&L para cada loja, e o mandávamos o mais depressa possível para o diretor dessa loja – o que fazemos ainda hoje. Se houvesse problemas, eu entrava imediatamente em contato com o diretor. A maioria deles, porém, tinha participação em suas lojas, portanto era provável que se preocupassem tanto quanto eu. Eu tinha uma folha grande, toda colada, para caber tudo o que eu queria ver nela, provavelmente 15 colunas diferentes, para cada loja. Havia colunas para vendas, despesas, lucro líquido, reduções – tudo – diversos, selos, seguros, impostos. Eu registrava pessoalmente os números, todos os meses, com uma caneta, o que me ajudava a lembrar-me melhor deles. Tornou-se um hábito e eu levava essa folha no bolso quando ia visitar as lojas, de modo que todos sabiam sempre exatamente em que pé estavam.

Durante vários anos a companhia foi constituída por mim e pelos diretores das lojas. A maioria deles veio trabalhar conosco depois de ter trabalhado em lojas de miudezas, e transformou-se no maior grupo de lojistas de ofertas que jamais se viu. Trabalhávamos em conjunto, mas todos tinham muita liberdade para tentar, por si mesmos, as loucuras que quisessem.

O nosso funcionário que mais se aproximava das funções de diretor de operações era Don Whitaker, um sujeito que tirei da TG&Y em Abilene para ser diretor do primeiro Wal-Mart. Depois, ele foi nosso primeiro diretor regional. Don mal tinha o curso secundário, se tanto, e sua gramática era terrível. Deixava as pessoas desconcertadas, por vezes, porque tinha apenas um olho, e olhava de uma maneira engraçada. Mas era das melhores pessoas que conheci em minha vida. Todos o chamavam de Whitaker, e era um sujeito trabalhador, esperto e prático. Tinha um coração enorme, mas era rude e assustava todos os moços. Nunca deixava dúvidas de que era o patrão, e quando queria alguma coisa, podem acreditar que era feita. Eu o menciono aqui porque Don Whitaker foi muito, muito importante no desenvolvimento inicial da companhia, estabelecendo a filosofia do "Fiquemos na frente. Façamos direito. Vamos fazer agora e continuar".

CLAUDE HARRIS, PRIMEIRO COMPRADOR DO WAL-MART

"Sam tem grande capacidade de julgar as pessoas e suas personalidades, sua integridade, e não cometeu erros naquela época, ao escolher seu pessoal, se posso dizer isso. Realmente, no começo, um mau diretor poderia ter nos derrubado. Quando se está fazendo apenas 8 mil dólares, ou talvez 12 mil, anuais líquidos numa loja, teria bastado um ou dois diretores desonestos para deitar a perder toda a companhia. Sam estabelecia contato com eles nas lojas onde trabalhavam, e os convidava a visitar as suas lojas. Vocês sabem como ele é persuasivo; podia convencer um pássaro a deixar a árvore. Ele e Helen levavam o convidado para casa, davam-lhe sorvete e sempre perguntavam se a família dele freqüentava a igreja. Ele era muito bom para avaliar e selecionar aquelas pessoas. Não procurava apenas diretores de loja. Creio que estava selecionando pessoas que achava que poderiam continuar sempre com ele. Agia progressivamente. Sabia que precisava de alguma coisa e procurava isso, e aos poucos ia conseguindo."

Conhecemos Claude em Memphis, dirigindo uma loja Woolworth. Era de Muskogee, Oklahoma, tinha sangue de índio e começara com a Woolworth logo ao terminar o curso secundário. Nenhum daqueles companheiros, como Don ou Claude, tinha curso superior, e não queriam que eu contratasse gente de universidade. Achavam que pessoal formado não se abaixaria para esfregar o chão e lavar as janelas. O treinamento clássico naquela época era dar um carrinho de mão desses de duas rodas, usados para levar mercadoria – ao empregado meia hora depois que ele começava a trabalhar e mandar que trouxesse coisas do depósito dos fundos. Todos eles vinham dessas lojas de miudezas com a mesma formação e a mesma filosofia e educação. E nós procurávamos pessoas ativas, do tipo que faz as coisas na hora, e que age.

Claude tinha quatro ou cinco filhos e estava ganhando provavelmente 12 mil dólares por ano, talvez 10 mil. Eu parei em frente do seu balcão de refrigerantes um dia e comecei a conversar com ele. Descobri que fora capaz de economizar, apesar do seu salário, e sempre achei que se uma pessoa sabia administrar suas finanças, teria mais sucesso ainda dirigindo uma de nossas lojas. Nós o levamos para a de miudezas do lado leste da praça em Fayetteville, de modo que ele tinha de competir com a nossa outra loja do lado oeste da mesma praça, dirigida por Charlie Cate, e supervisionada por Charlie Baum, na época. Era uma prova de verdade, porque ninguém era mais competitivo do que Charlie Baum – ele seria capaz de competir com uma serra circular, se fosse preciso. Mas Claude era tão hábil e simpático que Charlie teve de entender-se bem como ele.

CLAUDE HARRIS

"Minha loja não estava ganhando muito dinheiro, começávamos a enfrentar a concorrência da Gibson, que também tinha uma lojinha naquela praça. Era evidente que o seu sistema de ofertas estava dando certo, e eles atraíam todo mundo com seus produtos de saúde e beleza. Por isso, eu pensei: 'Bem, por que eu não tento isso na minha loja?' Mudei a arrumação e arranjei produtos McKesson-Robbins a preço baixo e coloquei um monte no balcão de remédios. Foi o primeiro departamento de ofertas em nossa companhia, o departamento de remédios e cosméticos do lado leste da praça de Fayetteville. Mas quase perdi com isso o meu melhor amigo. Charlie Baum quase teve um ataque do coração. Achou que eu estava tentando ser mais esperto do que ele. É preciso compreender que ele era uma das pessoas mais competitivas que já existiram. Lutava com todas as armas no jogo de bridge, ou em qualquer coisa. Eu estava apenas tentando ver aonde aquilo nos levaria. De qualquer forma, Sam sabia de tudo, e disse: 'Você deve tentar.' Ele estava sempre tentando coisas assim. Era aberto a sugestões, e por isso tinha tanto sucesso. Ainda é assim."

Quando comecei a fazer compras para o Wal-Mart, levava Claude comigo, muitas vezes. Logo depois, fizemos dele o diretor-geral de mercadorias do Wal-Mart. Ele tinha tanta experiência do cargo quanto qualquer pessoa que estivesse passando na rua, mas não havia mais ninguém para ser diretor-geral de mercadorias. Nem mesmo sei quando finalmente contratamos o nosso primeiro comprador profissional, ou mesmo alguém que tivesse alguma experiência do setor, mas foi muitos anos depois.

O que esses diretores e eu mais tínhamos em comum era, parece-me, o amor pelo comércio, pela comercialização. Nossas primeiras lojas não eram bem apresentadas. Quero dizer com isso que não tínhamos necessariamente o melhor sortimento, apresentado de maneira atraente. Lembrem-se de que não tínhamos nenhum sistema de distribuição que pudesse ter realmente esse nome, e comprávamos onde podíamos. Mas todos nós adorávamos descobrir artigos pouco comuns, e os diretores tinham muita liberdade para tentar coisas diferentes.

CHARLIE CATE

"Sam exigia que mandássemos os relatórios de venda todas as semanas, juntamente com um relatório sobre o Artigo Mais Vendido. *Tínhamos* realmente de fazer isso. Ele estava querendo nos ensinar a ver sempre o que se vendia. Tínhamos de saber, porque era preciso mandar o relatório todas as semanas e se disséssemos que nada estava vendendo bem, o sr. Walton não ficava satisfeito. Achava que não estávamos estudando a mercadoria, e nesse caso, vinha estudá-la para nós. Ele foi sempre assim, desde que o conheci em 1954."

É quase constrangedor ter de reconhecer isso, mas é verdade: não houve um único dia de minha vida adulta em que não passei algum tempo pensando na comercialização. Creio ter dado mais ênfase à comercialização de artigos e à sua promoção do que a maioria das pessoas que se ocupa da administração das vendas a varejo neste país. Para mim, tem sido uma paixão total. É o que mais gosto de fazer nesse negócio. Adoro realmente escolher um artigo – qualquer um, mesmo o mais comum – e chamar a atenção para ele. Costumávamos dizer que era possível vender qualquer coisa se a pendurássemos no teto. Por isso comprávamos grandes quantidades de algum artigo e o dramatizávamos. Conseguíamos vender muito, quando todos sabiam que teríamos vendido pouco, se tivéssemos deixado a mercadoria no lugar normal na loja. Isso foi um dos detalhes que distinguiram nossa companhia desde o começo e realmente tornou difícil competir conosco. E naqueles primeiros tempos do Wal-Mart, a coisa chegou por vezes à loucura.

PHIL GREEN, UM DOS PRIMEIROS DIRETORES DO WAL-MART

"Eu e Sam nos divertíamos muito escolhendo artigos. comprávamos jornais de Dallas, de Little Rock e de Fort Smith, e ele dizia: 'Bem, Phil, agora vamos preparar um anúncio para este fim de semana.' Dávamos uma olhada na loja e encontrávamos uma grande quantidade de meias, ou de calcinhas, ou de cesta de papéis, ou de vassouras, ou um grande estoque antigo de óleo para motor. Escolhíamos uns 20 artigos, digamos, e depois nos sentávamos no chão munidos de tesouras e percorríamos os jornais até encontrar alguma loja que tivesse anunciado óleo, cortávamos o desenho da lata, colávamos ali e escrevíamos 'Pennzoil 30W', com o nosso preço. E fazíamos a mesma coisa com as meias, as calcinhas e as cestas de papéis – transformávamos em anúncios nossos os anúncios dos outros, naqueles jornais. Mas dava certo. Porque nossos preços eram realmente quentes. Sam dizia que não adiantava publicar um anúncio, se todos estavam anunciando pelo mesmo preço, por que os clientes viriam? Sam era um negociante, ele queria a princípio ter uma certa margem de lucro em todos os artigos. Mas acabou aceitando a idéia de que um artigo realmente quente atraía o público para a loja, e por isso tivemos coisas como pasta de dentes a 16 centavos o tubo. E tínhamos de nos preocupar em manter um estoque suficiente de pasta."

Um pouco depois, Phil fez a promoção que se tornou uma das mais famosas em nossa história. Nós o mandamos abrir a loja nº 52 em Hot Springs, Arkansas – a primeira que abríamos numa cidade onde já havia uma loja Kmart. Phil chegou e achou que a Kmart vinha tendo sucesso com alguns preços bastante altos, na ausência de qualquer concorrência em ofertas. Por isso, organizou uma promoção de detergente que se transformou na maior exibição de um detergente, talvez Tide ou Cheer. Ele conseguiu um desconto de um dólar por caixa, se comprasse uma quantidade realmente absurda, alguma coisa como 3.500 caixas da embalagem gigante. E publicou um anúncio da promoção, oferecendo digamos por 1,99 um produto que custava habitualmente 3,97 dólares. Bem, quando nós em Bentonville vimos quanto ele tinha comprado, achamos que o velho Phil estava totalmente louco. Era uma quantidade inacreditável de sabão. Formava uma pirâmide de caixas de detergente em pó, com 12 a 18 caixas de altura – até o teto, e o comprimento era de 22 ou 30 metros. Ocupava todo o espaço no fundo da loja, e tinha uma largura de 3,5 m, de modo que mal se podia passar junto dela. Acho que muitas companhias teriam demitido Phil por isso, mas nós sempre achamos que era preciso tentar algumas loucuras.

PHIL GREEN

> "O sr. Sam geralmente me deixava fazer o que eu queria nessas promoções, porque ele achava que eu não erraria, mas daquela vez ele veio e me disse: 'Por que comprou tanto? Não vai vender tudo isso!' Mas a coisa era tão grande que virou notícia, e todo mundo veio ver, e foi tudo vendido numa semana. Eu tive outra promoção que também os assustou, lá em Bentonville. Um sujeito da Murray, de Ohio, disse-me um dia que tinha 200 ceifadoras Murray de 8 cavalos, no final da estação, e poderia vendê-las para nós por 175 dólares. Eu queria algumas? Respondi: 'Sim, fico com as 200.' E ele exclamou: 'Duzentas!' Elas estavam sendo vendidas por 447 dólares cada, creio. Assim, quando chegaram, retiramos todas e as colocamos na frente da loja, em fileiras de 25 unidades, com oito filas. Passamos uma corrente por elas e colocamos um grande cartaz dizendo 'Tratores Murray de 8 cavalos, 199 dólares.' Vendemos todas. Creio que eu fui sempre apenas um criador de promoções, e ser um diretor do Wal-Mart no começo era o melhor lugar que já houve para fazer promoções."

Pois eu lhes digo que Phil não só gostava de nadar contra a correnteza, como também fazer isso com pesos amarrados, só para mostrar que era capaz. As coisas podem não ser tão loucas, hoje, como eram antigamente, mas ser um diretor do Wal-Mart *ainda* é um grande lugar para lançar promoções de artigos, porque isso é parte de nosso legado, e uma parte que sempre preservamos. Com o passar dos anos eu me diverti muito com isso, e é realmente espantoso como se pode vender apenas com uma pequena promoção. As pessoas sempre me perguntam quais são os grandes momentos que me lembro na história do Wal-Mart, e eu geralmente digo, ah, quando passamos de um bilhão de dólares em vendas, ou 10 bilhões, ou qualquer outra soma. Mas a verdade é que algumas de minhas melhores recordações são de simples artigos comuns, que vendemos em grande quantidade exibindo-os bem arrumados na frente da loja – ou em mesas no chamado "beco da ação" – os grandes corredores horizontais que cortam transversalmente a loja, entre as armações, e logo atrás das caixas, que ficam na saída. Acho que os verdadeiros comerciantes são como os pescadores autênticos: temos um lugar especial em nossas lembranças para os grandes, que são poucos.

Compreendo que isso pode parecer maçante para alguns de vocês, mas um dos meus melhores artigos foi um colchão chamado Bedmate (Companheiro de cama). Creio que o escolhi certo dia, ao sair para conversar com um dos vendedores que esperavam no corredor – de vez em quando, gosto de conversar com eles, para manter o contato. Naquela época, acho que nem mesmo vendíamos colchões, mas não sei por que me pareceu que era um artigo inexplorado, ou que devíamos ter. Assim, compramos uma porção deles, baixamos o preço e a margem um pouco, os colocamos em lugar de destaque, e eles se tomaram um dos artigos mais fantásticos que já tivemos em nossas lojas. Mandei alguém verificar outro dia, e desde que introduzimos o Bedmate em 1980, vendemos mais de meio milhão de unidades.

Num outro dia, eu passei pelo corredor e comecei a conversar com esse vendedor da Companhia Aladdin, que fabrica garrafas térmicas. Ele tinha amostras, e fiz-lhe a pergunta habitual, o que é que vocês têm de realmente quente, que pudéssemos usar numa boa promoção? Ele tinha uma garrafa térmica de meio galão, vermelha e azul, que era realmente bonita, e disse: "Isso daria uma grande venda especial. Nós lhe oferecemos um preço também especial, e poderá vendê-la por tanto." Eu respondi: "Vamos conversar." Consegui que baixasse um pouco mais o preço, vendemos ainda mais barato do que ele tinha sugerido, e foi um sucesso. Vendemos caminhões daquela garrafa térmica, promovendo-a nas lojas.

Durante algum tempo eu cheguei a pensar que talvez fosse um gênio na escolha desses artigos, pois vendiam tão bem. Compreendi finalmente que como eu era o presidente, e como eles sabiam que eu visitaria suas lojas mais cedo ou mais tarde, nossos associados se interessavam mais pelos artigos escolhidos por mim, dando-lhe maior destaque. Compreendi que tinha de ser cauteloso quando promovemos os Moon Pies. Esses doces com gelatina, muito populares no Sul, foram outro dos meus grandes artigos. Tive a idéia no Tennessee, onde encontrei uma chefe de departamento, uma mulher que vinha vendendo Moon Pies de maneira inacreditável, apenas colocando-os em lugar de destaque, onde as pessoas os pudessem ver. Eu sabia que não estavam sendo explorados nas lojas Wal-Mart, porque quase não os tinha visto nas lojas. Por isso aceitei a idéia dela, voltei, falei com o vendedor, telefonei para a companhia e disse: "Ei, o que acham de fazer do Moon Pie uma das nossas promoções, mandá-lo para todas as nossas lojas e vender cinco por um dólar, em lugar de 23 centavos cada?" Eles concordaram e baixaram o seu preço para 12,5 centavos. Cobramos 20 centavos e vendemos 500 mil doces Moon Pie, no valor de 100 mil dólares, numa semana. Promovido em todas as lojas, o artigo foi um verdadeiro campeão. O problema foi que todos se entusiasmaram com o meu doce, e nós o enviamos para o Wisconsin. Aquela gente de lá nunca tinha ouvido falar em Moon Pie antes, e não estava muito interessada em conhecê-lo. Era o tipo de erro para o qual tínhamos de estar vigilantes, quando nos tomamos muito grandes.

DAVID GLASS

"Nós temos um certame executivo para ver quem escolhe artigos de mais venda para promoções, mas é realmente difícil competir com Sam, porque é incrível a aceitação que ele consegue. Acho que a Confeitaria Chattanooga, que fabrica os Moon Pies, o escolheu como o seu homem do ano. Se não escolheu, devia ter escolhido. Ninguém na história jamais tinha sonhado que se poderia vender Moon Pies dessa maneira. Mas se Sam escolhe um artigo, diz que quer uma mesa em frente das registradoras, e quer 15 caixas de Moon Pies espalhadas ali, em diferentes combinações de baunilha, chocolate e caramelo, nas proporções que ele determina, o artigo vende. O colchão Bedmate era um artigo que se tinha habitualmente em pouca quantidade – talvez uns quatro num canto da loja, e vendia-se uns poucos por mês. Ora, Sam pega uma mesa na frente da loja, desenha ele mesmo o cartaz, e determina que fique cheia de Bedmates. É claro, a coisa estourou. Mas perguntem-lhe sobre o seu balde de iscas. Foi o pior artigo de todos. Foi no mesmo ano em que eu ganhei o certame, com o Suco de Maçã Seneca. Foi sensacional. Vendeu toneladas. Eu ia para as lojas, mandava que levassem aquele balde de iscas para a porta da loja, colocava gelo dentro, gelo no suco de maçã e distribuía amostras tiradas do balde. Eu mesmo fiz isso nas lojas que sabia que Sam visitaria. Ele ficou louco, e desistiu logo daquele balde de iscas.

Nós nos divertimos muito com toda essas promoções, mas eis o que elas realmente significam. A filosofia que ensinam, que influencia todos os colaboradores, diretores de loja e chefes de departamentos, é que nossas lojas estão cheias de artigos que podem ser transformados num sucesso de vendas e lucros se formos bastante espertos para identificá-los e ter o trabalho de promovê-los. Isso tem sido realmente a chave que ajudou esta companhia a aumentar drasticamente as suas vendas por metro quadrado de loja. Para mostrar os aumentos de vendas nas lojas registrados anualmente, e desenvolver uma companhia como a nossa se desenvolveu, é preciso ter paixão pela comercialização. Sem isso, somos iguais a todos os outros. Posso mencionar muitos varejistas que a princípio tinham paixão pela comercialização, mas a perderam com o tempo. No varejo, ou somos motivados pelas operações – onde o mais importante é reduzir despesas e aumentar a eficiência – ou somos apaixonados pela mercadoria. Os que são realmente motivados pela mercadoria podem sempre trabalhar na melhoria das operações. Mas os que são motivados pelas operações tendem a estacionar e começam a deteriorar. Dessa forma, a mania de promoções de Sam é um grande jogo, e todos nos divertimos muito com ela, mas é também o coração do que faz o nosso índice extraordinariamente alto de vendas por metro quadrado, e que nos permite dominar nossos concorrentes."

Por falar nisso, estou promovendo este ano um artigo nas lojas que me parece um autêntico campeão: um farol halógeno de automóvel por apenas 10,94 dólares. Fiz um acordo com Jack Welch, diretor-executivo da General Electric. É um bom exemplo da nossa cooperação com os grandes vendedores hoje em dia, nos mais altos níveis.

No começo do Wal-Mart, o período de que estamos falando, acredito realmente que nossa ênfase na promoção de artigos nos ajudou a compensar uma série de deficiências – um programa de compras pouco sofisticado, um sortimento de mercadorias muito aquém do ideal, e praticamente nenhum apoio de uma organização central. Era outra maneira de lutar contra a correnteza. Compensávamos o que não tínhamos sendo comerciantes.

A única outra razão pela qual a empresa se manteve, naquela época, é que desde o começo reuníamos todos os nossos diretores uma vez por semana e nos criticávamos – era na realidade a nossa organização de compras, um grupo de diretores de loja que se reunia bem cedo nas manhãs de sábado, talvez em Bentonville, ou talvez em algum motel. Passávamos em revista o que tínhamos comprado e quantos dólares tinham sido gastos nisso. Planejávamos promoções e os artigos que pretendíamos comprar. Estávamos, na realidade, planejando o nosso programa de comercialização. E ele funcionou tão bem que à medida que crescíamos e construíamos a companhia, ele se tornou parte de nossa cultura. Acho que foi o precursor de nossas reuniões de sábado pela manhã. Queríamos que todos soubessem o que estava sendo feito, e que todos tivessem conhecimento dos erros que tínhamos cometido. Quando alguém cometia um erro muito sério – que fosse eu, ou qualquer outro – conversávamos sobre isso, reconhecíamos o erro, procurávamos descobrir como corrigi-lo, e depois passávamos ao trabalho do dia seguinte.

Uma outra maneira pela qual tentávamos muito compensar a nossa falta de experiência e de sofisticação era passar o maior tempo possível observando os concorrentes. Fiz isso desde o começo, e insistia em que todos os diretores também o fizessem.

CHARLIE CATE

"Lembro-me de que ele repetia muitas vezes: entrem e observem a nossa concorrência. Observem *todos* que forem nossos concorrentes. E não procurem o que é ruim. Procurem o que é bom. Se conseguirem uma boa idéia, sairão com uma idéia a mais do que entraram, e devemos tentar usá-la em nossa companhia. Não estamos realmente preocupados com o que estamos fazendo errado, preocupa-nos o que eles estão fazendo certo, e todos estão fazendo alguma coisa certa."

CLARENCE LEIS

"Quando a Gibson entrou em Rogers, nós praticamente vivíamos entre as duas lojas. Meus assistentes, John Jacobs e Larry English, iam até lá e percorriam a loja deles, tentando memorizar os preços. Saíam e anotavam tudo. Mas havia uma grande lata de lixo aberta nos fundos daquela loja, e à noite, depois que as duas casas estavam fechadas, John e Larry iam até a lata de lixo da Gibson e apanhavam os papéis usados e tentavam descobrir o maior volume possível dos preços por eles fixados."

Creio que, naquela época, era muito difícil que tivéssemos algum constrangimento. Não nos preocupávamos absolutamente com a maneira pela qual se supunha que as coisas deveriam ser feitas, vocês sabem, a maneira pela qual as regras do varejo diziam que era preciso fazer. Vocês precisavam nos ter visto naquelas primeiras viagens de compra a Nova York. Tínhamos contratado um atacadista de Springfield, Missouri, um sujeito chamado Jim Haik, para trabalhar para nós como uma espécie de agente. Tínhamos comprado mercadorias dele, e por isso lhe dissemos que precisávamos de alguém que nos desse a mão e andasse conosco em Nova York, para fazermos algumas compras. Jim era um bom sujeito, um sujeito direito. Ele levou Don Whitaker e eu e nos apresentou às suas fontes. Dizia, "Esses senhores são de uma pequena cadeia lá no Arkansas, e são pessoas direitas." Compramos vestidos, blusas, roupas de meninas e de crianças e, como sempre, comprávamos apenas artigos que nos interessavam. Não fazíamos como outras cadeias, nas quais um comprador se especializa numa linha de mercadorias e compra apenas aquela linha. Não creio que nenhum daqueles sujeitos em Nova York realmente compreendeu nosso pensamento, mas éramos uma loja cujos lucros e volume de vendas dependiam de encontrarmos pechinchas autênticas que pudéssemos promover em nossas cidades. E encontrávamos. Eu geralmente conseguia as melhores compras em camisas masculinas de um sujeito chamado Harry Krist, na Manufatura Colonial. Ele nos dava um tratamento especial, recebendo-nos em sua sala de exposição às sete da manhã, para que tivéssemos mais tempo de andar pela cidade. Eu sempre gostei disso, e comprei muitas camisas de Harry Krist, com o passar dos anos.

BUD WALTON

"Não esquecerei nunca aquelas viagens de compras. Íamos quatro, cinco, seis de nós, de uma vez: Sam, eu, Don Whitaker, Phil Green, Claude Harris, Gary Reinboth. Tínhamos um orçamento e sabíamos que podíamos gastar X dólares. Separávamos 10 mil dólares para um departamento, 20 mil para outro, e assim por diante. Lá íamos nós, um grupo de sujeitos do Arkansas vagando por Nova York. Para mim, tudo era novidade. Eu nunca tinha ido a Nova York antes. Sam nos dividia em pares – uns iam comprar artigos domésticos, outros roupas de mulher, o que quer que fosse.

Assim, um dia ele dizia, 'Bud, você e Don Whitaker vão fazer compras para o departamento masculino.' Bem, nenhum de nós dois jamais tinha comprado artigos masculinos, antes. Éramos principalmente comerciantes da linha de ferragens, que não sabiam muita coisa sobre roupas. Fomos para o edifício do Empire State, onde fica a maioria dos fabricantes de roupas masculinas, e nunca me esquecerei daquele dia, enquanto viver. Eu não tinha visto nunca nada como aquilo. Ficamos realmente entusiasmados e compramos suéteres, calças, todo tipo de mercadorias. Depois, à noite, nos reuníamos em nosso quarto de hotel para ver o que tínhamos gasto. Na maioria dos casos, comprávamos demais e por vezes tínhamos de voltar no dia seguinte e cancelar algumas encomendas."

GARY REINBORN

"Desde o começo, Sam estava sempre tentando fazer com que assimilássemos a idéia de que não se ia para Nova York fazer como os nova-iorquinos. Sempre íamos a pé, a qualquer lugar. Nunca andávamos de táxi. E Sam tinha uma equação para as viagens: nossas despesas não deviam ultrapassar nunca 1% das compras, e por isso nos amontoávamos todos naqueles pequenos hotéis nas proximidades de Madison Square Garden.

Ele estava sempre tentando fazer com que algum fornecedor nos atendesse pela manhã bem cedo, ou à noite. Conseguir que os nova-iorquinos façam isso é realmente difícil, porque eles todos pegam o trem e têm regras para tudo. Mas Sam sempre encontrava alguém que nos atendesse à noite. Isso porque ele queria que as viagens fossem as mais curtas possíveis. E também porque queria ter certeza de que estávamos trabalhando o tempo todo.

De qualquer modo, nós nos separávamos para visitar todos aqueles diferentes salões de mostruários. Entrávamos, e eles perguntavam: 'Com quem vocês trabalham?' E nós respondíamos:

– Somos da Walton.

– E onde estão estabelecidos?

– Arkansas

– Que cidade?

– Bentonville, Arkansas.

E então eles perguntavam:

– Mas onde no mundo fica Bentonville, Arkansas?

E Don Whitaker, com uma expressão inalterada, esclarecia:

– Perto de Rogers.

Então o sujeito dizia:

– Desculpem, mas preciso apanhar alguma coisa na sala dos fundos.

E o velho Whitaker respondia:

– Não precisa ir pedir informações nossas a Dun & Bradstreet. Somos firmes como a General Motors.

Depois o sujeito voltava e dizia:

– Bem, eu localizei vocês, e seu crédito é bom. Portanto, o que desejam ver?

Não terminávamos nunca antes da meia-noite e meia, e íamos então tomar uma cerveja, exceto o sr. Walton. Ele dizia: 'Vejo vocês no café da manhã, às seis horas.' E nós dizíamos: 'Sr. Walton, não há razão para nos encontrarmos tão cedo. Não podemos nem entrar nos edifícios, a essa hora.' Ele respondia apenas: 'Encontraremos alguma coisa para fazer.'

Na manhã seguinte, convencia algum faxineiro, ou qualquer outra pessoa, a nos deixar entrar no edifício, e ficávamos sentados do lado de fora da sala de exposição até que o pessoal começasse a chegar para o trabalho. Como eu disse, creio que ele estava tentando deixar alguma coisa clara: porque estávamos em Nova York, isso não significava que tínhamos de fazer as coisas como os nova-iorquinos."

Espero que Gary tenha razão, quando diz que eu estava querendo dizer alguma coisa. Porque não importa onde estivéssemos, estávamos sempre tentando transmitir ao nosso pessoal a idéia de que no Wal-Mart tínhamos o nosso jeito de fazer as coisas. Podia ser diferente, a princípio algumas pessoas podiam precisar de tempo para se adaptar ao nosso jeito. Mas é simples, honesto e basicamente muito fácil de compreender, para quem quer. E quer os outros queiram ou não nos aceitar, sempre permanecemos fiéis àquilo em que acreditamos, pois isso já teve um sucesso mais do que comprovado.

Começamos nadando contra a correnteza, o que nos tomou fortes, enxutos e alertas, e gostamos da viagem. Simplesmente não vemos razão, agora, para dar meia-volta e nos juntarmos ao resto do rebanho que acompanha a correnteza.

Capítulo 5

CRIANDO A FAMÍLIA

"Quando criança, nós todos trabalhávamos para a companhia, de uma maneira ou de outra. Eu trabalhava no balcão de balas ou na máquina de pipoca quando tinha cinco anos. O negócio era parte da vida, e estava sempre incluído nas conversas na hora do jantar. Ouvíamos falar muito das dívidas assumidas para a abertura de novas lojas, e eu me preocupava com isso. Lembro-me ter confidenciado certa vez à minha amiga – chorando: 'Não sei o que vamos fazer. Meu pai deve tanto dinheiro e continua a abrir lojas.'"

ALICE WALTON

NOS PRIMEIROS ANOS, antes do Wal-Mart, não creio que a nossa família fosse muito diferente da maioria das famílias da época. Helen e eu tínhamos feito muitos planos; queríamos quatro filhos, e ela disse que gostaria de tê-los até os 30 anos, para que pudesse ter a satisfação de ver os filhos crescidos e os netos. E certamente, quando saímos de Newport tínhamos quatro filhos: três meninos – Rob, John e Jim – e uma menina ainda bebê, Alice.

Uma das razões pelas quais Helen insistiu sempre em morar numa cidade pequena foi para que pudéssemos criar os filhos com os mesmos valores que ela e eu recebemos durante nossa juventude. E foi o que fizemos, exceto pelo fato de que não estávamos mais na Depressão, e nunca tivemos de nos preocupar se havia ou não o suficiente para o jantar. Outro objetivo nosso era criar o tipo de união familiar em que Helen tinha sido educada. Eu já lhes contei como os Robsons influenciaram a Helen e a mim na organização das nossas finanças, mas eu realmente acho que sua família bem-sucedida, feliz, próspera, foi apenas uma inspiração para o que eu desejava quando jovem e, naturalmente, era o único tipo de família imaginado por Helen.

Tenho boas recordações de minha infância e, apesar disso, é doloroso para mim falar de uma certa parte dela. Mas como Helen acha que teve importante influência em minha formação, vou mencioná-la rapidamente. A verdade simples é que meus pais eram as duas pessoas mais briguentas que já viveram juntas. Eu os amava muito, a todos dois, e eram pessoas maravilhosas, mas estavam sempre em desentendimento, e realmente só ficaram juntos por causa de Bud e de mim. Depois que crescemos, eles se separaram e seguiram seus caminhos à parte por algum tempo. Durante a guerra, por exemplo, mamãe mudou-se para a Califórnia para trabalhar nas fábricas da defesa. Mas crescendo como filho mais velho, eu sentia que arcava com grande parte do peso dessa discórdia doméstica. Não sei exatamente como essa situação afetou a minha personalidade – a não ser que tenha constituído, em parte, uma motivação para permanecer sempre tão ocupado – mas jurei, desde cedo, que se algum dia tivesse uma família, nunca a sujeitaria àquela vida de alterações.

Por isso, Helen e eu fizemos todo o possível para promover um sentimento de união na família, e nos esforçamos para que nossos filhos participassem das mesmas coisas que fizemos quando crianças. Eles estiveram nos escoteiros, e durante algum tempo fui chefe de grupo escoteiro. Todos os rapazes jogavam futebol, e jogavam bem. Na verdade, todos participaram da seleção estadual, e quando Jim estava quase se formando, lembro-me de que se falou na cidade que o treinador se sentia triste com a perspectiva de uma equipe sem um Walton, e por isso estava procurando convencer Alice a jogar futebol. Provavelmente ela não teria sido de todo má na zaga. Eu sempre procurei estar em casa nas noites de sexta-feira, de modo que perdi poucos dos jogos em que participaram. Eles entregavam jornais; vocês sabem o entusiasmo que tenho por essa experiência, como treinamento. Alice participou, desde muito pequena, de concursos hípicos. E, naturalmente, todos nós freqüentávamos a igreja e a Escola Dominical. E durante algum tempo, também dei aulas de catecismo ali.

HELEN WALTON

> "Sam deu aulas de catecismo durante algum tempo, mas mesmo então seus hábitos de trabalho eram pouco comuns. Durante uma época em Newport, ele trabalhava até as dez da noite de sábado, e no domingo pela manhã se levantava e voltava diretamente para o trabalho. Nós devíamos nos revezar para levar as crianças ao catecismo, e vestir quatro crianças para ir à igreja sem ninguém para me ajudar, era impossível. É verdade que passamos menos tempo junto com Sam depois do Wal-Mart, mas não se deve supor que antes disso ele não estivesse sempre trabalhando."

Graças aos nossos esforços conjugados, os meninos receberam uma sólida formação cotidiana, baseada nos mesmo velhos valores fundamentais de todos nós: fé na importância do trabalho árduo, honestidade, solidariedade e espírito de economia. Helen fez mais do que a sua parte na criação dos meninos, e eu trabalhava até tarde, pelo menos seis dias por semana. Os sábados eram os dias de maior movimento em nossas lojas, e eu trabalhava durante todo o dia e também à noite. E, no que me diz respeito, nossos valores realmente foram interiorizados. A única coisa que poderia ter tornado nossa família um pouco diferente era, como disse Alice, o fato de que todos participavam do trabalho nas lojas.

ROB WALTON

"Sempre trabalhamos nas lojas. Eu varria o chão e carregava caixas depois da aula, e ainda mais no verão. Lembro-me de que mal tirei a carteira de motorista e já estava dirigindo um caminhão cheio de mercadorias, certa noite, até a Ben Franklin em Saint Robert, que todos nós sabíamos ser a melhor das lojas Ben Franklin no mundo. Naquela época, todos tínhamos uma mesada, e era menor do que a de alguns amigos nossos. Não creio que nos sentíssemos privados de alguma coisa, mas não tínhamos muito dinheiro. Papai sempre foi – frugal, é uma boa palavra para isso. Mas sempre deixou que investíssemos nas lojas, e eu tinha um investimento na de Saint Robert, do qual me saí muito bem. Serviu para pagar a minha casa e várias outras – como dizia papai – extravagâncias."

Suponho que os meninos se considerassem, naquela época, trabalhadores escravos, mas não os explorávamos tanto assim. Apenas lhes ensinamos o valor do trabalho. E além disso, precisávamos da ajuda que nos davam – na loja e em casa. Eu não tinha tempo de cortar a grama, e por que haveria de fazê-lo, com quatro rapazes fortes e uma moça saudável para fazer o serviço? E não vivíamos só trabalhando. Helen e eu fazíamos questão de passear com toda a família, e de passar tempo viajando ou acampando, todos juntos. As crianças por vezes viam essas excursões como marchas forçadas, mas acho que o tempo que passamos juntos teve muito a ver com o nosso relacionamento estreito como uma família, hoje. Temos muitas recordações boas de nossas viagens por todo o país, especialmente nesta velha e ótima caminhonete DeSoto.

JIM WALTON

"Papai sempre disse que era preciso permanecer flexível. Nunca fizemos uma viagem em família, nem uma viagem a negócios, na qual os planos não fossem mudados pelo menos uma vez, depois de iniciada. Mais tarde, nós todos ríamos de alguns escritores que viam papai como um grande estrategista, que desenvolveu intuitivamente planos complexos e os colocou em prática com precisão. Papai adorava as mudanças, e nenhuma decisão jamais foi sagrada."

HELEN WALTON

"Sam não ficava assim tão ocupado durante o ano inteiro, até que o Wal-Mart começou. Na época das lojas Ben Franklin tirávamos um mês de férias todos os anos. Lembro-me de que em 1956 percorremos todo o estado de Arkansas. Fomos aos parques, acampamos e todos nos apaixonamos por este estado, porque passamos a conhecê-lo bem. Foram férias maravilhosas. Num outro ano, fizemos uma longa viagem a Yellowstone, num outro ainda fomos a Mesa Verde e Grand Canyon, numa outra ocasião fizemos uma longa viagem pela Costa Leste. Nosso carro ficava cheio de crianças e com o equipamento de acampar amarrado por todo lado, e eu gostava disso. Acampar foi realmente importante em nossas vidas. É claro que sempre tínhamos de parar e dar uma olhada nas lojas – todos os tipo de lojas – a caminho, qualquer que fosse o nosso destino. Vocês sabem como é, passávamos por uma boa cidade, e ele sabia de alguma loja ali. Eu ficava no carro com os meninos, que naturalmente diziam: 'Ah, pai, outra loja, não...' Mas acabamos nos acostumando. Mais tarde, Sam nunca passou por uma loja Kmart sem parar para olhar. "

ALICE WALTON

"Era ótimo. Entrávamos na caminhonete – quatro crianças e o cachorro – amarrávamos a canoa no alto e ligávamos um reboque feito em casa, e a cada verão partíamos para um lugar diferente. Sempre fazíamos isso, desde que papai pudesse parar e ver suas lojas a caminho. Ele em geral nos instalava no acampamento, deixava mamãe conosco, e partia para ver lojas. Aprendemos a trabalhar em conjunto, e cada um tinha suas tarefas; à noite, rezávamos juntos.

É uma coisa interessante. Sei que papai trabalhava o dia inteiro, sei que viajava muito, mas eu nunca senti realmente que ele não estivesse presente. Ele fazia tudo para passar algum tempo conosco, e era bom estar com ele. Gostava de jogar beisebol conosco. Eu o acompanhei muitas vezes em suas viagens, e ainda visito lojas por causa disso. Quando entramos para a escola secundária ele começou a me levar aos concursos hípicos de que eu participava. Minha mãe achava que ele ficava para ver, mas eu tinha com papai um pacto. Ele me deixava no local, e eu montava meus cavalos, enquanto ele ia olhar as lojas. As lojas estavam sempre presentes. Não que ele não nos desse apoio, ou não fosse justo. Era alguma coisa que ele tinha de fazer, e nós compreendíamos."

ROB WALTON

"Lembro-me de que papai visitava lojas, mas não me lembro que essas visitas fossem uma imposição, ou que interferissem com as viagens, porque o que lembro principalmente das viagens é de que eram realmente divertidas.

Na excursão a Grand Tetons, tivemos a oportunidade de fazer o que era então um passeio muito caro – para a época – pelas montanhas, até um campo de pesca, e ficamos ali durante alguns dias. Mas isso iria consumir todo o nosso dinheiro, e tivemos de fazer uma votação familiar para decidir se íamos ou não. Resolvemos que sim, e foi muito bom. Mas depois que gastamos todo o nosso dinheiro na grande viagem, fizemos uma rápida parada nos Black Hills e partimos logo para casa.

Lembro-me especialmente da viagem ao Leste. Passamos pelas Carolinas e subimos a costa. O grupo era formado por papai, mamãe, quatro crianças e um cachorro esperto chamado Tiny. Entramos na cidade de Nova York numa caminhonete, com uma canoa no alto e um reboque de acampamento atrás – mas era a primeira vez que as crianças viam a cidade. Tenho uma recordação muito especial daquela viagem. Fomos ver Camelot, com o elenco original – Julie Andrews, Richard Burton, Roddy McDowall e Robert Goulet – e estávamos todos de bermudas."

O que eles dizem é verdade, certamente. Eu estava sempre visitando lojas, como ainda faço hoje. Na verdade, nós as visitamos em todo o mundo, e tivemos grandes idéias, com isso – e algumas, também, que não deram certo. Como trabalhar nos fins de semana, é alguma coisa que temos de fazer, se queremos ser bem-sucedidos no ramo de varejo. Fico satisfeito porque meus filhos se lembram dos bons momentos e não parecem ter ficado muito aborrecidos com minhas ausências e loucuras no decorrer desses anos todos. Talvez porque Helen e eu sempre fizemos com que participassem dos negócios, e os mantivemos informados, desde o começo. Eu não podia imaginar que Alice estivesse tão atemorizada com as dívidas, quando menina, mas há certamente coisas mais irracionais que ela podia ter temido. Eles talvez não quisessem visitar todas aquelas lojas quando estávamos de férias, mas sabiam porque eu fazia isso. Trabalhavam nas lojas, investiam nelas e compravam nelas.

HELEN WALTON

"Naquela primeira loja em Bentonville eu fui uma das responsáveis pelas perdas de estoque (em conseqüência de desaparecimento, em geral devido a roubos). Quando precisava de alguma coisa, simplesmente apanhava e levava para casa. Nem sequer pensava em pagar. Não era uma atitude muito profissional. Quero dizer, as pessoas me viam pegar coisas, e provavelmente pensavam 'Também vou pegar.' Lembro-me de que foi difícil para mim, quando começamos o Wal-Mart. Eu tive de começar a pagar pelas coisas, e foi um verdadeiro choque.

Na época do Natal, recebíamos do Serviço de Assistência Social uma relação das crianças que não tinham como ganhar presentes de Papai Noel. Com as idades e tamanhos, esse tipo de coisa. Lembro-me de que uma noite levamos nossos filhos para a loja, depois que fechou, lhes entregamos a lista e pedimos que escolhessem coisas para aquelas crianças, pois queríamos que tivessem uma idéia do que acontecia fora de nossa família privilegiada. Era uma cidade pequena, e nossa operação era realmente do tipo de cidade pequena."

Uma coisa que nunca fiz – e disso me orgulho realmente – foi pressionar algum de meus filhos com severidade excessiva. Sei que eu era muito dinâmico, e não esperava que eles tentassem ser como eu. Também lhes fiz saber que seriam muito bem recebidos em nosso negócio, mas teriam de trabalhar tanto quanto eu – teriam de se dedicar a ser comerciantes. Rob foi para a faculdade de direito e acabou sendo o primeiro advogado da empresa. Foi ele quem fez a maior parte do trabalho para a abertura do nosso capital ao público, e desde então vem participando da alta administração da companhia – como funcionário e como membro da junta de diretores.

Jim aprendeu muito sobre imóveis – a arte de negociação – com seu tio Bud. Quando este reduziu sua participação no trabalho de localização e compra de locais para as lojas, Jim ficou em seu lugar. Era realmente muito bom nisso, e ainda contam histórias sobre seus vôos até alguma cidade pequena, retirar do avião a bicicleta e pedalar por ali, procurando um bom lugar. Ele nunca dizia quem era, e conseguiu alguns negócios muito bons. Agora ele dirige as Empresas Walton, a sociedade da família, e creio que é quase tão cuidadoso com o dólar quanto eu.

Entre outras coisas, as Empresas Walton são donas de bancos em várias cidades próximas. Jim e um sócio têm o jornal local, o *Daily Record*. A história da compra do *Record* mostra como estamos longe da época em que Helen podia entrar na loja e apanhar o que quisesse – prática que eu nunca vi com bons olhos. Antes da abertura do capital do Wal-Mart, eu comprei o jornal achando que teríamos um lugar barato para fazer nossas circulares. Creio que paguei apenas 65 mil dólares por aquele velho jornal. Quando abrimos o capital, porém, uns advogados de Nova York vieram até aqui e nos disseram que tínhamos de vendê-lo para o Wal-Mart, pois do contrário estaríamos nos aproveitando da companhia de capital aberto, se continuássemos a imprimir as circulares. Por isso, nós o vendemos para o Wal-Mart pelo custo, que equivalia então a 110 mil dólares. Bem, anos depois Jim resolveu comprar o jornal. Chamamos um consultor de fora para avaliá-lo para o Wal-Mart. Jim e seu sócio pagaram 1 milhão e 100 mil dólares pelo diabo do jornal. Era apenas marginalmente lucrativo, e deixou de imprimir as circulares do Wal-Mart há vários anos. O que estou tentando mostrar é que nós, como família, sempre nos empenhamos em não tirar proveito do Wal-Mart, em não pressionar injustamente com a nossa posição majoritária, e todos na companhia sabem disso.

Alice e John trabalharam algum tempo no Wal-Mart, mas ambos acabaram abrindo negócios independentes, seus. Alice tentou ser compradora, mas não se interessou muito, e agora tem a sua própria companhia de investimentos, a Companhia Llama, em Fayetteville. Sob certos aspectos, acho que ela é a que se parece mais comigo – é inquieta e ainda mais animada do que eu. John, que foi médico boina-verde no Vietnã, tornou-se o segundo piloto em nossa companhia – eu fui o primeiro. É o mais independente do grupo, e o único que não vive aqui em Arkansas, sendo um tremendo individualista. Vive com a família no Oeste, onde projeta e faz barcos a vela, e também dirige uma grande companhia de pulverização de plantações, propriedade das Empresas Walton. Todos nós somos pilotos, e é muito fácil para nós nos reunirmos de improviso.

HELEN WALTON

"Sam e meu pai eram muito diferentes num aspecto. Meu pai estava sempre conversando comigo sobre a maneira pela qual eu devia viver, como devia trabalhar, e desafiando-me a fazer isto ou aquilo. Não sei se Sam fez muito isso com as crianças. Eu provavelmente fiz, e lhes dei uma dose suficiente. Sam deve ter percebido, e ficou calado."

ALICE WALTON

"Quando estávamos crescendo, Papai era realmente muito tolerante. Se não tirávamos 10 e 7, era mamãe quem nos pressionava, dizendo: 'Eu sempre tirei 10 e sei que vocês podem fazer o mesmo.' Papai dizia, mais ou menos, 'Era o que eu tirava. Dez e sete está bastante bom.'"

JOHN WALTON

"Lembro-me de ter pedido a papai autorização para subir numa pedra a cavaleiro do rio Buffalo. 'Faça qualquer coisa que já tenha idade para fazer', disse ele. Para um menino de 12 anos, foi um emocionante desafio de juízo e confiança. Mais tarde, quando eu já era um rapaz tentando encontrar meu caminho no mundo, ele me fez um convite franco para ingressar na equipe do Wal-Mart, mas sem qualquer pressão. Que maneira maravilhosa de crescer!"

Como já disse, uma das razões pelas quais me apaixonei por Helen foi, em primeiro lugar, a sua independência – e ela nunca me decepcionou quanto a isso. Por exemplo, uma das minhas famas, dentro da companhia, é a insistência absoluta em que todos os nossos executivos e diretores aqui em Bentonville compareçam à nossa reunião de sábado pela manhã. Uma das razões disso é que se nosso pessoal lá nas lojas tem de trabalhar aos sábados, eu acho que nós, aqui do escritório central, devemos comparecer aos sábados, também. Além disso, como já disse, quem não quer trabalhar aos sábados não deve estar no varejo.

Mas Helen dirá, a quem lhe perguntar, o que ela pensa das reuniões de sábado pela manhã.

HELEN WALTON

"Parece-me uma vergonha que todos aqueles pais e mães que têm filhos envolvidos em coisas como programas atléticos não possam ir dar-lhes apoio porque têm de comparecer à reunião de sábado pela manhã. Não culpo as pessoas que reclamam contra ela."

Como comerciante, tentei sempre manter-me bastante neutro, publicamente, em questões políticas controversas, embora eu evidentemente tenha opiniões, mas é Helen quem responde francamente sobre o que ela acredita, se perguntada. Realmente, ela é um pouco feminista, como minha mãe, parece-me. E creio que nos exaltamos um pouco, por vezes. Algumas das causas por ela defendidas não são muito populares com os grupos mais extremados. Mas uma coisa lhes digo: ela não me pergunta o que deve pensar, e eu seria a última pessoa no mundo a tentar dizer-lhe isso. Tivemos uma briga realmente feia, em todo o nosso casamento – logo no início – sobre o tipo de carro que devíamos comprar. Eu era um homem do Chevrolet, ela vinha de uma família do Ford. Ninguém ganhou, mas ambos ficamos sabendo que podíamos ser muito teimosos, e não voltamos a repetir a dose. Somos felizes juntos, mas temos independência para fazer as coisas de que gostamos.

Um grande aborrecimento para a família, que já mencionei, foi essa coisa de homem mais rico dos Estados Unidos. Não sei se Helen jamais me perdoou realmente por nos colocar nessa situação.

HELEN WALTON

"Odeio ser objeto de curiosidade. As pessoas são tão curiosas a respeito de tudo, e por isso somos apenas motivo de conversa pública. Toda essa questão ainda me deixa louca, quando penso nela. Quero dizer, odeio-a."

Helen está certa, é claro, mas creio que chegamos a praticamente aceitar toda a comoção causada pela nossa involuntária transformação numa família semipública. E gostamos de algumas das coisas que ela nos permitiu fazer. Nossos filhos não deram tanta importância a isso. Creio que não foram muito afetados porque tudo aconteceu gradualmente, para eles, e foram criados de uma maneira muito básica, com bons valores fundamentais.

Admito que por vezes me preocupo com as futuras gerações dos Waltons. Sei que não é muito realista esperar que todos entreguem jornais, e sei que não posso controlar isso. Mas eu não gostaria de ver descendentes meus entrarem para a categoria dos chamados "ricos ociosos" – grupo que para mim nunca teve qualquer utilidade. Realmente espero que de alguma forma os valores que Helen e eu, e nossos filhos, adotamos possam ser passados adiante através das gerações. E mesmo que esses futuros pequenos Waltons não sintam necessidade de trabalhar desde a manhã até a noite para não ter de fugir dos cobradores, espero que se sintam na obrigação de fazer alguma coisa produtiva, útil e desafiadora com as suas vidas. Talvez seja tempo de um Walton pensar em se dedicar à pesquisa médica e trabalhar na cura do câncer, ou em criar novas maneiras de levar a cultura e a educação aos menos privilegiados, ou em se tomar missionário da livre iniciativa no Terceiro Mundo. Ou talvez – e essa é uma idéia rigorosamente pessoal – exista um outro Walton comerciante esperando para aparecer.

Capítulo 6

RECRUTANDO A EQUIPE

"Eu dizia sempre, Sam nós estamos bem. Por que sair, por que expandir tanto? As lojas estão ficando cada vez mais distantes. Mas depois da 17ª loja compreendi que não ia parar nunca."

HELEN WALTON

POR MAIS QUE A NOSSA APARÊNCIA fosse de organizadores de promoções nos primeiros tempos – com nossos burricos e nossas ceifadeiras espalhadas pelo estacionamento, e montanhas de mercadorias dentro das lojas – o que ninguém percebia, inclusive alguns de nossos próprios diretores, na época, era que estávamos realmente tentando, desde o começo, ser os melhores empresários – os diretores mais profissionais – que fosse possível. Não há dúvidas de que tenho a personalidade de um promotor de vendas. Essa personalidade, e o nosso estilo pouco ortodoxo no Wal-Mart provavelmente confundiram as pessoas, no início. Na verdade, já ouvi me compararem com P. T. Barnum, porque gosto de ficar na frente de uma multidão e falar sobre alguma coisa – uma idéia, uma loja, um produto, toda a companhia – sobre qualquer coisa que me esteja interessando no momento. Sob essa personalidade, porém, sempre tive a alma de um empresário, alguém que quer fazer as coisas funcionarem bem, depois melhor, e depois o melhor possível. Por isso acho que quando as pessoas me viam andar por aí tomando notas em meu bloco amarelo, manchado de café, ou retirando caixas de lingerie feminina da minha caminhote e arrastando-as para as lojas, talvez não me levassem muito a sério. Achavam que não iríamos longe. Algumas pessoas nos consideravam inconstantes – vocês sabem, hoje no negócio das promoções, mas vendendo automóveis ou terrenos ruins, amanhã.

Creio que essa falta de entendimento nos foi favorável, durante muito tempo, e permitiu que o Wal-Mart voasse sem ser detectado pelo radar de ninguém, até estarmos longe demais para sermos alcançados.

Na verdade, as lojas de descontos, ou lojas de promoções, atraíram principalmente os que já estavam no negócio de promoção de vendas, no início – pessoas que tinham operado no ramo de centros de distribuição, ou eram promotores de vendas de imóveis, sujeitos que nem sequer aspiravam a ser comerciantes, mas que viam nisso uma enorme oportunidade. Não era preciso ser um gênio para perceber que as lojas de promoções eram uma tendência nova que iria varrer o país, e todos os tipos de pessoas mergulharam totalmente nesse negócio – onde quer que pudessem ser os primeiros – Cedar Rapids, Iowa, ou Springfield, Missouri, não importava. Copiavam fielmente a loja de alguém em Connecticut ou Boston, contratavam alguns compradores e supervisores que diziam conhecer o negócio, e começavam a abrir lojas. A partir de cerca de 1958 até cerca de 1970, foi um empreendimento de êxito fenomenal.

Quem conhece alguma coisa a meu respeito sabe que nunca entrei num negócio para ficar pouco tempo; sempre quis construir a melhor organização varejista que me fosse possível. Mas naquela fase inicial antes de abrirmos o primeiro Wal-Mart, e imediatamente depois – conheci muitos promotores de vendas. Como já lhes disse, percorri o país estudando a idéia, visitando todas as lojas e sedes de companhia que encontrei. As primeiras que vi foram as lojas de fábricas no Leste, onde toda a coisa começou. Ann & Hope ficava em Providence, Rhode Island, e havia outras em Massachusetts e através da Nova Inglaterra. Viajei por todos esses lugares, examinando as lojas Giant, Mammoth Mart e Arlan's. Uma pessoa com quem aprendi muito foi Sol Price, grande empresário que fundou a Fred-Mart no sul da Califórnia, em 1955. Fiz amizade com o genro de Sol, que dirigia um centro de distribuição em Houston, e as conversas que tive com ele me ajudaram a colocar em ordem minhas idéias sobre a distribuição – que acabaria por ser uma das chaves do sucesso do Wal-Mart. Creio ter roubado – na verdade prefiro a expressão "tomado emprestado" – mais idéias de Sol Price do que de qualquer outra pessoa, no ramo. É verdade, por exemplo, que Bob Bogle sugeriu o nome Wal-Mart no avião, naquele dia, mas a razão pela qual gostei dele imediatamente não foi o fato de o letreiro ser mais barato. Eu gostava muito do nome Fred-Mart de Sol, e por isso agradou-me o Wal-Mart. Não creio que as lojas Kmart existissem naquela época.

Li numa publicação sobre comércio, não faz muito tempo, que das 100 lojas de promoções que estavam em atividade em 1976 nada menos de 76 desapareceram. Muitas delas começaram com mais capital e visibilidade do que nós, em cidades maiores, com muito mais oportunidades. Foram estrelas brilhantes por um momento, depois se apagaram. Comecei a refletir sobre qual teria sido a causa real do seu desaparecimento, enquanto nós continuamos. Tudo se resume à indiferença para com os clientes, à negligência para com as lojas, à falta de boas atitudes, e isso porque tais empresas nunca realmente sequer se preocuparam com o seu próprio pessoal. Para que os empregados das lojas atendam bem aos clientes, precisamos ter certeza de que estamos atendendo bem aos nossos empregados. Esse foi o ingrediente isolado mais importante do sucesso do Wal-Mart.

A maioria daqueles primeiros promotores de vendas era de pessoas muito egoístas, que gostavam de andar em grandes Cadillacs, de voar em seus jatos e passar as férias em seus iates, e alguns deles moravam em casas que eu nem imaginava que pudessem existir. Lembro-me de ter ido jantar numa dessas casas, e que fomos levados pela sua limusine, onde devia haver lugar para 14 pessoas. Ah, como eles viviam no luxo! E podiam, naquela época, porque o negócio das lojas de promoção estava indo muito bem. Os clientes acorriam em grandes números às suas lojas, e esses sujeitos nadavam em dinheiro. A maioria ainda poderia estar em atividade, hoje, se tivesse seguido alguns princípios básicos da administração de boas lojas. Há muitas maneiras de construir companhias fortes. Elas não precisam ser feitas à maneira do Wal-Mart, ou à minha maneira, ou à maneira de ninguém. Mas é preciso trabalhar. E essas pessoas não foram até o fim, não fixaram metas nem pagaram o preço que era necessário. Talvez não fossem os Cadillacs e os iates, talvez apenas achassem que não valia a pena. Qualquer que fosse a razão, porém, não acompanharam os seus negócios de perto, preferiram ficar do outro lado da rua.

Cresceram rapidamente sem construir as organizações e o apoio – como centros de distribuição – necessários à expansão. Não iam às suas lojas ver o que estava acontecendo. E então a Kmart colocou sua máquina em funcionamento e começou a fazer tudo isso, cada vez melhor. Lembro-me de que ia às suas lojas – conheço mais lojas Kmart do que qualquer outra pessoa – e ficava realmente com inveja da combinação de mercadorias e da maneira pela qual as apresentavam. Tantas coisas em suas lojas eram superiores às nossas, naquela época, que por vezes me parecia impossível competir com eles. É claro que isso não impediu que tentássemos. E surgiu a Target, realizando um bom trabalho, levando a idéia um pouco mais para o alto. Quando esses grandes empresários se organizaram melhor, a competição se tomou muito mais difícil. Foi então que todos aqueles sujeitos que não atendiam às necessidades de seus clientes e que não tinham construído organizações fortes – todos aqueles promotores de vendas – começaram a desmoronar e acabaram desaparecendo.

Na realidade, durante todo esse período inicial, o Wal-Mart era demasiado pequeno e insignificante para que qualquer desses grandes tomasse conhecimento dele, e como a maioria dos promotores de vendas não operava em nossa área, não éramos concorrentes seus. Isso me ajudou a ter acesso a muitas informações sobre a maneira pela qual faziam as coisas. Provavelmente visitei mais escritórios centrais de mais empresas de lojas de promoções do que qualquer outra pessoa – em qualquer momento. Eu simplesmente me apresentava e dizia: "Bom-dia, eu sou Sam Walton, de Bentonville, Arkansas. Temos algumas lojas, lá, e eu gostaria de falar com o sr. Fulano de Tal" – quem quer que fosse o chefe da companhia – "sobre o seu negócio". Quase sempre me recebiam, talvez por curiosidade, e eu fazia muitas perguntas sobre preços e distribuição, sobre qualquer coisa. Aprendi muito, dessa forma.

KURT BARNARD, CONSULTOR DE VAREJO

"Eu era vice-presidente executivo da associação dos comerciantes de promoções, e trabalhava em meu escritório em Nova York, certo dia de 1967. Minha secretária me disse que estava lá fora um homem que queria entrar para o nosso grupo. Eu disse que o receberia por 10 minutos. Entrou então aquele homem baixo, duro, muito queimado de sol e com uma raquete de tênis debaixo do braço. Apresentou-se como Sam Walton, de Arkansas. Eu não sabia o que pensar. Quando ele se encontra com uma pessoa, olha para ela – a cabeça inclinada para o lado, a testa ligeiramente enrugada – e passar a arrancar todas as informações de que ela dispõe. Sempre toma algumas notas. E continua perguntando. Depois de duas horas e meia foi embora, e tinha me arrancado tudo. Eu não sabia ao certo quem tinha encontrado, mas estava certo de que voltaria a ouvir falar dele."

Estudando as companhias dos outros, eu compreendi que estávamos indo claramente na direção certa. Mas à medida que fomos crescendo, começamos a sentir que estávamos ficando um pouco fora de controle. No fim da década de 1960 tínhamos mais de 12 Wal-Marts e 14 ou 15 lojas de variedades, o que era uma companhia de muito bom tamanho para ser administrada por três senhoras, eu e Don Whitaker no escritório, e um diretor em cada loja. Já lhes contei como éramos compradores desordenados. Tínhamos muitas pessoas com pouca, ou nenhuma, experiência, ou sem conhecimento bastante de como funcionava na realidade uma operação maior. Resolvi que era preciso arranjar alguém que realmente conhecesse administração. Eu tinha contratado Gary Reinboth da J.J. Newberry, uma grande cadeia de bazares que estava enfrentando problemas na época, portanto perguntei-lhe se conhecia alguém, e ele me falou de um sujeito em Omaha, chamado Ferold Arend. Era diretor distrital da Newberry e chefe de mercadorias para todo o meio-Oeste, e assim Bud e eu voamos para falar com ele. Convencemos o sujeito, e sua mulher, a vir até aqui ver as nossas operações.

FEROLD AREND, PRIMEIRO VICE-PRESIDENTE DE OPERAÇÕES DO WAL-MART E MAIS TARDE SEU PRESIDENTE

"Em meados de 1966 o Wal-Mart nº 5 estava sendo construída em Conway, Arkansas, e Sam estava muito animado e disse: 'Preciso mostrar-lhe esses planos.' Por isso ele colocou a mim e minha mulher no avião e voamos até lá. A loja ficava ao lado de uma descaroçadeira de algodão, tendo do outro lado um curral temporário para embarque de gado, e estava numa área terrível. Meu primeiro pensamento foi: 'Não é um lugar muito bom para uma loja.' Também me pareceu, pela maneira como era administrada, que a loja de Bentonville não tinha nenhuma organização. Digamos apenas que não fiquei muito impressionado com toda a operação Sam Walton, na época. Disse-lhe que não estava interessado.

Mais tarde, depois que o Wal-Mart de Conway foi inaugurado, Sam me telefonou e me disse quais eram as vendas. Pensei: 'Meu Deus, aquela loja faturou num dia tanto quanto algumas de nossas lojas maiores num mês.' E ele me disse que pagava apenas 90 centavos pelo pé quadrado. E eu pensei: 'Ele deve ter alguma coisa boa, ali.' Na mesma época, a Newberry resolveu reorganizar-se, e eu ia ser transferido para uma nova divisão. Por isso, pensei: 'Bem, se eu tenho de começar de novo numa companhia onde trabalho há 21 anos, por que não ir para alguma coisa em que realmente estou interessado?' E foi assim que começaram as promoções e Sam Walton.

Ali eu estava entrando como vice-presidente, e precisei me acostumar. Os escritórios ainda eram na praça, em Bentonville, e Sam tinha acabado de remodelá-los – e tenho a certeza de que foi uma grande melhoria – mas na minha opinião não eram grande coisa. Ficavam num velho e estreito andar superior – por cima de uma barbearia e, o escritório de um advogado. O chão balançava a partir de dez centímetros de distância da parede. E tinha algumas divisões e algumas salas revestidas de madeira, e eram realmente pequenos. Era tudo muito apertado ali."

Embora ele não pudesse dizer pela sala que lhe demos, a contratação de Ferold foi um passo importante para a nossa companhia. Eu sabia que tínhamos de nos organizar melhor. Ainda precisávamos constituir um sortimento básico de mercadorias, e um sistema de reabastecimento de verdade. Tínhamos listas de artigos que deveríamos estar vendendo, e dependíamos das pessoas nas lojas para manter registros atualizados de tudo, manualmente – isso numa época em que muita gente já adotava a computação. Eu tinha lido muito sobre ela, e estava curioso. Decidi aprender alguma coisa sobre computadores IBM, e matriculei-me numa escola daquela empresa em Poughkeepsie, estado de Nova York, destinada a comerciantes varejistas. Um dos professores era do Instituto Nacional de Varejistas em Grande Escala (NMRI), a associação dos comerciantes de promoção, um sujeito chamado Abe Marks.

ABE MARKS, CHEFE DA HARTFIELD ZODY'S E PRIMEIRO PRESIDENTE DO NMRI

"Eu estava sentado lá naquela conferência, lendo um trabalho e tive a sensação de que alguém estava de pé junto de mim. Olhei para cima, e vi um cavalheiro grisalho, num temo escuro e carregando uma pasta 007. E disse para mim mesmo: 'Quem será esse sujeito? Parece um papa-defuntos.'

Perguntou-me se eu era Abe Marks, e eu disse que sim.

– Permita que me apresente – disse ele. – Sou apenas um sujeito de Bentonville, Arkansas, e estou no comércio varejista.

– Você me desculpe, Sam – disse eu – mas pensei que conhecia todas as pessoas e todas as companhias no comércio a varejo, mas nunca ouvi falar em Sam Walton. Qual é mesmo o nome da sua companhia?

– Lojas Wal-Mart.

– Bem, bem-vindo à associação dos negociantes de promoções. Espero que goste da conferência e fique conhecendo os outros.

– Bem, para ser franco, senhor Marks, eu não vim aqui para conhecer pessoas socialmente. Vim para falar com o senhor. Eu queria muito saber a sua opinião sobre o que estou fazendo agora.

Abriu a sua pasta e, juro, tinha todos os artigos que eu havia escrito, e todos os discursos que eu tinha feito. Pensei: 'É um homem muito meticuloso.' Depois, passou-me uma folha de contabilidade, mostrando todas as suas categorias operacionais, tudo escrito a mão.

– Diga-me o que está errado. O que estou fazendo errado?

Olhei para aqueles números – estávamos em 1966 – e não acreditei no que estava vendo. Ele tinha um punhado de lojas e estava fazendo um movimento de cerca de 10 milhões de dólares por ano, com uma margem incrível de lucro. Um desempenho notável!

Olhei para aquilo e disse:

– O que você está fazendo de errado? Sam – se posso chamá-lo assim – eu vou lhe dizer o que está errado.

Entreguei-lhe de volta os papéis e fechei a sua pasta 007, e lhe disse:

– Vir aqui é um erro, Sam. Não desfaça suas malas. Desça, pegue um táxi, volte para o aeroporto e para o lugar de onde veio, e continuei fazendo exatamente o que está fazendo. Não há nada que possa melhorar o seu desempenho. Você é um gênio.

Foi assim que conheci Sam Walton."

Abe convidou-me a entrar para o NMRI e a associação mostrou-se muito útil para mim. Fiquei na sua diretoria por cerca de 15 anos, fiz contatos excelentes e conquistei alguns amigos generosos. Visitei Abe várias vezes, em seu escritório de Nova York, e ele era um sujeito muito aberto. Contou-me como usava os computadores para controlar a sua mercadoria.

ABE MARKS

"Nosso sistema era rudimentar pelos padrões de hoje, mas era muito avançado para a década de 1960. Poucas companhias controlavam a sua mercadoria do jeito que nós fazíamos. Sam passou muito tempo examinando essas operações e trouxe alguns de seus auxiliares para isso. Ele é um mestre em tirar o melhor de tudo, e adaptá-lo às suas necessidades.

Naqueles primeiros tempos, nós o ajudamos realmente foi na logística. É como no exército. Podemos mandar soldados para qualquer parte do mundo, mas se não tivermos a capacidade de abastecê-los com munição e comida, não há sentido em mandá-los. Sam compreendia isso. Ele sabia que já estava naquilo que a profissão chama de uma situação de 'propriedade absenteísta'. Isso significa apenas colocar as suas lojas num lugar onde você, como administrador, não está. Se ele queria crescer, tinha de aprender a controlar o seu negócio. Para atender a essas lojas, precisava de informação no momento certo: quanta mercadoria existe na loja? Que mercadoria é? O que está vendendo, e o que não está? O que deve ser pedido, ter preços rebaixados, substituído? Numa linguagem mais técnica, isso nos ajuda a controlar o que chamamos de movimento do estoque – a razão entre as vendas e o que está em estoque. Isso representa uma chave. Quanto mais se movimenta o estoque, menos capital se precisa. E tudo isso envolve colocar a mercadoria na loja no momento adequado, dizer como fixar o preço e o que deve ser remarcado, qualquer coisa. Logística.

Mas o homem é um gênio. Compreendeu – mesmo no nível rudimentar em que estava em 1966, operando aquelas poucas lojas que tinha – que não poderia expandir-se além daquele horizonte se não tivesse a capacidade de obter essas informações por escrito, para que pudesse controlar o funcionamento das lojas, onde quer que estivessem. Ele se tornou, na realidade, o melhor usuário da informação aplicada ao controle de propriedades absenteístas que já houve. Isso lhe deu condições para abrir tantas lojas quanto quisesse, e dirigi-las da maneira eficiente que as dirige, e torná-las tão lucrativas quanto são.

Temos de compreender isso, também. Mas ao ter ido àquela conferência, ele foi exatamente ao lugar certo no momento certo. Não havia, naquela época, minicomputadores e microcomputadores. Ele estava realmente a 10 anos de distância do mundo computadorizado que viria. Mas estava se preparando. E esse ponto é muito importante: sem o computador, Sam Walton não poderia ter feito o que fez. Não poderia ter construído um império do varejo do tamanho que construiu, e da maneira pela qual construiu. Ele também fez muitas outras coisas certo, mas não poderia ter feito sem o computador. Teria sido impossível."

Por menos que eu goste de reconhecer isso, Abe provavelmente tem razão. Sua memória é bastante boa, em relação às razões que me levaram àquela conferência, também. Eu queria mostrar meus livros a ele, e queria perguntar-lhe sobre controle de mercadorias. Mas eu sabia que não seria nunca nenhum entendido em computador, por isso tinha uma outra razão para ir àquela escola: estava procurando uma pessoa inteligente, que entendesse de sistemas, e achei que poderia encontrá-la ali. Havia todo tipo de pessoas inteligentes. Dale Wonnan – um varejista muito esperto da companhia de Fred Meyer, em Portland, e hoje um bom amigo – estava lá, bem como Arlie Lazzarus, que veio a ser presidente da Herb Fisher's Jamesway Corp. E naturalmente, foi lá que conheci Ron Mayer, então o inteligente e jovem chefe de finanças das Lojas Duckwall, em Abilene, Kansas. Escolhi-o como a pessoa que precisávamos no Wal-Mart, e comecei logo a cortejá-lo. Como tantos outros, ele não estava interessado, então, em mudar-se para Bentonville, Arkansas, para trabalhar para alguém praticamente desconhecido. Mais tarde, conseguimos mudar a sua opinião.

Mas eu tinha um outro problema em mente quando fui até lá: distribuição. Todos aqueles outros sujeitos, como Abe Marks, estavam em grandes mercados urbanos, e suas lojas eram abastecidas por grandes distribuidores. A Kmart e a Woolco usavam o mesmo sistema de distribuição para seus milhares de bazares. Nós estávamos lá no cafundó do Judas, sem ninguém para distribuir para as nossas lojas, o que significava basicamente que nossos diretores faziam o pedido aos vendedores, e algum dia um caminhão, vindo de algum lugar, entregava a mercadoria. Mesmo na fase em que estávamos, isso era totalmente inviável. Muitas de nossas lojas não eram bastante grandes para encomendar quantidades maiores, e por isso tínhamos alugado uma velha garagem, no centro de Bentonville, como nosso depósito. As grandes entregas eram feitas ali, eram desembaladas por nós, que as reembalávamos em quantidades menores. Depois, chamávamos a transportadora para levá-las para as lojas. Era caro e ineficiente. A certa altura daquela fase, Ferold e eu tínhamos contratado outra pessoa da Nerwberry, Bob Thornton, que dirigia um centro de distribuição para eles em Omaha, com a promessa de que construiríamos um centro de distribuição para ser dirigido por ele.

BOB THORNTON

"Ele me contratou com a promessa de que eu ia organizar um armazém de depósito e um sistema de distribuição. Aceitei o emprego, mudei-me para cá e comecei a preparar os planos. Um dia ele veio me dizer que não tinha certeza se nós realmente precisávamos de um armazém ou não. Isso me aborreceu muito, porque esse era o único setor em que eu queria trabalhar. Eu disse: 'Ora, Sam, eu quero dirigir um armazém.' Durante seis meses a um ano, trabalhei apenas fazendo várias coisas para a companhia, e nas horas livres preparava planos para um centro de distribuição. Não havia espaço para mim no escritório, e eles tiveram de abrir uma passagem na parede e ocupar o sobrado do sapateiro, que ficava ao lado. Meu escritório mais parecia um sótão, sem calefação nem ar-condicionado. Tínhamos um banheiro velho, com uma porta de tela. E ali já trabalhavam então cerca de 25 pessoas. Sam aparecia com freqüência e me dizia para continuar com os planos do armazém, mas eu percebia que não estava muito interessado."

Eu sabia que precisava de um armazém. Apenas queria estar certo de que teríamos o que precisávamos, e daquela vez estávamos financiando tudo com nossos próprios recursos, lembrem-se. Estávamos levantando muito dinheiro para abrir novas lojas. De qualquer forma, havia um outro sujeito naquela mesma escola da IBM – um sujeito de Green Bay, Wisconsin – o único que tinha um armazém, um centro de distribuição. Convidou-me a visitá-lo. Assim, quando voltei da escola, coloquei Don Whitaker, Ferold e Bob Thornton e algumas outras pessoas – éramos seis, lembro-me – num Beechcraft Baron que eu pilotava naquela época, e fomos para Green Bay, Wisconsin. Percorremos o armazém, vimos como se fazia a coisa, tomamos muitas notas de tudo. Era computadorizado, um dos primeiros armazéns computadorizados que eu conheci.

Depois daquela viagem, eu sabia que tinha de fazer um, e todos me pressionavam para termos um novo escritório geral, e por isso compramos por cerca de 25 mil dólares seis hectares de uma fazenda pertinho de Bentonville, onde estamos até hoje. Bob foi encarregado da construção de um novo escritório geral de 1.300 m^2 que eu esperava que nos servisse para sempre, e um armazém de 5.500 m^2 que me parecia grande demais, mas Ferold me convenceu de que era necessário.

BOB THORNTON

"Pelo que me lembro, minhas plantas para o armazém previam uma área de 9.000 m^2 no mínimo. Sam resolveu então chamar um arquiteto. Quando vi o projeto, pensei: 'Não pode estar certo. Tem apenas 5.500 m^2.' Fui falar com Sam, e ele disse: 'Bem, eu chamei o arquiteto e disse-lhe para reduzir um pouco. Não acho que precisamos de 9.000 m^2, Bob.'

Uma outra coisa. Eu tinha planejado o centro de distribuição em torno de um sistema de tração por cabos, um trilho que movimenta os carrinhos transportadores pelo chão. Sam disse: 'Bem, Bob, eu acho que não podemos fazer isso. Não podemos gastar tanto dinheiro.' Naquela altura eu literalmente não sabia como fazer funcionar um armazém sem esse sistema, por isso disse apenas: 'Bom, Sam, se não tivermos o sistema, então você não precisa de mim, porque eu não sei trabalhar sem ele.' Por isso, Sam cedeu. A verdade é que Sam, não fazia nada de um certo tamanho ou volume enquanto isso não fosse absolutamente indispensável. Ele sempre tinha uma opinião própria."

É certo que eu era sensível, naquela época, aos gastos desnecessários. Estávamos gerando o máximo de financiamento possível para o crescimento, com os lucros das lojas, mas também estávamos levantando dinheiro onde quer que isso fosse possível. Eu estava assumindo muitas dívidas pessoais para fazer crescer a companhia – cerca de dois milhões de dólares, o que era muito dinheiro na época. A dívida estava começando a me pesar.

Já então eu não tinha dúvidas de que estávamos realmente a caminho de alguma coisa grande. Nossa expansão chegava ao Missouri – Sikeston foi nossa primeira loja naquele estado. E tínhamos lojas em Neosho e West Plains. Tínhamos chegado a Claremore, Oklahoma – a cidade de Helen. Nossos sete ou oito primeiros Wal-Marts estavam dando resultados espetaculares. Uma vez posta em movimento, era difícil pensar que a máquina ia parar. Via-se o potencial muito claramente. Os lucros e as vendas estavam ali, mas precisávamos nos organizar melhor e encontrar uma maneira mais sensata de financiar o crescimento. Era preciso alguém para ajudar nos sistemas e na distribuição.

Eu mantinha contato com Ron Mayer, e continuava a insistir para que trabalhasse para nós. Consegui, finalmente, convencê-lo a vir até aqui dar uma olhada em nossas operações, e depois quase o matei, antes que ele tivesse a oportunidade de aceitar. Estávamos voando no meu Beech Baron, examinando lojas, e íamos aterrissar em Carthage, Missouri – para visitar a loja nº 12. Há duas pistas que se cruzam, naquele aeroporto, e quando pousei numa delas, de repente surgiu à nossa frente, na outra pista, bem no cruzamento, um outro avião, e avançamos diretamente sobre ele. Eu não o tinha visto, nem ouvido no rádio. Não sabia de onde tinha vindo. Dei toda a força ao Baron e consegui subir de novo, o suficiente para passar raspando sobre o outro avião. Fizemos um círculo e descemos. Foi a primeira viagem de Ron comigo, e só Deus sabe o que ele deve ter pensado. Mas consegui convencê-lo a vir trabalhar conosco. Ele ingressou no Wal-Mart em 1968, como vice-presidente para finanças e distribuição.

Embora isso possa surpreender certas pessoas, tenho a dizer que considero o período em que Ron esteve com a companhia, de 1968 até 1976 (quando ele nos deixou, em circunstâncias bastante desagradáveis para nós dois) como a mais importante fase de desenvolvimento da história do Wal-Mart. Tínhamos um bom negócio antes da chegada de Ron, mas ele, e algumas das pessoas que trouxe, como Royce Chambers, nosso primeiro diretor de processamento de dados, deram à companhia seus primeiros sistemas sofisticados. E esses sistemas foram o início de um método de administração que nos permitiu continuar bem perto de nossas lojas mesmo quando o crescimento explodiu.

Fomos obrigados a passar à frente da nossa época em distribuição e em comunicações porque nossas lojas ficavam em cidades muito pequenas, e era preciso manter contato e abastecê-las. Ron deu início aos programas que acabaram melhorando nosso sistema de comunicações com as lojas. Trabalhando sobre o terreno já preparado por Ferold Arend, Ron também assumiu a distribuição e começou a projetar e construir um sistema que nos permitisse crescer tão depressa quanto nossos recursos possibilitassem. Ele foi a principal força na superação do velho método de fornecimentos diretos, no qual as lojas faziam os pedidos diretamente aos fabricantes e a mercadoria lhes era entregue por uma transportadora qualquer. Ele nos levou a novas direções, como a concentração das mercadorias, sistema pelo qual nós fazíamos centralmente as encomendas para cada: uma das lojas e recebíamos essas encomendas no centro de distribuição; e também o sistema pelo qual as encomendas já preparadas para as lojas individuais eram recebidas numa das extremidades de nosso armazém, e despachadas para seu destino da outra extremidade.

A partir da chegada de Ron Mayer, nós, como companhia, nos colocamos à frente da maioria dos outros varejistas no investimento em tecnologia e equipamentos sofisticados. O engraçado é que todos no Wal-Mart sabem que lutei contra esses gastos em tecnologia o mais que pude. Todas essas pessoas gostam de contar como eu nunca quis a tecnologia, e como tiveram de se empenhar para consegui-la. A verdade é que eu a desejava, eu sabia que precisávamos dela, mas simplesmente não conseguia dizer, "Está bem, claro, gastem o que for preciso." Sempre questionei tudo. Era importante para mim levá-los a pensar que talvez a tecnologia não fosse tão boa quanto achavam, ou talvez não constituísse a solução final que prometiam que seria. Parecia-me que eles deviam esforçar-se um pouco mais e verificar um pouco melhor as coisas, se achavam que tinham a oportunidade de mostrar que eu estava errado. Se eu realmente não quisesse a tecnologia, não teria liberado o dinheiro para custeá-la.

Em fins da década de 1960 estávamos realmente bem colocados para um crescimento sério. Tínhamos um conceito de varejo no qual acreditávamos, o que constitui a essência de uma equipe de administração profissional, e os alicerces de sistemas de apoio a esse crescimento. Em 1968 tínhamos 14 lojas de variedades e 13 Wal-Marts. Em 1969 tínhamos 14 lojas de variedades e 18 Wal-Marts. E estávamos prontos para a partida. Eu não pude resistir ao desejo de dar o passo seguinte, para ver até onde iríamos. E sempre imaginei que diminuiríamos o ritmo ou pararíamos, quando deixássemos de ser tão lucrativos quanto devíamos.

Foi mais ou menos nessa época que Bud e eu começamos – muito discretamente – a pensar em abrir ao público o capital da companhia.

Capítulo 7

ABRINDO O CAPITAL DA EMPRESA

"Quando entramos no mercado de ações, isso não significava nada para alguns de nós, homens do interior. O presidente sempre disse que eu atravessei o rio Vermelho descalço e atrás de um emprego, o que era mais ou menos verdade. Eu nem sabia o que era uma ação. Mas comprei algumas, graças a Deus, porque Phil Green disse: 'Ei, rapaz, compre algumas dessas ações.' Comprei e guardei, porque eu acreditava no sr. Walton, e acreditava na minha loja. É muito simples. Eu acreditava nele, quando dizia que poderíamos fazer tudo isso com a companhia. E fizemos."

AL MILES
primeiro diretor assistente, loja nº 6 Fayetteville, Arkansas,
hoje executivo aposentado do Wal-Mart.

DESDE A ÉPOCA EM QUE FIZ O meu primeiro empréstimo bancário – os 1.800 dólares para comprar aquela máquina de sorvete para a loja Ben Franklin em Newport – nunca me senti realmente à vontade com as dívidas. Mas reconhecia que eram uma necessidade no mundo dos negócios, e acabei sendo muito bom em acumulá-las. Durante algum tempo eu simplesmente ia ao banco local e levantava o que fosse possível, para abrir uma loja ou comprar alguma coisa que precisávamos para o desenvolvimento do negócio. Essa prática me colocou em débito com praticamente todos os bancos do Arkansas e sul do Missouri. Eles acreditavam no que tínhamos feito até aquele ponto, e acreditavam que pagaríamos. Eu sempre paguei no prazo, mas por vezes tomava emprestado de um banco para pagar a outro. Eu tinha comprado um banco em Bentonville por cerca de 300 mil dólares, um velho e pequeno banco com apenas 3,5 milhões de dólares em depósitos. Mas isso me ajudou a aprender muito sobre finanças. Estabeleci novas relações e comecei a estudar mais sobre os banqueiros e a maneira pela qual gostavam de fazer transações.

Fiz relações com um sujeito chamado Jimmy Jones, do Banco Republic, em Dallas, e ele nos emprestou um milhão de dólares. E, naturalmente, sempre tentei fazer com que nossos diretores de lojas e alguns parentes investissem em quotas. Assim, em 1970 tínhamos 78 sócios com investimentos em nossa companhia, que não era realmente uma companhia, mas 32 lojas diferentes de propriedade de uma combinação de pessoas diferentes. Minha família tinha a parte do leão de cada loja, mas Helen e eu estávamos endividados até a raiz dos cabelos – vários milhões de dólares. Nunca me preocupei muito com os lados negativos, mas aquela dívida me pesava. Se alguma coisa acontecesse, e todos os credores resolvessem cobrar o que lhes era devido, afundaríamos – era o que eu ficava pensando. Talvez fosse conseqüência do fato de ter sido criado durante a Depressão, mas o que eu mais desejava era livrar-me daquelas dívidas.

Eu tinha conversado um pouco sobre a idéia de abrir o capital da companhia, procurando saber a opinião de pessoas como Abe Marks e alguns dos outros proprietários de lojas de promoções, naquela associação à qual todos pertencíamos, mas na realidade não levara a idéia mais adiante. Certo dia em 1959 recebemos um telefonema de Mike Smith, que queria vir conversar conosco. Mike trabalhava para Witt e Jack Stephens em Little Rock. Hoje, a Stephens Inc. é a maior firma bancária de investimentos a oeste do Mississippi, e uma das mais respeitadas do país. Naquela época, eram principalmente negociantes de obrigações. Jack foi o sujeito que entrou na jogada e desenvolveu com sucesso aquele centro comercial de Little Rock, depois que eu talhei. Assim, Mike Smith veio a Bentonville. Ainda estávamos no antigo escritório de três salas sobre o escritório do advogado e a barbearia, na praça. Lembro-me de Mike subindo aquelas escadas. Ele é um pouco aventureiro, também – tem muitas idéias originais – e durante nossa conversa naquele dia plantou a semente da idéia de que talvez estivéssemos realmente nos saindo bastante bem para abrir o capital ao público, ou seja, emitir ações da companhia e vendê-las ao público.

MIKE SMITH, STEPHENS INC.

"Fui procurá-los no outono de 1969, e foi realmente o auge da ambição. Até então, só tínhamos transformado uma empresa em sociedade anônima, e eu era o autor do feito, por isso me julgava um conhecedor. Sam estava ansioso para conversar, porque tinha tomado emprestado todo o dinheiro que podia. Parei em todos os Wal-Marts no caminho entre Little Rock e Bentonville, e portanto conhecia alguma coisa sobre as suas lojas. É claro que a primeira coisa que ele fez foi me jogar naquele seu avião e nos levar para Oklahoma e Missouri, para ver lojas."

Logo depois daquilo, Bud e eu fomos caçar codornas na fazenda Robson, em Oklahoma, e a caçada foi realmente boa. Passamos a maior parte daquele dia conversando sobre nossas opções. Queríamos expandir-nos, e compreendíamos que não estávamos tendo lucros suficientes para crescer e pagar as dívidas ao mesmo tempo. Na verdade, nossas dificuldades de caixa nos tinham obrigado a abrir mão de cinco locais nos quais já fora planejada a abertura de novas lojas, e por isso sabíamos que era preciso fazer alguma coisa. Voltando para casa naquela noite, concordamos em examinar a sério as possibilidades de abertura do capital. Era um passo enorme para nós, e estávamos preocupados com a possibilidade de perder o controle da companhia. Meu filho Rob se tinha formado na Faculdade de Direito da universidade de Colúmbia um ano antes, e estava trabalhando num grande escritório de advocacia em Tulsa. Nós, a família Walton, éramos seu primeiro cliente. Como nosso advogado, ele também acompanhava os vários contratos de sociedade em lojas Wal-Mart, e por isso eu lhe pedi que examinasse todas as nossas opções.

Ainda não tínhamos a certeza de que podíamos abrir o capital da companhia. Mas o dinheiro estava ficando curto, e alguns dos nossos credores estavam nos pressionando. Voei para Dallas e tentei levantar mais algum dinheiro do Banco Republic, cujos diretores estavam ficando nervosos em relação à soma que tinham nos emprestado. Eles deixaram claro que já tínhamos todo o dinheiro que podiam nos emprestar, e isso foi o fim das nossas relações. Já então Jimmy Jones se tinha transferido para um banco em Nova Orleans, o First Commerce, por isso voei de Dallas até lá para ver se ele podia ajudar. Jimmy ofereceu um empréstimo de 1,5 milhão de dólares, o que nos ajudava a curto prazo, mas realmente não era uma solução para os nossos problemas a longo prazo.

Por vários motivos, inclusive fiscais, Rob recomendou a reestruturação de nossa dívida, a sua consolidação num único empréstimo grande. Ron Mayer e eu tínhamos ouvido dizer que a Prudential estava fazendo empréstimos para muitas cadeias pequenas de lojas de varejo, por isso marcamos uma entrevista com um dos seus diretores e voamos para Nova York. Estávamos mesmo precisando de dinheiro, pura e simplesmente. Fui à Prudential. Tinha minhas previsões todas anotadas no meu bloco amarelo, e estava certo de que nos emprestariam o dinheiro. Passei em revista o meu plano qüinqüenal – minhas vendas, lucros, número de lojas – e falei sobre a estratégia de procurar as pequenas cidades onde não havia concorrência e disse ao diretor qual o volume de negócios que, em nossa opinião, podia ser realizado. Ele não nos acreditou muito, e respondeu que não achava que uma companhia como a Prudential pudesse correr o risco conosco. Guardei aquelas projeções por muito tempo, e todas foram superadas em 15 a 20% nos anos seguintes.

Tínhamos um contato com uma outra companhia de seguros, Mass Mutual, e por isso fomos procurá-los. Concordaram em nos emprestar um milhão de dólares e nós em troca concordamos em lhes dar nosso braço direito e nossa perna esquerda. Não só pagávamos juros, como tínhamos de lhes dar todos os tipos de opções para a compra de ações, caso abríssemos o capital. Estávamos então encurralados: não tínhamos opção, precisávamos do dinheiro. Quando abrimos o capital, eles ganharam milhões e milhões de dólares com esse negócio

Já então eu estava cansado de dever a pessoas que eu conhecia, e ainda mais cansado de implorar dinheiro a estranhos. Resolvi realmente levar o Wal-Mart para o mercado de ações. Disse a Mike Smith e Jack Stephens que queria dar esse passo, mas também lhes disse que teriam de competir para pegar o nosso negócio, tal como eu sempre fazia com qualquer um que nos prestasse serviços. Também lhes disse que não me sentia muito satisfeito em operar com uma firma de Little Rock, achava que precisávamos de um corretor de Wall Street. Talvez isso fosse certo, talvez não. Sei que Mike e Jack não gostaram muito. Mas fui correndo a Nova York para ver se descobria alguma coisa.

MIKE SMITH

"Obviamente, queríamos cuidar do negócio todo, mas Sam sempre gostava de falar com outras firmas. Eis o que aconteceu, tal como me recordo: Sam estava em Nova York fazendo compras, e resolveu ir a Wall Street e ouvir o que tinham a dizer lá, apenas uma consulta, sem nenhuma apresentação prévia. Sabia que White, Weld tinham aberto o capital de uma cadeia de lojas de varejo, chamada Pamida, em Omaha, e por isso foi procurá-los. Apresentou-se à recepcionista como Sam Walton, das lojas Wal-Mart – como sempre faz – e disse: 'Quero falar com alguém sobre a abertura do capital de minha companhia.' A moça perguntou: 'Ah, sim, de onde é o senhor?' E quando ele respondeu que era de Bentonville, Arkansas, ela disse: 'Bem, nós temos aqui alguém de Arkansas, o sr. Remmell. Talvez ele possa ajudá-lo.' E o apresentou a Buck Remmell, que era de Little Rock."

Eu não me lembro realmente como conheci Buck, mas Mike talvez tenha razão. Lembro-me de que me apresentei a ele e disse alguma coisa como: "Quais as possibilidades de que vocês se interessassem em nos apoiar nisso?" Bem, ele disse que ia examinar o assunto e; certamente, estavam interessados. Eu ainda acho que essa foi uma das razões do grande sucesso do lançamento das ações; porque na época White, Weld eram uma das mais importantes firmas de investimentos bancários. Nem todos aqui concordam comigo, mas continuo firme com essa opinião.

MIKE SMITH

"Sam achou – corretamente, na época – que White, Weld sabiam mais do que nós sobre lançamento de ações no mercado; por isso deixamos que eles se ocupassem do negócio. Mas Sam lhes disse: 'Espero que incluam o pessoal da Stephens, porque são bons amigos e boa gente.' White, Weld perguntaram-nos se desejávamos ficar com um terço do negócio, e eles com dois terços. Conversei com Jack e ele me perguntou o que eu achava da companhia. Eu respondi que achava que devíamos entrar no negócio. E entramos. Mais tarde, em outros lançamentos, ficamos com metade do negócio, juntamente com White, Weld."

Assim, Rob começou a trabalhar no plano, que era consolidar todas aquelas sociedades numa companhia e vender cerca de 20% das ações ao público. Na época, nossa família tinha provavelmente 75% da companhia, Bud tinha 15% mais ou menos, e alguns outros parentes tinham uma percentagem. Charlie Baum tinha alguma coisa, como também Willard Walker, Charlie Cate, Claude Harris. Todos esses antigos diretores tomaram dinheiro emprestado do nosso banco para comprar quotas das lojas. Willard era o mais hábil para fazer empréstimos. Cultivava os diretores dos bancos, que lhe davam o que ele queria. Em conseqüência, teve grande lucro com seu investimento. Tinha mais quotas do que qualquer outro diretor.

ROB WALTON

"Papai fez uma lista de todos os donos minoritários de quotas nas várias companhias, e o problema era como calcular o seu valor para a oferta inicial. Pelo que me lembro, propusemos basicamente a utilização do valor contábil. Não fizemos nenhuma avaliação sofisticada e relativa das companhias, que levasse em conta os lucros e as projeções de crescimento, e coisas assim. Mas todos concordaram. E pelo que sei, todos estão satisfeitos hoje com os resultados."

Estava tudo pronto para a abertura do capital no início de 1970 e Ron Mayer e eu saímos como uma dupla caipira fazendo espetáculos por toda parte – Los Angeles, San Francisco, Chicago – dizendo a toda gente como íamos ser grandes. Mas antes que as ações fossem emitidas, o mercado sofreu uma queda, e tivemos de adiar o lançamento. Já naquela época tínhamos reuniões de diretores nada ortodoxas. Saíamos para pescar juntos, sem as mulheres, durante quatro ou cinco dias; e para conversar sobre o negócio. Lembro-me de que estávamos numa dessas excursões a Table Rock Dam quando tive de comunicar a todos o adiamento. Mas o mercado recuperou-se um pouco, e a 1º de outubro de 1970 o Wal-Mart tornou-se uma sociedade anônima negociada no mercado paralelo. Nosso lançamento oferecia 300.000 ações ao preço de 15 dólares cada, mas foram vendidas por 16,50. A oferta foi bem recebida, embora não pelo público em geral: tivemos apenas cerca de 800 acionistas, em sua maioria instituições ou pessoas conhecidas. Os que compraram ações naquele lançamento, ou tinham quotas antigas e as converteram em ações, fizeram um negócio fabuloso.

Como todos sabem hoje, o desempenho do Wal-Mart no mercado de ações e a riqueza que criou constituem uma história em si mesma. Há apenas 15 anos atrás, o valor de mercado da companhia era de cerca de 135 milhões de dólares; hoje, é de mais de 50 bilhões. Mas eis uma melhor maneira de se ter idéia disso: vamos dizer que você comprasse 100 ações naquele lançamento inicial, por 1.650 dólares. Desde então, tivemos nove desdobramentos de ações com bonificação de dois por um, de modo que você teria hoje 51.200 ações. No ano passado, essas ações eram negociadas a 60 dólares cada. Portanto, o seu investimento valeria cerca de 3 milhões de dólares, àquele preço. Evidentemente, nossas ações trouxeram a felicidade para muitas pessoas com o tempo e, foi assim – pura e simplesmente –, que se criou a fortuna líquida da família Walton. As ações se valorizaram muito acima do que poderíamos sonhar.

Eis uma tabela mostrando a valorização, através dos anos, daquelas 100 ações:

Ações	Desdobramentos de 100%	Preço de Mercado na Data do Lançamento
100		
200	Maio de 1971	\$46/47 OTC*
400	Março de 1972	46/47 OTC
800	Agosto de 1975	23 NYSE**
1.600	Novembro de 1980	50 NYSE
3.200	Junho de 1982	49.7/8 NYSE
6.400	Junho de 1983	81.5/8 NYSE
12.800	Setembro de 1985	493/4 NYSE
25.600	Junho de 1987	66.5/8 NYSE
51.200	Junho de 1990	62.1/2NYSE

* Over-the-Counter = Mercado paralelo de títulos

** New York Stock Exchange = Bolsa de Valores de Nova York

Tenho uma lembrança engraçada daquele lançamento. No dia em que foi feito, Ron e eu estávamos deixando Nova York e no aeroporto encontramos um sujeito da T. Rowe Price, uma firma de administração financeira em Baltimore. Estávamos tão cheios de nós mesmos que conseguimos convencê-lo de que íamos nos sair bem. Ele voltou para Baltimore e comprou um volume bastante grande de ações para a sua firma. Mantiveram-nas durante 10 ou 15 anos, e elas se tomaram as estrelas de sua indústria. Nós fazíamos os desmembramentos, e eles vendiam e vendiam. Não sei quantos milhões de dólares ganharam com isso.

HELEN WALTON

"Eu compreendi, antes que o capital fosse aberto ao público, que não queria isso. Acho que se tivesse de brigar com Sam sobre alguma coisa, seria por ter achado sempre que poderíamos ter continuado sem abrir o capital. Nada em relação à companhia me afetou tanto, e foi então que resolvi que devia ter interesses próprios, fora dela. Eu odiava a idéia de expor todos os nossos interesses financeiros à observação do público. Quando uma companhia abre seu capital, eles podem fazer qualquer pergunta, e a família é envolvida. Nós nos tornamos um livro aberto, e eu não gostava disso."

Helen tem razão, é claro, quanto ao aspecto negativo da abertura de capital. A transformação acabou atraindo para nós uma atenção indesejada. Mas ao voltar de Nova York, naquele dia, tive uma das maiores sensações da minha vida, sabendo que todas as nossas dívidas estavam pagas. A família Walton ficou com apenas 61% do Wal-Mart, mas pudemos pagar a todos os banqueiros, e a partir de então não tomamos um tostão emprestado, pessoalmente, para manter o Wal-Mart. A companhia tem sido auto-suficiente, desde então, e financiado a si mesma. A abertura do capital realmente a liberou para crescer, e tirou dos meus ombros um grande peso. Tivemos uma outra oferta mais tarde, tentando ampliar a propriedade das ações, para que pudéssemos entrar no pregão da Bolsa de Nova York, mas nossa família, como um todo, só vendeu quantidades muito limitadas de ações do Wal-Mart, fora dessas ofertas. Acho que isso realmente nos marcou e, como disse, foi a origem da nossa fortuna. Simplesmente guardamos aquelas ações. A maioria das famílias acabaria dizendo: "Não queremos essa competição. Não precisamos fazer o que estamos fazendo. Vamos deixar para outros." E então eu teria me aposentado ou saído da companhia, vendendo-a para algum investidor holandês ou para a Kmart ou para a Federated, alguém assim. Mas eu gostava tanto do que estava fazendo, de ver a coisa crescer e desenvolver-se, e ver nossos associados e sócios ganhar tanto dinheiro, que nunca pude deixar a companhia.

Sempre achei interessante o fato de que, com exceção das pessoas que trabalhavam conosco, as nossas ações não tiveram, a princípio, muito apoio das pessoas aqui do noroeste da Arkansas. Sempre achei que tais pessoas, que se lembravam de quando tínhamos uma loja, ou três lojas, ou lembravam de mim quando fui presidente do Rotary ou da Câmara de Comércio, pensavam que estávamos fazendo um jogo de espelhos. Não podiam deixar de achar que nós apenas tínhamos sorte, que não poderíamos continuar por muito tempo com o êxito que tivemos. Não creio que fosse alguma coisa peculiar a esta parte do país, ou alguma coisa comigo, ou coisas assim. Creio ser da natureza humana o fato de que quando alguém de uma localidade consegue êxito, as pessoas dessa localidade são as últimas a reconhecer isso.

Como qualquer outra companhia, nós evidentemente queríamos manter alto o preço de nossas ações, e atrair o máximo possível de novos investidores. E a maneira pela qual fizemos isso, a princípio, foi tão pouco ortodoxa quanto tudo o que tínhamos feito. A maioria das sociedades anônimas realizam reuniões anuais dos acionistas, e muitas fazem sessões para os analistas de Wall Street, onde contam a história da companhia e tentam conseguir apoio para as suas ações. Como lhes disse, Mike Smith é um sujeito diferente, com boas idéias e sugestões que são por vezes pouco ortodoxas. Assim, pouco depois da abertura do capital ele sugeriu que transformássemos as reuniões de acionistas num acontecimento, e concordamos com ele.

A maioria dessas reuniões é realizada no salão de um hotel, numa cidade grande, e são rápidas e formais, com a leitura de atas e a aprovação de algumas moções dos acionistas. Muitas delas, pelo que sei, são realizadas em lugares como Wilmington, Delaware, onde as companhias são constituídas, na esperança de que muita gente não compareça. Adotamos a atitude oposta. Achamos que já estávamos suficientemente longe para desestimular o comparecimento, mas como queríamos fazer com que os acionistas viessem, programamos toda uma semana de acontecimentos para eles. Convidamos pessoas de Nova York, Chicago, de todos os lugares. Elas pagavam a viagem, mas nós realmente lhes proporcionávamos um espetáculo.

MIKE SMITH

"É verdade que eu tive a idéia de fazer da assembléia anual de acionistas um acontecimento, mas Sam não disse qual a verdadeira razão disso.

Nunca me esquecerei da primeira reunião anual do Wal-Mart, ou devo dizer, reuniões. Certo dia, fui cedo ajudar a prepará-la, mas esse amigo de Sam – Fred Pickens, de Newport – confundiu-se com as datas e apareceu um dia antes. Por isso Sam resolveu realizar a reunião para Fred, bem ali em sua sala. No dia seguinte tivemos a reunião anual oficial: seis pessoas em torno de uma mesa, na cafeteria ao lado do armazém.

No ano seguinte eu disse: 'Sam, você é uma sociedade anônima, nós devíamos ter uma reunião de verdade, e tentar fazer com que venham algumas pessoas. Vamos fazer a reunião em Little Rock. Você é de Arkansas, e Little Rock é a capital do estado, e as pessoas podem chegar lá muito mais facilmente do que a Bentonville.' Ele não gostou muito, mas concordou. Por isso fizemos a segunda reunião num motel, o Coachmen's Inn, em Little Rock. Não apareceu ninguém. E ele disse: 'Acabou-se a sua idéia, Mike.' Bem, eu estava perdendo a esperança de atrair alguns analistas para que observassem realmente a companhia, e por isso tive a idéia de convidá-los todos para um fim de semana em Bella Vista, que é um belo condomínio nas montanhas, ao norte de Bentonville, com muitos campos de golfe, quadras de tênis e lagos. Lembro-me de que o comentário de Sam foi: 'Parece-me um grande desperdício de dinheiro.' Mas resolveu tentar."

A idéia acabou sendo realmente boa. Os analistas vieram, e nós mandamos um diretor da companhia encontrá-los no aeroporto e acompanhá-los durante o fim de semana. Queríamos que os analistas de investimentos das cidades, inclusive muitos banqueiros que nos estavam emprestando dinheiro na época, vissem pessoalmente o que fazíamos e como o fazíamos. Queríamos que conhecessem os nossos diretores como pessoas e compreendessem os princípios da companhia. E achamos que devíamos promover a sua vinda a Bentonville para ver que tipo de gente nós somos, compreender nossa integridade, nossa dedicação, nossa ética de trabalho, todos os ingredientes que estavam permitindo que superássemos os concorrentes. Eles não podiam ter essa visão lá de Nova York. Os valores e a abordagem da maioria dos comerciantes de varejo eram totalmente diferentes daquilo que esse grupo de malucos do Arkansas estava fazendo, e queríamos que eles vissem por si mesmos. Assim, eles vieram, e fazíamos as reuniões de acionistas numa sexta-feira, seguida de um piquenique naquele mesmo dia. Lembro-me de que uma senhora usou um vestido formal num de nossos jantares. Recebeu alguns olhares de curiosidade. E os acordávamos de manhã cedo no sábado para que comparecessem ao nosso encontro de diretores e nos ouvissem falar de venda de mercadorias, de financiamento e de distribuição, ou qualquer que fosse o nosso assunto, no momento.

Nos primeiros tempos não foi nada parecido com o que veio a ser hoje, e que é a maior e mais movimentada assembléia de acionistas do mundo. Mas foi diferente. Depois da reunião de sábado, sempre tínhamos um acontecimento especial. Num ano era um torneio de golfe, o que não é tão estranho assim, creio. Mas num outro ano fomos pescar no lago Bull Shoals. E num outro ainda, fizemos uma excursão pelo rio Sugar. O evento mais ousado de que me lembro foi quando levamos todos para passar a noite acampados às margens daquele rio. Foi um verdadeiro fiasco. Lembrem-se de que eram um grupo de analistas de investimentos, vindo de cidades grandes. Bem, um coiote começou a uivar, as corujas a piar, e metade dos analistas passaram a noite em volta da fogueira, porque não conseguiram dormir. Achamos que não era uma boa idéia tentar coisas assim com pessoas que não estavam habituadas a acampar sobre pedras, num saco de dormir.

MIKE SMITH

"Essas assembléias foram um grande sucesso. O pessoal do Wal-Mart passava a noite toda fazendo churrasco, e os analistas, ou outros grandes acionistas, também ficavam junto com eles, para 'ajudar'. Mas depois de algum tempo, as coisas ficavam um pouco descontroladas para o gosto de Sam. Alguns daqueles ianques se embebedaram tanto passeando pelo rio que não conseguiam ficar no barco. E alguns dos churrasqueiros beberam algumas cervejas a mais. Bem, Sam não é um puritano, nem um abstêmio rigoroso, mas não tolera bêbados. Por isso, proibiu totalmente o álcool nessas reuniões, e elas nunca foram a mesma coisa depois disso, é claro."

Eles ficavam um pouco animados demais para o meu gosto. Mas nossas assembléias provocaram muitos comentários lá em Wall Street – nem todos simpáticos, tenho a certeza – mas os que prestavam atenção compreendiam que éramos empresários sérios, trabalhando para o futuro, que tínhamos uma filosofia financeira disciplinada e que pensávamos no crescimento. Também ficavam sabendo que gostávamos de nos divertir, e alguns devem ter pensado que éramos um pouco loucos.

Essas assembléias são apenas mais um exemplo de como, naqueles primeiros tempos da abertura do capital, nós realmente tivemos de nos esforçar mais do que a maioria das empresas para que Wall Street nos conhecesse e nos compreendesse. Isso foi, em parte, porque operávamos de maneira muito diferente de todos os outros, e em parte porque estávamos muito isolados de Nova York, onde muita gente pensa que é preciso estar para realizar um movimento das proporções do nosso. E no processo de cortejar Wall Street, ficamos conhecendo todo o tipo de gente. Fomos aprovados e apreciados por alguns analistas, rejeitados por outros que sempre acharam que éramos um castelo de areia que poderia desabar a qualquer minuto.

Uma das nossas mais fiéis simpatizantes tem sido Maggie Gilliam, analista do First Boston, que acredita em nós há anos, e proporcionou muito dinheiro aos seus clientes, seguindo essa crença. Eis um trecho de um relatório, um dos meus preferidos, escrito por ela:

MARGARET GILLIAM, FIRST BOSTON

> "Wal-Mart é a companhia mais bem-administrada que já analisamos. Acreditamos ser a mais bem-administrada nos Estados Unidos, e conhecemos pelo menos um investidor que a considera a mais bem-administrada do mundo. Não temos esperanças de encontrar um outro Wal-Mart durante nossas vidas..."

Por outro lado, lembro-me de uma analista que veio aqui em meados da década de 1970. Nunca me esquecerei da sua visita. Eu tinha passado o dia caçando e estava bastante sujo quando cheguei para jantar com ela. Meu filho, que na época era chefe do nosso departamento de imóveis, nos fez companhia. E ele nunca foi muito de se vestir formalmente. Na verdade, sempre parece um pouco sujo. Nós a levamos para comer fora, e fomos muito sinceros. Dissemos quais eram nossos pontos fracos no momento, e quais os nossos problemas. Mas tentamos explicar nossa filosofia, também, e interessá-la no potencial que sentíamos ter. Ela voltou e escreveu o relatório que talvez seja o mais negativo sobre o Wal-Mart. A impressão que se tinha, por ele, era que se o investidor ainda não vendera as suas ações, agora era tarde demais.

Nos últimos 10 ou 15 anos a maioria dos analistas que observou as nossas ações as recomendou sempre, embora por vezes se afastem de nós, temporariamente, por qualquer razão. Em geral, porém, sempre nos foram fiéis.

Eu não acredito muito em qualquer dessas fantasiosas teorias sobre investimento, e a maioria das pessoas surpreende-se ao saber que nunca investi muito em qualquer coisa, exceto no Wal-Mart. Acredito que as pessoas que tiveram mais lucro com as ações do Wal-Mart foram as que estudaram a companhia, e que compreenderam nossos pontos fortes e a nossa abordagem administrativa, e que, como eu, resolveram investir em nós, a longo prazo.

Temos um grupo de investidores antigos na Escócia, que talvez tenha se saído melhor do que quaisquer outros. Nos primeiros tempos de nosso crescimento, o pessoal da Stephens nos levou a Londres, onde atraímos o interesse desses escoceses. Disseram-nos logo de saída que acreditavam em investimentos a longo prazo. Que enquanto concordassem com os princípios da companhia, e tivessem confiança na sua administração, não queriam estar comprando e vendendo, como fazem tantos dos administradores financeiros. Falavam a minha língua. Anos depois dessa primeira visita, voltamos a vê-los em Edimburgo, e eles realmente tinham confiança em nós. Havia um outro grupo assim na Califórnia.

E temos também um investidor na França, chamado Pierre, que tem feito exatamente a mesma coisa. Quase o matamos afogado, naquele primeiro ano que fizemos a excursão no rio Sugar, e tive medo de que não voltássemos a vê-lo. Mas Pierre acreditou em nós, e começou a comprar nossas ações e a recomendá-las aos membros do seu clube francês de investimentos. Ele nos tem acompanhado há cerca de 15 anos, e teve um sucesso excepcional com a nossa companhia.

Nossos investidores a longo prazo ficam satisfeitos porque os temos sempre recompensado com um dos maiores rendimentos de ações da economia americana. A partir de 1977 até 1987, nosso rendimento anual para os investidores foi de 46%. E mesmo no meio da recessão, em 1991, demos um rendimento sobre ação de mais de 32%.

Acho que o que desagrada aos executivos – e a qualquer pessoa que tentar passar o tempo administrando uma companhia grande como esta – são as administradoras financeiras que estão sempre movimentando as contas de seus investidores. Vocês sabem como é, uma ação chega a 40 ou 42 dólares, e eles correm e dizem: "Ora, vamos vender isso porque está alto demais. É ação supervalorizada." Para mim isso não tem muito sentido. Enquanto estivermos administrando bem a nossa companhia, enquanto cuidarmos do nosso pessoal e de nossos clientes, enquanto estivermos de olho nesses aspectos fundamentais, vamos ter êxito. É claro que é necessário uma pessoa observadora, que sabe discernir, para julgar por si mesma esses aspectos fundamentais. Se eu fosse um acionista do Wal-Mart, ou estivesse pensando em ser, iria a 10 lojas Wal-Mart e perguntaria ao pessoal que trabalha ali: "Como se sentem? Como estão sendo tratados pela companhia?" As respostas deles me diriam grande parte do que eu precisaria saber.

Perguntam-me com freqüência, sobre esse mesmo assunto, se pelo fato de nossas ações serem tão procuradas tivemos de administrar de maneira diferente, de pensar mais a curto prazo, às expensas do planejamento estratégico a longo prazo. A resposta é que sempre tivemos que fazer as duas coisas. Quando se está abrindo 150 lojas por ano, como fazemos atualmente, grande parte do nosso planejamento é necessariamente a curto prazo. Mas para manter esse tipo de crescimento, temos de considerar constantemente o que estaremos fazendo dentro de cinco anos. Creio que a pressão do mercado de ações nos levou a planejar mais o futuro, para que haja maior coerência no próximo ano, e nos anos seguintes – não só em relação aos nossos lucros, mas também às nossas vendas operacionais, nossas margens brutas, e essas coisas.

Nunca me preocupei muito com isso. Tivemos flutuações tremendas em nossas ações, no decorrer do tempo. Por vezes, elas sobem porque o varejo tornou-se um setor em moda com a comunidade de investimentos. Ou, caem acentuadamente, porque alguém fez um relatório dizendo que a estratégia do Wal-Mart está totalmente errada. Quando compramos uma cadeira de lojas chamada Kuhn's Big K em 1981o que nos levou para o leste do Mississippi pela primeira vez, de maneira significativa – várias notícias disseram que estávamos abocanhando mais do que podíamos mastigar, e que jamais conseguiríamos sucesso, se chegássemos a Atlanta ou Nova Orleans. Tivemos relatórios dizendo que quando chegássemos a St. Louis, ou qualquer outro lugar, e encontrássemos uma concorrência *de verdade,* não conseguiríamos continuar lucrativos. Nosso desaparecimento tem sido previsto desde que entramos para o mercado de ações. E sempre que algum desses grandes investidores institucionais lê qualquer coisa assim, e acha que acredita nisso, descarrega milhões de ações, ou 500 mil ações, e no passado isso criou flutuações no preço dos nossos papéis.

Há poucos anos alguns analistas se preocuparam, achando que não poderíamos manter uma taxa de crescimento de 20% ao ano porque estávamos ficando grandes demais. Naquela época, eu disse que ficaria muito satisfeito com 20%. Quero dizer, quando estávamos vendendo 25 bilhões de dólares anualmente, 20% eram cinco bilhões, muito mais do que a maioria dos varejistas. Mas, aqueles sujeitos achavam que um aumento de 5 bilhões de dólares seria um desastre para nós. Nesse meio-tempo, vejam o que aconteceu. Hoje em dia somos heróis porque continuamos com um crescimento de dois dígitos. Se fazemos 20%, isso constitui o item principal dos noticiários nacionais, porque o consideram como um indicador econômico. A verdade é que esses analistas podem ter teorias perfeitamente lógicas para explicar porque um aumento de 20% seria um desastre para nós. Mas não perceberam que numa grande depressão econômica, quando todos sofrem, a força fundamental do Wal-Mart nos manteria em forma. E nosso desempenho pareceria grande, se comparado ao dos outros.

À medida que as companhias crescem, com maior número de investidores, torna-se uma grande tentação entrar naquele jato e ir até Detroit, Chicago ou Nova York e falar com os banqueiros e as pessoas que têm ações nossas. Mas como no início as nossas ações foram vendidas entre conhecidos, eu acho que nosso tempo é melhor empregado com nossa gente nas lojas, e não lá fora vendendo a companhia a pessoas de fora. Não acredito que nenhum grupo de entendidos em relações públicas, ou nenhum discurso em Nova York ou Boston signifique alguma coisa para o valor da ação, a longo prazo. Acho que temos o que valemos. Não que nós não nos esforcemos para manter Wall Street informada sobre o que está acontecendo na companhia. Nos últimos anos, na verdade, um grupo chamado Associação dos Acionistas Unidos nos elegeu a companhia número um dos Estados Unidos, com base em nossa receptividade para com os acionistas.

O que tem me preocupado realmente nesses anos não é o preço de nossas ações, mas a eventualidade de algum dia deixarmos de cuidar de nossos clientes, ou que nossos diretores deixem de motivar e cuidar de nossos associados. Também me preocupa a possibilidade de perdermos o conceito de equipe, ou de deixarmos de manter o conceito de família como uma coisa viável e realista para a nossa gente, à medida que crescemos. Esses desafios são mais reais do que a teoria de alguém, de que estamos seguindo o caminho errado.

Como líderes do comércio, não podemos absolutamente nos enredar em tentativas de atingir as metas que algum analista do varejo, ou alguma instituição financeira de Nova York, fixa para nós num plano decenal cuspido por um computador em que alguém mandou calcular tal e qual índice. Se fizermos isso, estaremos afastando os olhos da bola. Mas se demonstrarmos com nossas vendas e nossos ganhos a cada dia, cada semana, cada trimestre, que estamos fazendo nosso trabalho de maneira segura, obteremos a taxa de crescimento a que temos direito, e o mercado nos dará o respeito que merecermos. Nossos associados e clientes – muito dos quais também são nossos acionistas – serão ainda melhor servidos se mantivermos um desempenho constante nos próximos 10 anos, quer seja a uma taxa de 15, 20 ou 25%.

Se não correspondermos à hipotética projeção de alguém para a nossa empresa, não me preocupo. Ela pode fazer baixar um pouco as nossas ações, mas estamos no mercado a longo prazo. Não nos poderíamos preocupar menos com o que é previsto, ou o que o mercado diz que devemos fazer. Se ouvíssemos a sério essas conversas, não teríamos começado sequer a abrir lojas de promoções em cidades pequenas.

Capítulo 8

ESTENDENDO A FÓRMULA

"Sam me contratou em 1970 como diretor distrital encarregado da abertura de novas lojas. Ele tinha 18 Wal-Marts e alguns bazares, fazendo cerca de 31 milhões de dólares por ano. Mudei-me com minha família, e quando estávamos descarregando a mobília na casa que alugamos, telefonaram do escritório e disseram: 'Será que você pode ir instalar uma nova loja no Missouri?' Minha mulher, que estava com três crianças e um caminhão de mudança para cuidar, me ajudou a procurar algumas roupas e eu parti. Não a vi durante duas semanas. Depois houve uma reunião de diretores e não a vi por mais duas semanas. Podemos dizer com certeza que naquela época todos nós trabalhávamos no mínimo 16 horas por dia."

JACK SHEWMAKER
ex-presidente e diretor-executivo do Wal-Mart

AGORA QUE ESTÁVAMOS LIVRES de dívidas, podíamos fazer realmente alguma coisa com a nossa estratégia chave, que era simplesmente abrir boas lojas de ofertas em cidades pequenas, com as quais os outros não se importavam. Naquela época, a Kmart não pensava em cidades com menos de 50 mil habitantes, e nem mesmo a Gibson's se interessava por cidades com menos de 10 mil ou 12 mil habitantes. Sabíamos que a nossa fórmula estava funcionando até em cidades com menos de 5 mil moradores, e havia muitas delas para a nossa expansão. Quando as pessoas querem simplificar a história do Wal-Mart, é geralmente assim que resumem o segredo do nosso sucesso: "Ah, eles foram para as cidades pequenas quando ninguém queria ir." E há muito tempo atrás, quando começamos a ser notados, muita gente no ramo nos considerou um grupo de matutos que tinha descoberto essa idéia por um grande acaso.

Talvez fosse um acaso, mas essa estratégia não teria dado certo se não tivéssemos imaginado um método para a sua implementação. Esse método era saturar uma área de mercado espalhando-se, e depois ir preenchendo os claros. Nos primeiros tempos das lojas de ofertas, muitas companhias nacionais com sistema de distribuição já instalados – a Krnart, por exemplo – cresceram espalhando lojas por todo o país. Evidentemente, não podíamos fazer isso.

Mas enquanto os grandes saltavam de uma cidade grande para outra, espalharam-se de tal maneira, e se envolveram com problemas imobiliários, com problemas de zonas comerciais urbanas e de política municipal, que deixaram enormes bolsões de negócios para nós. Nossa estratégia de crescimento nasceu da necessidade, mas pelo menos a reconhecemos como estratégia desde cedo. Achamos que devíamos abrir nossas lojas de modo que nossos centros de distribuição, ou armazéns, pudessem cuidar delas, mas também de modo que pudéssemos controlá-las. Queríamos que ficassem ao alcance dos nossos diretores distritais, e de nós mesmos aqui em Bentonville, de modo que pudéssemos ir até lá cuidar delas. Cada loja tinha de ficar a um dia de viagem de um centro de distribuição. Assim, íamos o mais longe que podíamos de um armazém e abríamos uma loja. E aí então enchíamos o mapa daquele território, estado a estado, condado a condado, até que tivéssemos saturado aquela área de mercado.

Saturamos o noroeste do Arkansas. Saturamos Oaklahoma. Saturamos Missouri. Fomos de Neosho a Joplin, a Monett e Aurora, a Nevada e Belton, a Harrisonville, e depois mais além, a Fort Scott e Olathe no Kansas – e assim por diante. Por vezes pulávamos uma área, como aconteceu quando abrimos a loja nº 23 em Ruston, Louisiana, e não tínhamos nada no sul de Arkansas, que fica entre nós e Ruston. Por isso começamos a voltar para trás, afim de ocupar o sul do Arkansas. Naquela época não planejávamos realmente o futuro. Achá vamos que poderiamos continuar a abrir lojas dessa maneira, e elas continuariam funcionando, no Tennessee ou Kansas ou Nebraska – onde quer que resolvêssemos ir. Mas tentamos planejar um pouco, quando chegamos às cidades maiores. Nunca pensamos em ir até elas. O que fazíamos era abrir nossas lojas num anel em volta de uma cidade grande – bem distante – e esperar que seu crescimento chegasse até nós. Essa estratégia funcionou praticamente em toda parte. Começamos cedo com Tulsa, abrindo lojas em Broken Arrow e Sand Springs. Em torno de Kansas City construímos em Warensburg, Belton e Grandview, no Missouri, e em Bonner Springs e Leavenworth, do outro lado do rio, no Kansas. Fizemos o mesmo em Dallas.

Essa estratégia de saturação tinha todos os tipos de vantagens, além do controle e distribuição. Desde o início nunca acreditamos em gastar muito dinheiro em publicidade, e a saturação nos ajudou a poupar uma fortuna nessa área. Quando alguém se muda como nós fazíamos, de cidade para cidade, em áreas principalmente rurais, a informação transmitida de boca em boca leva sua mensagem aos clientes com bastante rapidez, sem muito anúncio. Quando tínhamos 75 lojas em Arkansas, 75 no Missouri, 80 em Oklahoma, e outras mais, as pessoas sabiam onde estávamos, e todos, com exceção dos comerciantes que não estavam no ramo das ofertas, esperavam a nossa chegada à sua cidade. Com isso, podíamos limitar-nos à distribuição de apenas uma circular publicitária por mês, em lugar de publicar muitos anúncios nos jornais. Nunca fomos grandes anunciantes e, em relação ao tamanho que temos hoje, continuamos não sendo. Tal como acontece hoje, éramos então os nossos próprios competidores. Na área de Springfield, Missouri, por exemplo, tínhamos 40 lojas em 160 km. Quando a Kmart finalmente entrou ali com três lojas, teve muito trabalho para nos enfrentar.

Assim nós quase nos limitávamos a repetir o que tinha dado certo, fazendo nossas lojas de acordo com o que fora feito antes. A única decisão que tínhamos de tomar era em relação ao tamanho para cada mercado. Adotávamos cinco tamanhos diferentes, variando entre 2.700 e 3.500 m^2 – e dificilmente deixávamos de lado um mercado por ser pequeno demais. Eu tinha viajado tanto, observando os concorrentes no ramo dos bazares, que tinha uma boa percepção do potencial existente nessas comunidades. Bud e eu sabíamos o que queríamos como localização.

Como tantas das idéias que fizeram com que a nossa companhia desse certo desde o início, continuamos hoje seguindo mais ou menos essa estratégia, embora hoje tenhamos chegado também a algumas cidades grandes. Mas acredito que nosso esforço deve continuar voltado para uma antecipação da expansão, deixando que a população dos grandes centros cresça até chegar onde estamos. Tal como no início, nos instalamos nessas pequenas cidades, as pessoas passam de carro pelas nossas lojas, ficam nos conhecendo, e se tornam clientes nossos. O que me espanta é a rapidez com que isso acontece. Fizemos tantos amigos na Flórida – amigos ianques, pessoas que vivem no Norte – que vêem nossas lojas, quando vão passar o inverno ali, e que estão ansiosos para que cheguemos ao lugar onde moram.

Acreditem ou não, recebo constantemente cartas nos pedindo para abrir uma loja em lugares no Norte, porque nossos clientes sentem faltam de nós, quando voltam para suas casas, lá. Acontece o mesmo no Vale do Rio Grande. Todos os fazendeiros de Dakota do Norte, Dakota do Sul e Minnesota vão para lá passar o inverno e ficam nos conhecendo. Assim, já estamos com o nosso caminho praticamente aberto quando chegarmos a algumas dessas áreas, que são novas para nós. Continuamos a nos espalhar e preencher os claros, e temos um longo caminho pela frente, antes de saturarmos um território que consideramos basicamente receptivo para o Wal-Mart.

Teria sido impossível fazer o que fizemos então, se eu não tivesse os meus aviões. Comprei aquele primeiro aparelho para a minha atividade profissional, para viajar entre as lojas e manter contato com o que estava acontecendo nelas. Mas quando começamos realmente a espalhar as lojas, o avião transformou-se no grande instrumento para a localização de bons imóveis. Estávamos provavelmente 10 anos à frente da maioria dos corretores na localização aérea de imóveis, e foi assim que conseguimos locais ótimos. Lá de cima era possível verificar o tráfego de veículos, ver como as cidades, grandes e pequenas, estavam crescendo, e avaliar a localização dos concorrentes – se houvesse. Em seguida, desenvolvíamos a nossa estratégia imobiliária para aquele mercado.

Eu gostava muito de fazer isso pessoalmente. Eu voava baixo, inclinava o avião para um lado e sobrevoava a cidade. Uma vez escolhido um lugar, descíamos, descobríamos quem era o dono da propriedade, e tentávamos fazer o negócio imediatamente. Essa é uma outra boa razão para a minha aversão pelos jatos. Não podem baixar o suficiente para que realmente se veja o que está acontecendo, tal como eu podia fazer com os meus pequenos aviões. Bud e eu escolhemos quase todos os nossos locais dessa maneira, até que chegamos a 120 ou 130 lojas. Eu sempre tive orgulho de nossa técnica e dos resultados que obtivemos. Posso garantir-lhes que não havia muitos presidentes de cadeias de lojas de varejo voando por cima das cidades e estudando os padrões do seu desenvolvimento, mas isso funcionou muito bem para nós. Até termos 500 lojas, ou pelo menos umas 400, acompanhei de perto todas as transações imobiliárias que fizemos e examinei todas as localizações antes de assinarmos qualquer tipo de contrato. Uma boa localização, e o que temos de pagar por ela, é muito importante para o êxito de uma loja. E foi uma das áreas da companhia que teve sempre a participação da família. Jim fez esse trabalho durante algum tempo. E ainda hoje Rob faz viagens imobiliárias e comparece a todas as reuniões para tratar do assunto.

Uma vez encontrada uma boa localização, íamos atrás dela e abríamos ali uma loja. Naquela época, fazíamos nós mesmos os acessórios para a instalação, e ainda fazemos, hoje. Tínhamos o que chamávamos de Plano de Abertura de Loja, mas geralmente convocávamos o pessoal – em geral, todos os diretores assistentes disponíveis – e montávamos a loja. Aposto que uma pessoa como Al Miles montou 100 lojas e compareceu a mais de 300 inaugurações. Tínhamos de montar os acessórios, encomendar a mercadoria e planejar a publicidade – para não falar nas contratações e transferências de pessoal para a loja. Nós nos juntávamos todos e fazíamos o trabalho. Há muitas histórias sobre isso. Lembro-me de que certa vez eu não queria gastar dinheiro com motéis, e por isso dormimos todos em sacos de dormir no chão da casa de um dos nossos auxiliares. Sua mobília ainda não tinha chegado.

Ferold Arend modificou muito a instalação antiga dos Wal-Marts. Era uma pessoa muito organizada, o que eu não era. Eu sempre lhe disse que isso vinha do fato de ser ele alemão. Mas era o tipo de pessoa que, se tinha 10 coisas para fazer num dia, anotava-as e estabelecia um plano de ação. Ele sempre voltava para ver se as pessoas estavam fazendo o que mandava. Eu nunca fiz isso, naquela época. Passava sempre a uma outra tarefa.

Creio que um forte sentimento da necessidade de partir para a próxima cidade, ou a próxima loja, quando eu estou pronto para isso, sem perder tempo esperando por alguém, seja provavelmente a principal razão pela qual nunca me dei bem com os pilotos. Eles nunca estavam prontos para partir quando eu queria. De qualquer modo, gosto muito de pilotar, o desafio de andar por todo o país, avaliar as condições do tempo e manobrar com instrumentos e fazer tudo eu mesmo. E mais ainda, amo a independência de poder ir para onde quero, quando quero – e depressa. Além disso, gosto de ver as pessoas trabalhando, e a natureza do trabalho de um piloto de empresa inclui muito tempo parado em terra. Por isso, quando reunimos aqui pela primeira vez alguns pilotos, tive esta idéia brilhante. Disse-lhes: "Está bem rapazes, se vocês querem pilotar os aviões, eu quero que vocês vão para as lojas e verifiquem a posição dos estoques de cada departamento, quando não estiverem voando." Era perfeitamente lógico, para mim. Eles precisavam saber mais sobre o negócio, nos ajudariam, e podiam divertir-se um pouco com isso. Minha idéia durou três meses e encontrou muita resistência. Ouvi todas as desculpas imagináveis. Temos de verificar as condições do tempo, verificar se os aviões estão recebendo a devida manutenção, e tudo isso. Por fim desisti. E hoje os nossos pilotos são, no ramo deles, os que mais permanecem no ar.

JACK SHEWMAKER

"A primeira loja que abrimos depois que chegamos foi a nº 21 em Saint Robert, Missouri: Nossa equipe de abertura de lojas deveria tomar posse de uma loja depois de concluída a sua construção, mas isso nem sempre funcionava. Quando assumimos aquela, o estacionamento não estava concluído. Quero dizer, era apenas saibro, sem revestimento, sem demarcação de espaço para os carros, ou qualquer coisa. O diretor Gary Reinboth e eu estávamos imaginando como evitar o caos na abertura. Nossos olhos se iluminaram ao ver um vendedor de sanduíches e cachorros-quentes despejando gordura usada naqueles enormes tambores amarelos, atrás de seu veículo. Fizemos um trato com ele. Poderia comprar todo o nosso óleo a bom preço se nos emprestasse os tambores para a inauguração. Amarramos bandeirolas e cordas neles e criamos um estacionamento. Era assim que improvisávamos naquela época. Sam queria o trabalho feito, e aceitava a criatividade, desde que a tarefa fosse executada. Nossas mentes trabalhavam com toda a liberdade. Corríamos para fazer as coisas.

Lembro-me de uma outra inauguração. Tínhamos finalmente aberto uma nova loja em Morrilton, Arkansas, perto da Interestadual 40, para substituir aquela incrível loja de que Sam tanto se orgulhava, na velha fábrica de Coca-Cola. Meu chefe era Ferold Arend, e ele me disse que íamos estabelecer um novo recorde abrindo uma loja em três semanas. Eu disse que estava bem. Mas ele se enganou em uma semana, de modo que tivemos realmente apenas duas semanas, a partir do dia em que começamos a trabalhar. Tentamos desesperadamente, mas não conseguimos fazer tudo. Inauguramos no Dia de Graças, mas a loja estava horrível. Eu estava de pé na porta, quando Sam chegou. Ele viu o desastre, mas era bastante inteligente para saber o quanto tínhamos nos esforçado, e se dissesse a verdade, teríamos ficado muito decepcionados. Ele comentou: 'A loja está realmente boa, rapazes.' E foi embora, deixando-nos ali."

Evidentemente, como passei o maior tempo possível no lugar que conta, isto é, nas lojas, vendo se estávamos fazendo o trabalho como devíamos, isso fez com que um peso muito grande recaísse sobre todos os nossos executivos, especialmente porque eu também esperava que visitassem as lojas. Meu estilo foi sempre deixar grande parte das responsabilidades da operação do dia-a-dia a pessoas como Ferold Arend e Ron Mayer, nos primeiros tempos, e mais tarde a Jack Shewmaker e, finalmente, a David Glass e Don Soderquist. Assim, meu papel foi o de escolher gente boa e dar-lhe o máximo de autoridade e de responsabilidade.

Já me perguntaram se sou do tipo que põe a mão na massa, ou do tipo que fica sentado no escritório. Acho que sou mais um diretor que fica andando e voando, e nesse processo, meto a mão em tudo o que posso, para ver como as coisas estão indo. Deixei nossos executivos tomarem suas decisões – e cometer seus erros – mas os critiquei e aconselhei. Meu gosto pelos números manteve-me próximo dos nossos relatórios operacionais, e de todas as outras informações que recebíamos de tantos lugares diferentes. Nesse sentido, creio que meu estilo como executivo foi determinado, em boa parte, pelos meus talentos. Eu dei ênfase aos meus pontos fortes, e confiei nos outros para que compensassem os meus pontos fracos.

Como disse, descobri desde cedo que um dos meus talentos é lembrar dos números. Não consigo lembrar nomes e muitas outras coisas como gostaria. Mas os número se grudam em mim. É por isso que chego todas as madrugadas de sábado, em geral lá pelas duas ou três, e passo em revista todos os números semanais. Eu me antecipo a todos os outros para a reunião das manhãs de sábado. Passo em revista aqueles relatórios e ao se falar de uma loja, embora não a tenha visitado há algum tempo, posso lembrar-me de alguma coisa a respeito dela, do diretor talvez, e então me lembro mais tarde de que venderam tanto esta semana, que gastam tanto com salários e outros detalhes. Faço isso com cada loja, toda manhã de sábado. Gasto em geral três horas, mas quando termino tenho uma idéia tão boa do que está acontecendo na companhia quanto qualquer pessoa, aqui – e em certos dias, uma idéia melhor.

Mas se me perguntarem se sou uma pessoa organizada, eu teria de dizer simplesmente que não, de modo algum. Ser organizado realmente reduziria o meu ritmo. De fato, me impediria de trabalhar. Tento fazer aquilo que devo fazer, e estar onde devo estar, mas é certo que não tenho o que se possa chamar de um planejamento. Creio que meu sistema de trabalhar deixou mais ou menos loucas Loretta Boss, e depois Becky Elliott, minhas duas secretárias. Meu estilo é bastante desorganizado.

LORETTA BOSS PARKER, SECRETÁRIA PARTICULAR DURANTE 25 ANOS

"Ele foi *sempre* assim. Sua mente trabalha 10 vezes mais rápido que a de qualquer outra pessoa. Quero dizer, ele começa a fazer e fica duas ou três fases à frente, e age logo de acordo com o que está pensando. Se tem alguma coisa na cabeça que precisa ser feita – não importa o que tenha sido planejado – a nova idéia tem prioridade, e tem de ser posta em execução agora. Quando todos já estão com o dia planejado, ele *bang!*, convoca uma reunião para discutir alguma coisa.

Nos primeiros tempos isso causava muitos constrangimentos. Eu marcava encontros para ele, e avisava – tínhamos duas agendas, uma na sua mesa e outra na minha – mas ele simplesmente se esquecia. Já tive pessoas que vinham de avião de Dallas para falar com ele. Eu ia esperá-las às 8 da manhã, para descobrir depois que ele tinha voado da cidade às 5, sem dizer a ninguém onde ia. Eu tinha de olhar para aquela pessoa vinda de Dallas e dizer: 'Ele saiu.' Depois de algumas vezes, eu lhe disse: 'Não marco mais entrevistas.' E ele respondeu: 'Bem, provavelmente é a melhor coisa.' Passou a marcar os encontros ele próprio, e esquecia-se, e eu continuava sendo a pessoa que tinha de dizer aos outros que não estava. Não consegui organizá-lo durante 25 anos, e não creio que alguém consiga."

A não ser a leitura de meus números na manhã de sábado e ir às nossas reuniões regulares, eu não tenho nenhuma rotina para nada mais. Sempre levo meu pequeno gravador nas viagens, para registrar as idéias que me ocorrem em conversas com os nossos auxiliares. Geralmente levo comigo o meu bloco amarelo, com uma lista de 10 ou 15 coisas nas quais precisamos insistir, como companhia. Minha lista deixa os executivos daqui loucos, mas constitui provavelmente uma das minhas contribuições mais importantes.

DAVID GLASS

"Quando Sam quer alguma coisa, é implacável. Ele acaba vencendo pelo cansaço. Apresenta uma idéia, nós todos a discutimos e decide-se que talvez não se deva adotá-la imediatamente – ou talvez nunca. Muito bem. Caso encerrado. Mas enquanto ele estiver convencido de que é a coisa certa, continua a mencioná-la – semana após semana – até que finalmente todos capitulam e dizem: 'Bem, é mais fácil fazer isso do que continuar lutando desse jeito.' Acho que poderíamos chamar isso de administração pelo cansaço."

Uma maneira que tive de conseguir manter-me em dia com tudo foi chegando ao escritório realmente cedo, quase todos os dias, mesmo quando não tenho aqueles números de sábado para examinar. Quatro e meia da manhã não é um horário excepcional para que eu comece lá no escritório. Aqueles momentos pela manhã bem cedo são muito valiosos: é um tempo sem interrupções, durante o qual penso, planejo e arrumo as coisas. Escrevo minhas cartas e meus artigos para o *Wal-Mart World*, a carta de notícias da companhia.

A. L. JOHNSON, VICE-PRESIDENTE, WAL-MART

"Creio que um dos maiores trunfos de Sam é ser totalmente imprevisível. Ele é sempre ele mesmo, totalmente independente em seu modo de pensar. Em conseqüência, não é um diretor que aceite as coisas sem pensar. Ele nunca aprova alguma coisa sem pensar, para ninguém.

Quando eu era diretor-geral de mercadorias não tínhamos muito apoio de computadores. Por isso todas as sextas-feiras eu pegava o meu bloco de colunas com todos os números elevava para a sala de Sam, para ele examinar. Todas as manhãs, quando eu passava em revista aqueles números, Sam os anotava em seu próprio bloco e fazia pessoalmente todos os cálculos. Nunca tive a impressão de que não confiasse no meu critério. Ele simplesmente achava que era sua função comprovar tudo. Por vezes ele trabalhava com os números de uma maneira um pouco diferente da minha, ou discutia algumas das minhas conclusões, o que me mantinha alerta. A questão é: eu sempre soube que não podia simplesmente entrar ali, colocar uma folha cheia de números na frente dele e esperar que ele a aceitasse sem exame.

Sam é famoso como um grande motivador – e merece mais crédito do que já lhe foi dado, por isso – mas é igualmente bom para fiscalizar as pessoas que motivou. Poderíamos chamar o seu estilo de administrar olhando por cima do ombro dos outros."

Perguntam-me sempre se houve um momento, depois que começamos a nos expandir, em que eu sabia o que estava pela frente. Creio que não. Tudo o que sabia era que estávamos nos expandindo e que éramos bem-sucedidos. Gostávamos disso, e parecia que a coisa podia continuar. Tínhamos um conceito, certamente, do qual os clientes gostavam. Mesmo naquela época, eu sempre disse que ao primeiro sinal de que as coisas estavam escapando ao controle, a primeira vez que os números não fossem como deviam, nós recuaríamos e colocaríamos os braços em volta do que já tivéssemos construído. Até o momento, naturalmente, não tivemos de tomar essa atitude.

FEROLD AREND

"A verdade é que estávamos trabalhando com uma grande idéia. Era realmente fácil desenvolver uma loja de ofertas naquelas pequenas comunidades, antes de aparecer a concorrência. Não havia muita concorrência para nós nos primeiros tempos porque ninguém fazia ofertas nas pequenas comunidades. Por isso, quando oferecíamos artigos com descontos, era um conceito desconhecido fora das cidades maiores. Os clientes não são tolos. Tinham amigos e parentes nas cidades grandes e tinham visitado lugares onde havia lojas de promoções, de modo que quando viam isso acontecer na sua cidade, eles simplesmente corriam para as nossas lojas, para aproveitar."

Acho que Ferold tem razão, quanto à concorrência – se estivermos falando apenas de lojas de ofertas. Mas há nisso um paradoxo que no meu entender confundiu muitas pessoas a nosso respeito, e por muito tempo. No Leste, sempre disseram que o Wal-Mart nunca teve concorrentes durante 20 anos, e que não saberíamos o que fazer quando os tivéssemos. Esquecem-se de que viemos do ramo de bazar, ou loja de variedades, e que o interior foi o terreno onde cresceram praticamente todas as cadeias regionais de bazares que se desenvolveram nos Estados Unidos. Na época em que trabalhávamos com lojas da cadeia Ben Franklin, tivemos toda a concorrência que se poderia esperar, da Sterling, TG&Y e Kuhn's, e todas as outras regionais. Portanto, embora possamos não ter enfrentado concorrência em ofertas naquelas pequenas cidades, não a desconhecíamos. Estávamos sempre observando a Gibson's e qualquer outra cadeia regional que pudesse resolver-se a seguir nosso caminho, e soubemos o que fazer quando isso aconteceu: mantivemos nossos preços o mais baixo possível, mantendo os nossos custos também o mais baixo possível.

Para mim, pessoalmente, dirigir toda aquela fase de crescimento foi o período mais excitante. Na verdade, nunca houve nada parecido na história do varejo. Foi o equivalente, no varejo, a um poço de petróleo que jorra sem parar: a coisa estourou, como dizem em Oklahoma e no Texas. Nós estávamos trazendo grandes pessoas para nos ajudar, mas naquela época eu participava de todas as fases da operação: comercialização, operações imobiliárias, estudo da concorrência, financiamento, contabilidade – tudo. Todos nós trabalhávamos horas sem conta, e estávamos tremendamente entusiasmados com o que estava acontecendo. Não sei se tivemos tempo sequer para perceber como a nossa taxa de crescimento na década de 1970 pareceria fenomenal, mais tarde, num quadro:

	Lojas	Vendas
1970	32	$31 milhões
1972	51	$78 milhões
1974	78	$168 milliões
1976	125	$340 milhões
1978	195	$678 milhões
1980	276	$1,2 bilhão

Em princípios da década de 1970 criamos esse grupo cooperativo de pesquisa entre algumas das cadeias de descontos – principalmente regionais – que não competiam entre si. A comparação de nossas anotações com as deles me fez compreender o notável desempenho do Wal-Mart. Lembro-me de que ficaram igualmente espantados. Não podiam acreditar que estivéssemos abrindo aquele número de lojas. Eram 50 por ano, quando a maioria do nosso grupo estava tentando abrir três, quatro, cinco ou seis por ano. Eles sempre ficaram confusos. Sempre perguntavam: "Como vocês conseguem? É impossível que estejam fazendo isso."

Mas estávamos. Permanecemos no alto, e juntamente com o aumento de vendas aumentamos também a nossa lucratividade – de 1,2 milhão de dólares em 1970 para 41 milhões em 1980. Teoricamente, não tínhamos o direito de fazer o que estávamos fazendo. Estávamos tirando água de pedra e explorando os talentos de nosso pessoal, e o nosso, ao máximo. E não me entendam mal: não estou dizendo que também não tivemos a nossa parcela de problemas de crescimento.

FEROLD AREND

"Mais do que qualquer outra coisa, tínhamos problemas de pessoal – encontrar gente capaz e treiná-la às pressas. Porque nós sempre tivemos uma organização muito compacta, não havia pessoal excedente nas lojas, e por isso eles tinham de se tornar muito bons, e muito depressa. Antes, quando eu trabalhava na Hested's, e na Newberry também, um empregado precisava ter 10 anos de experiência antes que sequer examinássemos a possibilidade de que fosse o que chamávamos de diretor-em-treinamento. Aqui, Sam pegava pessoas quase sem nenhuma experiência de varejo, ficava com elas seis meses e se achasse que mostravam qualquer potencial de dirigir uma loja e administrar pessoas, dava-lhes uma oportunidade. Fazia delas assistentes de diretoria. Eram elas que iam abrir as lojas novas, e ficavam na fila para serem diretores efetivos. Na minha opinião, não estavam, em sua maioria, preparadas para dirigir lojas, mas Sam mostrou que eu estava errado nisso. Finalmente me convenceu. Se pegarmos alguém sem a experiência e o conhecimento, mas com um desejo sincero e a disposição de fazer o diabo para realizar o trabalho, esse alguém encontrará um jeito de compensar o que lhe falta. E isso aconteceu nove vezes em cada 10. Foi uma das maneiras que tivemos para crescer tão depressa."

Estávamos tentando fazer o máximo possível de promoções e dar às nossas lojas o maior apoio, durante todo esse crescimento, mas em princípios da década de 1970 um diretor do Wal-Mart estava, em grande parte, por sua própria conta no que se relacionava com a promoção de artigos e movimentação da mercadoria.

THOMAS JEFFERSON, QUE DEIXOU AS LOJAS STERUNG PELO WAL-MART, ONDE FOI DIRETOR DISTRITAL E MAIS TARDE DIRETOR DE OPERAÇÕES

"Várias vezes por ano a maioria das lojas fazia uma grande promoção de artigos na calçada. Naquela época vendíamos tanta mercadoria na calçada quanto dentro da loja, nos fins de semana. Isolávamos parte do estacionamento com cordas, arranjávamos uma banda e fazíamos uma grande promoção chamada de 'venda em botes'. Pegávamos os nossos botes – vendíamos esses botes de fundo chato usados em rios – colocávamos sobre cavaletes e enchíamos cada um deles com uma mercadoria diferente. Pendurávamos grandes cartazes, chamando isso de 'promoção dos botes'. Ainda se fazem promoções na calçada hoje, mas não como antes. Isso já não funciona tão bem."

Enquanto tudo isso estava acontecendo em princípios da década de 1970, Ferold Arend, Ron Mayer, Bob Thornton e eu ainda estávamos tentando descobrir como distribuir para um número crescente de lojas naquelas pequenas cidades, fora das rotas mais percorridas. Era uma das coisas que me deixavam louco. Eu ficava sempre andando pelo armazém de Bentonville, perguntando: "Para onde vai isso?" "Quem comprou isso?" "Temos demais desse artigo!" Enquanto isso, o pessoal das lojas estava implorando por essa mercadoria, e nós não conseguíamos levá-la até eles. Lembro-me de que fiquei muito nervoso quando todos acharam que precisávamos comprar nossos próprios caminhões, mas foi o que fizemos. Tínhamos dois tratores e quatro reboques, mas o pessoal do armazém achava que precisávamos de quatro tratores e seis reboques. Parecia-me demais. Assim, quando corria a notícia de que eu ia ao armazém, se havia ali um trator ou um reboque que não estivesse operando no momento, o pessoal o levava para o outro lado do prédio e o escondia para que eu não soubesse que estava parado.

THOMAS JEFFERSON

"Quanto mais depressa crescíamos, mais atrasados nos sentíamos. Estávamos sempre atrasados na nossa distribuição. Nunca abríamos um armazém antes do tempo, e sempre tínhamos lojas demais para atender, antes que o armazém fosse aberto. Hoje, parece-me que eles estão sempre com um adiantamento de um centro e meio de distribuição em relação à demanda, mas naquela época tínhamos um problema terrível em fazer chegar as mercadorias até as lojas. Por isso estávamos alugando armazéns de fora, cuja operação era mais cara, e a verdade é que tínhamos mais coisas a fazer do que nos era possível. Por vezes tínhamos 500 reboques cheios de mercadoria parados num de nossos depósitos. E era preciso tempo para movimentar tudo isso. Não conseguíamos fazê-los sair. No dia seguinte, recebíamos 60 vagões de mercadorias. Tínhamos de descarregar os malditos vagões, e a mercadoria de que precisavam nas lojas ficava, por vezes, parada ali uma semana, ou uma semana e meia."

Era um grande problema e me preocupava muito, provavelmente a razão pela qual, enquanto avançávamos na década de 1970, eu continuava atrás de pessoas como David Glass, que ainda estava no negócio de oferta de produtos farmacêuticos no Missouri, e Don Soderquist, que trabalhava para a Ben Franklin, para que viessem trabalhar para nós. Eu sabia que ambos eram grandes talentos, e sabia que iríamos precisar de toda a colaboração possível, em todas as áreas – mas especialmente naquelas em que eu não era muito bom, como distribuição e sistemas. Como disse antes, Ron Mayer tinha trabalhado arduamente naquele sistema de distribuição, introduzindo todos os conceitos, como montagem da mercadoria, plataformas separadas para recepção e despacho de mercadorias e transbordo. Mas não creio que o nosso sistema de distribuição tenha ficado sob controle total antes que David Glass concordasse em se juntar a nós, em 1976. Mais do que qualquer outro, ele é responsável pela criação do sistema sofisticado e eficiente que usamos hoje.

Enquanto Ron e Ferold me ajudavam a administrar a companhia, e bem antes que David viesse trabalhar para nós em meados da década de 1970, Jack Shewmaker estava surgindo como um grande talento. Tinha realizado um trabalho fantástico na abertura de lojas. Jack trabalhara antes como gerente de um Supercentro Kroger, conceito que combinava a mercearia com as lojas de mercadorias em geral, semelhante aos nossos supermercados de hoje. Era, portanto, um comerciante, mas não de grande experiência, quando o contratei. Fez parte daquela primeira onda de homens com curso superior que eu tinha começado a contratar e, formado pelo Georgia Tech, tinha aquele amor dos engenheiros pelos sistemas e pela organização, do qual ainda precisávamos muito. Já então, eu me estava cercando de pessoas que eram boas em todas as coisas nas quais a minha tendência era negligenciar um pouco, como, por exemplo, a organização da companhia para controlar a explosão de crescimento que tínhamos começado. Se eu não tivesse corrido atrás dessas pessoas, e continuado a correr, a companhia teria se dividido na década de 1970, ou não teria sido capaz de realizar a sua expansão realmente incrível na década de 1980. Começar cedo com todos aqueles sistemas, criar uma base para o desenvolvimento do nosso centro de distribuição, começar a instalar o processamento de dados nas lojas, foram coisas que realmente nos ajudaram muito, posteriormente.

JACK SHEWMAKER

"Sam e Ferold chamaram-me certo dia e disseram: 'Sabemos que você tem alguma experiência no preparo de manuais de diretrizes gerais.' Eu tinha escrito alguns desses manuais para Kroger e para a Coast-to-Coast Hardware Stores, de Minneapolis. Por isso, eles disseram: 'Queremos que você venha preparar as nossas diretrizes e procedimentos.' Eu respondi: 'Muito bem, mas não é isso o que eu quero, realmente. Eu gostaria de trabalhar com o pessoal da comercialização.' Sam disse: 'Bem, nós gostaríamos que fizesse isso, de qualquer modo. Quanto tempo acha que levará para preparar o manual?' Eu sabia, por experiência, que seriam necessários seis meses a um ano para realizar a tarefa de maneira adequada. Mas disse: 'Eu faço em 90 dias.' E Sam respondeu: 'Você tem 60 dias.' Sam não gosta, nunca, de esperar. Não tem paciência. Foi provavelmente isso que nos aproximou, essa tendência para a ação. De qualquer maneira, nós divulgamos o manual – 300 páginas – em 59 dias."

Como vocês irão ver mais adiante, Jack pode ter sido a pessoa mais controversa que já tivemos na alta administração, mas ele mergulhou diretamente na sistematização das coisas, e tornou-se também um grande comerciante.

THOMAS JEFFERSON

"Foi durante aquele período – o período de atividade de Mayer e o princípio da fase Shewmaker – que realmente vimos os sistemas e os computadores entrarem em nossas vidas no nível operacional – o nível da loja.

Estávamos usando os registros Classe 5 em todas as nossas lojas, processos antiquados e muito lentos. Ron convenceu Sam a comprar caixas registradoras elétricas Singer para as lojas, o que foi uma grande idéia, porque não era possível ter um negócio, por muito tempo mais, sem registradoras elétricas. O único problema é que as registradoras Singer eram infernalmente temperamentais. Al Miles foi o único diretor nosso que realmente sabia como fazer uma delas funcionar. Por isso ele teve a idéia certa, mas a registradora errada.

Quanto aos computadores das lojas, temos de dar a Shewmaker o crédito por eles. Nenhum de nós pensou muito em ter computadores nas lojas. Mas Shewmaker estudou tudo aquilo e nós concordávamos com tudo o que ele convencia Sam a colocar nas lojas. Parecia que estávamos tentando melhorar nosso desempenho com algum aparelho novo, a cada ano. Foi o começo do que seria o sistema de comunicações Wal-Mart, creio. Mas quase todos nós estávamos muito ocupados nas lojas para sequer pensar aonde tudo aquilo estava nos levando."

Ao avançarmos na década de 1970 nós tínhamos nos transformado claramente numa organização varejista eficiente e preparado o caminho para o crescimento ainda mais fenomenal que se seguiria. É espantoso que nossos concorrentes não tenham nos alcançado mais depressa, e tentando nos deter com mais empenho. Sempre que abríamos uma loja Wal-Mart numa cidade, os clientes vinham correndo de outras lojas. Não foi preciso muito tempo para que essas lojas percebessem que se queriam continuar abertas, concorrendo com aquele processo criado pelo Wal-Mart, tinham de fazer a mesma coisa. E a maioria delas acabou se transformando em lojas de ofertas. A Kuhn's Big K organizou-se como uma cadeia de promoções, a Sterling lançou a sua Magic Mart, cadeia de lojas de descontos. E a Duckwall entrou para o ramo.

A maioria dessas companhias já tinha centros de distribuição e sistemas em funcionamento, ao passo que nós tivemos de partir do nada. Assim, teoricamente, não tínhamos qualquer possibilidade. O que aconteceu foi que elas não se dedicaram realmente às promoções. Apegaram-se ao seu velho conceito de bazar por demasiado tempo. Estavam tão habituadas a uma margem de 45% que nunca a deixaram de mão. Era difícil para elas pegar uma blusa que vinham vendendo por 8 dólares e vender por 5 e ganhar apenas 30%. Com os nossos baixos custos, nossas despesas estruturais baixas, e nossos preços baixos, estávamos pondo fim a uma era no interior. Acabamos com o conceito do bazar.

Capítulo 9

CONSTRUINDO A SOCIEDADE

"O que você criou aqui é melhor do que o comunismo, melhor do que o socialismo jamais poderia esperar, melhor até mesmo do que o capitalismo. Gostaria de chamar o que você tem aqui de 'consumismo esclarecido', no qual todos trabalham em conjunto como uma equipe, e onde o cliente volta a ser novamente rei."

PAUL HARVEY,
comentarista de rádio e convidado a uma
reunião de final de ano do Wal-Mart

POR MAIS QUE NOS SEJA AGRADÁVEL falar dos elementos que fizeram o sucesso do Wal-Mart – comercialização, distribuição, tecnologia, saturação do mercado, estratégia imobiliária – a verdade é que nada disso representa o verdadeiro segredo de nossa inacreditável prosperidade. O que levou esta companhia tão longe, e tão depressa, foi a relação que nós, seus diretores, pudemos desfrutar com os nossos associados. E como "associados" entendemos os empregados em nossas lojas, nos centros de distribuição e nos caminhões, e que geralmente recebem um salário pelo seu duro trabalho. O nosso relacionamento com os associados é uma sociedade no sentido mais exato da palavra. É a única razão pela qual a nossa companhia foi capaz de superar sempre o desempenho dos concorrentes – e até mesmo as nossas próprias expectativas.

Eu gostaria de lhes dizer que essa associação foi parte de meu plano geral desde o começo, que ainda jovem tive uma espécie de visão de uma grande companhia de varejo na qual todos os empregados teriam um interesse no negócio. Que eu imaginei que teriam a oportunidade de participar de muitas das decisões relativa à lucratividade da empresa. Gostaria de lhes dizer que desde o início nós pagamos os nossos empregados melhor do que qualquer outra companhia pagava os seus, e os tratamos como iguais. Gostaria de lhes dizer tudo isso, mas infelizmente não seria verdade.

No começo eu era tão econômico que realmente não pagava muito bem os meus empregados. Os diretores estavam bem. Desde a época em que começamos a nos ramificar num número cada vez maior de lojas, sempre tivemos sociedade com os diretores de loja. Aquelas pessoas de quem já lhes falei, como Willard Walker, Charlie Baum e Charlie Cate, todos tiveram participação nos lucros de suas lojas, desde o começo. Mas nós realmente não fizemos muito pelos empregados, a não ser pagar-lhes um salário, e creio que era o mínimo que se podia dar na época. Para ser justo comigo mesmo, devo dizer que era essa mais ou menos a situação do varejo naquela época, especialmente o setor independente que trabalhava com lojas de miudezas, ou bazares.

CHARLIE BAUM

"Quando assumi a loja de Fayetteville, que deve ter sido em maio de 1955, Saro estava pagando às moças 50 centavos a hora. Depois que o primeiro cheque de pagamento foi emitido, eu pensei sobre isso e decidi que não era bastante. Na semana seguinte aumentei-as para 75 centavos a hora, e recebi um telefonema de Sam. Ele disse: 'Charlie, nós não damos aumentos de 25 centavos por hora. Nossos aumentos são de cinco centavos por hora.' Mas eu não diminuí. Fiquei com os 75 centavos porque aquelas moças estavam fazendo jus a eles. Nós éramos uma loja de grande movimento para a época, ganhando bastante dinheiro."

Não me lembro de ter sido assim tão econômico, mas creio que Charlie tem mais ou menos razão. Não pagávamos muito. Não que eu fosse intencionalmente insensível. Eu queria que todos se saíssem bem por si mesmos. Mas é que nos primeiros tempos de atividade comercial eu era tão ferrenhamente competitivo, e estava tão decidido a vencer, que me tornei cego para a verdade mais fundamental, realmente o princípio que mais tarde se tornou a base do sucesso do Wal-Mart. Qualquer que seja a distribuição dos custos no ramo do varejo, a folha de pagamento é uma das partes mais importantes das despesas gerais, e tais despesas são as coisas mais cruciais que temos de combater, para manter a margem de lucro. Isso era verdade naquela época, e continua sendo até hoje. Mas eu estava tão obcecado em obter uma margem de lucro de 6% ou mais que desconheci algumas das necessidades básicas de nossos associados, e sinto remorsos por isso.

A verdade maior que não consegui ver acabou sendo outro paradoxo – como o princípio das vendas de promoção, segundo o qual quanto menos se cobra, mais se ganha. Esse paradoxo é o seguinte: quanto mais partilha o lucro com seus associados quer seja em salários, incentivos, bônus ou descontos nas mercadorias – mais lucro terá a companhia. Por quê? Porque a maneira pela qual a companhia trata os seus associados é exatamente a maneira pela qual estes tratarão os clientes. E se os associados os tratarem bem, os clientes voltarão com freqüência, e é *nisso* que está o verdadeiro lucro em nosso negócio, e não em tentar atrair estranhos à loja para uma única compra, com base em liquidações espalhafatosas ou anúncios caros. Clientes satisfeitos, fiéis, freqüentes estão na essência das espetaculares margens de lucro do Wal-Mart, e eles nos são fiéis porque nossos associados os tratam melhor do que os vendedores de outras lojas. Assim, em todo o esquema do Wal-Mart, o contato mais importante é o que se faz entre o nosso associado na loja e o cliente.

Eu não percebi isso durante muito tempo. O único arrependimento em toda a minha carreira comercial é o de não termos incluído nossos associados no plano inicial de participação nos lucros, destinado apenas aos diretores, quando abrimos ao público o capital da companhia, em 1970. Mas ninguém, naqueles dias, pregava essa filosofia e acho que eu estava preocupado demais com as minhas dívidas, e com pressa demais de chegar logo a algum lugar. Hoje, alguns dos críticos da nossa companhia querem fazer crer que criamos nosso programa de participação nos lucros, e outras vantagens, apenas para afastar os sindicatos. A versão tradicional do que aconteceu é que o Sindicato dos Empregados no Varejo organizou uma greve contra nós, quando abrimos a loja nº 20, em Clinton, Missouri, e outra quando abrimos a loja nº 25, em México, Missouri, e que como resposta a esses problemas iniciamos todos esses programas para afastar os sindicatos.

Tal versão só é verdadeira em parte. Tivemos realmente problemas trabalhistas naquelas duas lojas, e lutamos contra os sindicatos legalmente, na mesa de negociações – e ganhamos. Na verdade, nunca perdemos uma eleição organizadora de um sindicato. Mas a idéia de participação nos lucros e benefícios surgiu antes mesmo de nos tornarmos uma sociedade anônima, e veio não de mim, mas de Helen.

HELEN WALTON

"Estávamos fazendo uma viagem, indo de carro para algum lugar, e falávamos do alto salário que Sam estava recebendo, e sobre todo o dinheiro e benefícios que estava pagando aos diretores da companhia, a fim de manter seu pessoal de cúpula. Ele explicou que o pessoal das lojas não tinha direito a esses benefícios, e acho que foi a primeira vez que compreendi que a companhia fazia muito pouco por eles. Disse a Sam que se essas pessoas não estivessem conosco, a alta administração também não duraria muito. Lembro-me disso porque não compreendeu realmente meu ponto de vista, naquela época. Mais tarde, pude ver que estava pensando sobre ele e, quando o aceitou, foi sinceramente."

É possível que as nossas escaramuças com o Sindicato dos Empregados no Varejo e alguns outros – sindicatos da construção nos locais de construção de nossos prédios, e dos motoristas nos nossos centros de distribuição – contribuíram para apressar nossas reflexões nessa direção. Os sindicatos, que parecem não gostar muito de nossa companhia – talvez porque nunca tivessem sorte ao tentarem organizar-se dentro dela – querem que todos acreditem que foram eles a única razão pela qual fizemos alguma coisa boa para qualquer um dos nossos empregados. A verdade é que quando começamos a pensar em tratar nossos associados como sócios, não foi necessário muito tempo para que compreendêssemos o potencial que havia nessa política para a melhoria de nosso negócio. E não foi necessário muito tempo para que os nossos associados compreendessem que estariam muito melhor se a companhia prosperasse.

Eu tive sempre a forte convicção de que não precisamos de sindicatos no Wal-Mart. Teoricamente, compreendo o argumento por eles apresentado, de que os empregados precisam de alguém que os represente, e assim por diante. Mas historicamente, tal como se desenvolveram nos Estados Unidos, os sindicatos têm sido principalmente divisivos. Eles colocam a direção de um lado da cerca, os empregados do outro, e ficam no meio, quase que com uma função à parte, que depende da divisão entre os dois outros campos. E a divisão, interrompendo a comunicação direta, torna mais difícil tratar bem aos clientes, ser mais competitivo e conquistar maior fatia do mercado. A sociedade que temos no Wal-Mart – que inclui participação nos lucros, bônus de incentivo, planos de compras com abatimento, e um esforço sincero para que os associados participem do negócio, a fim de que possamos trabalhar todos juntos – funciona melhor para os dois lados do que qualquer situação envolvendo sindicatos, que seja do meu conhecimento. Não estou dizendo que pagamos melhor, embora sejamos certamente competitivos em nosso ramo e nas regiões onde operamos: temos de ser, se quisermos atrair gente boa. Mas, a longo prazo, nossos associados se valorizam por si mesmos – financeiramente e de outros modos – acreditando na companhia e mantendo-a voltada para a direção certa. Juntos, nós conseguimos levá-la bem longe.

Por outro lado, quero dizer uma coisa: sempre que tivemos problemas reais, ou a possibilidade séria de que um sindicato entrasse na companhia, foi porque a administração falhou, porque não ouvimos os nossos associados, ou porque os tratamos mal. Acho que sempre que os empregados de uma companhia dizem que precisam de um sindicato, é porque a administração fez um mau trabalho com seu pessoal. Em geral, o problema pode ser localizado diretamente com o que acontece no nível do supervisor de linha – alguma coisa estúpida que algum supervisor faz, ou alguma coisa de bom que ele, ou ela, deixa de fazer. Foi esse o nosso problema em Clinton e em México. Nossos diretores não ouviram. Não foram tão abertos com seu pessoal quanto deviam. Não se comunicaram com eles, não compartilharam com eles e, em conseqüência, tivemos problemas.

Combatemos essas situações usando métodos bastante tradicionais. Contratamos um bom advogado trabalhista, John Tate, que ganhou muitas batalhas de organização sindical no decorrer dos anos, e que acabou ingressando na companhia. Seus conselhos me ajudaram a decidir, com maior determinação ainda, a modificar as relações entre a administração e os associados do Wal-Mart: tome conta do seu pessoal, trate-o bem, seja envolvente com eles, e não gastará todo o seu tempo e dinheiro contratando advogados trabalhistas para lutar contra os sindicatos. Logo depois daqueles confrontos, John nos ajudou a realizar um seminário administrativo no balneário de Tant-Tar-A em Missouri, e pouco depois disso lançamos um programa chamado "Nós Cuidamos", destinado a transmitir a todos os associados que, quando tivessem problemas, queríamos que procurassem a administração e nos dessem a oportunidade de resolvê-los. Nossa mensagem foi: "Sim, somos uma companhia não-sindicalizada, mas acreditamos que somos mais fortes por isso. E porque você é nosso sócio, temos uma porta aberta, e ouvimos o que tem a dizer, e juntos podemos resolver os nossos problemas." O sindicato, é claro, argumentaria mais dentro da linha do "Veja, nós lhe podemos conseguir um aumento de três dólares a hora. Por que não entra em greve?".

Tem havido toda espécie de debate sobre as razões que nos levaram a chamar os nossos empregados de "associados", e todos merecem crédito por isso. Eu não sei. Talvez tenham razão. Mas pelo que me recordo, foi bastante simples. Em primeiro lugar, na minha época, James Cash Penney tinha chamado seus empregados de "associados", e creio que sempre tive aquela idéia no fundo da mente. Mas a idéia de tentar isso no Wal-Mart realmente me ocorreu durante uma viagem à Inglaterra.

HELEN WALTON

"Estávamos em férias de tenistas na Inglaterra. Tínhamos ido ver Wimbledon. Certo dia estávamos andando por uma rua em Londres, e Sam, é claro, parou para ver uma loja – ele sempre pára para olhar as lojas onde quer que estejamos – em qualquer lugar do mundo, não importa. Nessa mesma viagem perdemos muitas coisas na Itália, quando ladrões arrombaram o carro enquanto ele olhava uma grande loja de ofertas. De qualquer modo, ele parou nessa companhia varejista inglesa, e lembro-me que disse: 'Veja aquele cartaz. É o que devíamos fazer.'"

Era a Lewis Company, Associação J. M. Lewis. Tinham uma sociedade com todos os seus associados relacionados no cartaz. Por alguma razão a idéia realmente me entusiasmou: uma sociedade com todos os nossos associados. Logo que voltamos para casa, começamos a chamar os trabalhadores de nossas lojas de "associados", em lugar de empregados. Isso pode não parecer nada de mais a algumas pessoas, e estão certas. Não teria significado nada se não adotássemos outras medidas para tornar real a expressão, para fazer dela alguma coisa mais do que palavras bonitas. A decisão, mais ou menos na mesma época, de nos comprometermos a dar aos nossos associados um tratamento mais justo na companhia foi sem dúvida a mais inteligente medida isolada que já tomamos no Wal-Mart.

Em 1971 demos o nosso primeiro grande passo: corrigimos meu erro do ano anterior e começamos um plano de participação nos lucros para todos os associados. É a medida de que mais me orgulho, por várias razões. A participação nos lucros tem sido a cenoura que mantém o Wal-Mart caminhando para a frente. Todos os associados da companhia que estão conosco há pelo menos um ano, e que trabalham pelo menos mil horas anuais, podem participar. Usando uma fórmula baseada no crescimento do lucro, contribuímos com uma percentagem do salário de cada funcionário para o seu plano, que ele pode levar quando deixa a companhia seja em dinheiro ou em ações do Wal-Mart. Não há nada de excepcional na estrutura desse plano. É do seu desempenho que tanto me orgulho. Nos últimos 10 anos, a companhia contribuiu com uma média de 6% dos salários para esse plano. No ano passado, por exemplo, a contribuição do Wal-Mart foi de 125 milhões de dólares. As pessoas que administram o plano de participação nos lucros – e entre elas está uma comissão de associados – escolheram, ano após ano, investir os seus recursos principalmente em ações do Wal-Mart, de modo que a coisa cresceu de maneira incrível, coletivamente e nas contas individuais de muitos dos associados.

Hoje, no momento em que escrevo, o plano de participação nos lucros dispõe de um fundo de 1,8 bilhão de dólares – ações da companhia que pertencem aos nossos associados e sócios.

BOB CLARK, MOTORISTA DE CAMINHÃO DO WAL-MART, BENTONVILLE, ARKANSAS

"Fui trabalhar para o sr. Walton em 1972, quando ele tinha apenas 16 tratores em atividade. No primeiro mês, compareci a uma reunião de segurança dos motoristas, às quais ele sempre esteve presente. Éramos cerca de 15 motoristas ali, e nunca me esquecerei, ele disse: 'Se vocês ficarem comigo durante 20 anos, garanto-lhes que terão 100 mil dólares em participação nos lucros.' Eu pensei: 'Grande coisa. Bob Clark jamais verá tanto dinheiro em sua vida.' Eu estava preocupado com o que ganhava naquele momento. Bem, da última vez que verifiquei, eu tinha 707 mil dólares em participação nos lucros, e não vejo razão pela qual essa soma não aumente. Comprei e vendi ações durante esses anos, e usei esse fundo para melhorar minha casa e adquirir muitas coisas. Quando as pessoas me perguntam se gosto de trabalhar para o Wal-Mart, eu lhes conto que trabalhei para outra companhia grande durante 13 anos – já ouviram falar dela – e saí com 700 dólares. Depois lhes conto sobre a minha participação nos lucros e lhes pergunto: 'Como acham que me sinto no Wal-Mart?'"

GEORGIA SANDERS, FUNCIONÁRIA APOSENTADA DO WAL-MART Nº 12, CLAREMORE, OKLAHOMA

"Comecei em abril de 1968 e trabalhei como chefe do departamento de máquinas fotográficas, eletrônicas e aparelhos pequenos. No início eu ganhava 1,65 dólar por hora, salário mínimo. Em 1989, quando me aposentei, estava ganhando 8,25 dólares por hora. Recebi 200 mil dólares de participação nos lucros quando deixei a companhia, e nós investimos muito bem essa soma, creio. Viajamos muito, compramos um carro novo e ainda temos mais dinheiro do que quando começamos. Com o tempo, comprei e vendi algumas ações do Wal-Mart, e deram muitos filhotes. Comprei uma casa para minha mãe com parte desse dinheiro. Para mim, o Wal-Mart é um grande lugar para se trabalhar."

JOYCE MCMURRAY, INSTRUTORA DISTRITAL DA LOJA WAL-MART Nº 54, EM SPRINGDALE, ARKANSAS

"Eu vivo e respiro Wal-Mart. Sam dá sempre muito aos associados. Quero dar o máximo que puder em troca. Recebi dele, pessoalmente, a minha condecoração por 15 anos de serviços. Descontei o máximo do meu pagamento para comprar ações, e também comprei algumas, fora da companhia. Vocês não podem imaginar como a minha participação nos lucros aumentou. Este ano, ela equivale a 475 mil dólares. Eu tinha planejado aposentar-me este ano, pegar minhas coisas e dar o fora. Mas tenho apenas 40 anos, e resolvi continuar aqui por mais algum tempo. Não tenho certeza do que faremos com o dinheiro. É para a aposentadoria, é certo. Mas acho que também compraremos um piano e talvez algum dia construiremos a casa com que sonhamos. Mas guardo essas ações há muito tempo."

JEAN KELLEY, ASSOCIADA DO ESCRITÓRIO GERAL, ONDE SUPERVISIONA SEGUROS DE CARGAS

"Cresci numa fazenda em México, Missouri, e fui trabalhar na loja nº 25, ali, quando tinha 20 anos. Quando vim para Bentonville, havia nove pessoas no departamento de tráfego, e agora somos 61. Meu irmão tentou me convencer a deixar o emprego, no começo. Ele disse que eu podia trabalhar em qualquer outro lugar e ganhar mais por hora. Bem, em 1981 eu tinha 8 mil dólares em participação nos lucros. Em 1991, tinha 228 mil. Eu disse ao meu irmão que se me mostrasse algum outro lugar para onde eu pudesse ir e conseguir a mesma coisa, eu trocaria de emprego. Quando se tem fé nesta companhia, é espantoso como a lealdade é recompensada. Estou muito satisfeita por ter ficado nela. Meu dinheiro vai poder mandar minha filha, Ashley, para a universidade."

São palavras de alguns dos meus sócios, e percorremos juntos um longo caminho. Mais ou menos na mesma época em que iniciamos o plano de participação nos lucros criamos vários outros programas de associação financeira. Temos um plano de compra de ações pelos empregados que concede descontos de 15% sobre o valor de mercado desses títulos, que podem ser pagos através de descontos parcelados do salário. Hoje, mais de 80% de nossos associados têm ações do Wal-Mart, seja através da participação nos lucros, seja comprando-as por iniciativa própria, e pessoalmente acredito que os outros

20% ainda não têm condições para participar do plano, ou não estão conosco o tempo suficiente. Com o passar dos anos, tivemos também vários incentivos e bônus para manter a participação dos associados em nossos negócios, como sócios.

Um dos bônus que mais êxito teve foi o do nosso plano de incentivo de reduções, que justifica o princípio da participação melhor do que qualquer outro, com exceção da participação nos lucros. Como vocês talvez saibam, a redução, ou quebras de estoque não explicadas – roubo, em outras palavras – é um dos maiores inimigos da lucratividade no ramo do varejo. Por isso, em 1980 concluímos que a melhor maneira de controlar o problema era dividir com os associados qualquer lucratividade que a companhia ganhasse, reduzindo o furto. Se uma loja mantém a redução abaixo da meta fixada pela companhia, cada associado naquela loja recebe um bônus que pode chegar a 200 dólares. É uma espécie de informação competitiva, mas posso assegurar-lhes que o percentual de redução é de metade do registrado na indústria, em média. E além disso, o plano ajuda nossos associados a se sentirem melhor em suas relações mútuas e consigo mesmos. A maioria das pessoas não gosta de roubos, mesmo os que os praticam quando têm a oportunidade. E a maioria dos associados não gosta de pensar que está trabalhando ao lado de alguém que rouba. Assim, num plano como esse, onde a honestidade é recompensada diretamente, há um incentivo real para evitar que se fechem os olhos para os clientes que possam furtar alguma coisa, ou pior ainda, para deixar que colegas de trabalho caiam nessa armadilha. Todos os que trabalham numa loja se tomam participantes do esforço de acabar com as perdas, e quando conseguem, eles – juntamente com a companhia da qual já são acionistas – participam da recompensa.

Tudo isso parece muito simples. E as teorias realmente são básicas. Nada disso leva a uma verdadeira sociedade, a menos que a administração compreenda a importância dos associados para todo esse processo, e o execute sinceramente. Palavras apenas não criam uma verdadeira sociedade – nem mesmo com a participação nos lucros. Muitas companhias oferecem algum tipo de participação, mas não criam nenhum sentimento de associação com os seus empregados, porque não acreditam realmente que estes sejam importantes, e não tentam liderá-los. Hoje em dia, o verdadeiro desafio para os diretores num negócio como o nosso é ser o que chamamos de líder dos servidores. E quando isso acontece, a equipe – o diretor e os associados – podem realizar qualquer coisa.

Muita gente previu que o Wal-Mart perderia sua vantagem quando encontrasse os duros desafios dos ambientes realmente urbanos. Supunha-se que a nossa abordagem não funcionaria em áreas com cidadãos que perderam seus direitos e pessoas desprivilegiadas, que nunca foram vencedoras. O Wal-Mart não pode chegar àqueles que foram ladrões, e que não têm muito do que se orgulhar em suas vidas. Mas quero lhes falar de uma visita que fiz a uma loja perto de Dallas, há alguns anos: a loja nº 880, em Irving, Texas. Essa loja tinha um pessoal, e clientes, muito jovens e de uma etnia variada. E nosso diretor ali estava fazendo um péssimo trabalho com seu pessoal. Creio que ele talvez tenha dito para si mesmo: "Bem, eles são jovens, são pobres, brancos, negros e mexicanos, e certamente vão roubar, e eu nada posso fazer." Por isso, não estava sendo um líder do pessoal.

Essa loja estava indo pior do que qualquer outra loja Wal-Mart que já vi. Tinha o mais alto índice de quebra do estoque – cerca de 6%, que para nós era coisa inédita. Estava perdendo mais de meio milhão de dólares por ano, e achamos que deveria ser fechada. Mas tínhamos um sujeito fabuloso, chamado Ed Nagy, que era então diretor distrital. Ed é uma pessoa que está sempre pisando nos calos de alguém, ou violando alguma regra. Está sempre com problemas, gosta de tentar coisas novas e, tenho de reconhecer, lembra-me um pouco de como eu era quando jovem. Ele foi àquela loja, conversou com o diretor, e começou a treinar os chefes de departamento. Estabeleceu algumas metas realistas para aquelas pessoas. E começou a ter com elas palestras motivacionais, explicando que somos diferentes das outras companhias, e que estavam realmente perdendo alguma coisa ao não participar.

Descobriu então que os associados estavam roubando descaradamente por toda a loja, e deixando os clientes roubar também, porque ninguém impusera controles. Ninguém verificava as devoluções de dinheiro. Ninguém controlava as mercadorias reservadas com sinal. Ninguém fiscalizava sequer as caixas registradoras. Quem quisesse roubar sabia que não seria apanhado. Começaram então a fazer todo esse controle, e começaram a falar de integridade, e de melhorar as vendas. Dentro de um ano e meio essa loja estava totalmente mudada. A quebra de estoque foi reduzida para 2%. Começou a dar lucro, e quando a fui visitar tive um dos momentos de maior orgulho em 40 anos de visitas a quase duas mil lojas. Foi um trabalho incrível de um motivador orientado para a ação e para o pensamento adequado, que superou uma situação horrível.

E por que isso funcionou? Bem, entre outras coisas, Nagy – o diretor distrital – tirou vários chefes de departamento daquela loja, para longe do ambiente de derrotismo, e os colocou em contato com algumas das pessoas das lojas bem-sucedidas em seu distrito. Fizeram uma reunião durante um fim de semana, para falar de seus departamentos, com a participação daquelas pessoas. Depois, ele pediu que fixassem as suas próprias metas. E talvez, quando estavam almoçando com aqueles vencedores de outras lojas, tivessem começado a sonhar um pouco e a pensar em como poderiam melhorar a situação em que estavam envolvidos. Nagy e outros diretores falaram sobre os números e começaram a mostrar como suas tarefas e decisões estavam relacionadas com esses números, razão pela qual se preocupavam com os níveis de venda, e não apenas ficavam ali parados. Começaram a aprender um pouco sobre a comercialização.

Mas vem agora a melhor parte. Quando esses chefes de departamento impuseram controles para tentar conter o roubo, começaram a examinar todas as caixas vazias que saíam pela porta dos fundos. Um dia encontraram uma caixa grande – de um baby buggy – que tinha dentro o equivalente a 400 dólares em fitas magnéticas, e pegaram o sujeito na porta, com ela. Realizaram uma reunião na manhã seguinte e o diretor falou sobre a mulher que descobriu a caixa e pegou o ladrão, e ela foi considerada uma heroína. Recebeu uma grande salva de palmas. A cultura estava se transformando, ali, num curto período de tempo. Aprendi cedo, no ramo de lojas de variedades, que é preciso dar responsabilidade às pessoas, é preciso confiar nelas, e depois, fiscalizá-las.

É certo que temos mais dificuldades nas cidades grandes com nossa abordagem. Temos mais trabalho em encontrar pessoas educadas que queiram trabalhar em nosso ramo de atividades, ou pessoas do caráter moral e da integridade adequados. Os moradores de cidades pequenas em Iowa e Mississippi estão mais dispostos a trabalhar pelo que lhes podemos pagar do que as pessoas de Houston, de Dallas ou de St. Louis. E, sim, é mais provável que nossa filosofia seja aceita no interior do que nas cidades grandes. Mas quero dizer-lhes uma coisa: um diretor inteligente, motivador, pode fazer funcionar o que alguns estranhos chamam de a mágica do Wal-Mart com pessoas de qualquer lugar. Pode precisar de mais tempo. Pode ser necessário escolher entre mais pessoas, e pode ser necessária maior habilidade nas contratações. Mas eu realmente acredito que as pessoas de qualquer lugar acabarão respondendo aos mesmos tipos de técnicas de motivação que empregamos, se forem tratadas de maneira certa e tiverem as oportunidades de um treinamento adequado. Se formos bons para as pessoas, justos com elas, e exigentes, elas acabarão percebendo que estamos do seu lado.

E quero dizer-lhes mais: o Wal-Mart não é um grande sucesso apenas porque crescemos no interior, onde as pessoas são naturalmente amigas e, portanto, são grandes funcionárias de lojas de varejo. É certo que temos muitos associados bons do interior, mas eles tiveram de assimilar a nossa cultura e aprender o trabalho do varejo, tal como todos os outros, e gastamos muito tempo ensinando muitos deles a superar a sua timidez natural e aprender a falar e a ajudar nossos clientes. Por isso, acho que algumas pessoas fora da nossa companhia estão dando uma ênfase um pouco excessiva à qualidade supostamente baixa dos trabalhadores da cidade, esquecendo que certos diretores fracassam na sua tarefa de colocar esses trabalhadores no caminho certo. Anos atrás, se não tivéssemos nos saído tão bem, essas pessoas poderiam ter dito que era impossível construir um império do varejo na América das pequenas cidades, porque não seria possível conseguir ali uma força de trabalho bastante sofisticada.

Outro ingrediente importante na sociedade do Wal-Mart tem sido, desde o início, a nossa disposição; bastante incomum, de divulgar aos nossos associados a maioria dos números relacionados com nosso negócio. É a única maneira de fazer com que realizem suas tarefas com o melhor de sua capacidade – saber o que está acontecendo em seu negócio. Se eu demorei um pouco a aceitar a idéia da participação nos lucros, ainda assim fomos dos primeiros no setor varejista – e estamos ainda muito à frente de quase todos – a dar força aos nossos associados, administrando nosso negócio praticamente como um livro aberto. Eu sempre disse ao pessoal das lojas o que estava acontecendo com os números. Mas depois que resolvemos agir como uma sociedade, formalizamos muito mais a divulgação de informações.

Dividir informações e responsabilidades é a chave de qualquer sociedade. Isso faz com que as pessoas se sintam responsáveis e participantes, e na medida em que nos tornamos maiores, tivemos realmente de aceitar a divulgação de nossos números para o resto do mundo, como conseqüência do cumprimento de nossa filosofia. Tudo que nos diz respeito é divulgado fora da companhia. Os lucros, as compras, as vendas e os descontos de preços de cada loja individual são divulgados ao seu pessoal. Mostramos isso regularmente, e não me refiro apenas aos diretores e seus assistentes. Essas informações são divulgadas a todos os associados, a todos os empregados das lojas, quer ganhem por hora ou trabalhem meio-expediente. Obviamente, parte dessas informações chega ao público em geral. Mas acredito que o valor de sua divulgação aos nossos associados é muito maior do que qualquer aspecto negativo que possa haver na sua divulgação fora da companhia. Isso não parece nos ter prejudicado muito. E, na verdade, li recentemente que aquilo que sempre fizemos é parte de uma das grandes tendências novas na economia, hoje: divulgar, e não esconder, as informações.

Tudo o que sei é que nada jamais me faz sentir melhor do que quando visito uma loja, e uma chefe de departamento se aproxima, orgulhosa, e mostra-me todos os seus números e me diz que é a número cinco na companhia, mas pretende ser a número um no próximo ano. Adoro encontrar todos esses comerciantes que temos em nossas equipes nas lojas. Quando me mostram uma gôndola que encheram de carvão, ou óleo de criança, ou merendeiras, e me dizem que escolheram esses artigos devido à sua alta margem de lucro, e depois se gabam do volume de vendas que obtiveram com aquele artigo, fico tão orgulhoso deles que quase não agüento. Digo isso sinceramente. É o meu momento de maior orgulho. Porque se nós, como diretores, realmente nos empenharmos em transmitir aquela emoção da comercialização – a emoção de comprar e vender alguma coisa por lucro a todos os nossos associados-sócios, nada poderá jamais nos deter.

BERNIE MARCUS, PRESIDENTE E CO-FUNDADOR, HOME DEPOT

"Temos uma grande afinidade com Sam e o Wal-Mart devido à maneira pela qual tratam o seu pessoal. Ele é um grande motivador. Mas os incentivos financeiros também contribuíram muito. Modelamos o nosso plano de propriedade de ações pelos empregados sobre o plano de Sam, e funcionou também para nós.

Vemos a sua organização – com quase 400 mil pessoas – e entramos nela, e são todos sorrisos. Ele provou que as pessoas podem ser motivadas. A montanha está ali, mas alguém mais tem de escalá-la.

Mas se perguntam ao Sam como vão os negócios, ele não está nunca satisfeito. Diz: 'Bernie, as coisas estão realmente horríveis. Nossas linhas são demasiado longas. Nosso pessoal não está colaborando bastante. Não sei o que fazer para motivá-los.' Mas se perguntarmos a algum desses diretores-executivos de outras organizações varejistas, que sabemos estar na iminência de fechar as portas, eles se gabarão e dirão que as coisas estão ótimas. Assumem ares. Isso não acontece com Sam. Ele tem os pés no chão e sabe quem é.

Sem qualquer dúvida, Sam Walton é um dos grandes comerciantes de todos os tempos. Ponto."

Manter tantas pessoas motivadas para fazer o melhor trabalho possível exige muitos dos programas e abordagens diferentes que desenvolvemos no Wal-Mart no decorrer dos anos, mas nenhum deles funcionaria sem uma coisa simples, que une tudo: a apreciação. Todos nós gostamos de elogios. Por isso, o que tentamos fazer em nossa companhia é procurar coisas para elogiar. Coisas que estão funcionando bem. Queremos que nosso pessoal saiba quando está fazendo alguma coisa muito bem, e lhes mostramos que são importantes para nós.

Não podemos elogiar alguma coisa que não está bem-feita. Não podemos ser insinceros. Temos de fiscalizar as coisas que não foram bem-feitas. Não há nada que substitua a sinceridade para com os outros, e a franqueza de lhes dizermos que não fizeram um bom trabalho. Todos nós lucramos com as correções – se formos corrigidos de maneira positiva. Mas não há melhor maneira de levar as pessoas a fazer as coisas da maneira certa do que mostrar-lhes o quanto apreciamos o seu desempenho. Se fizermos essa coisa simples, a natureza humana se sentirá recompensada.

ANDY SIMS, DIRETOR, WAL-MART Nº 1, ROGERS, ARKANSAS

"Quando comecei a trabalhar no Wal-Mart no Texas Ocidental, esperávamos a visita do presidente com a mesma emoção que se espera o encontro com um grande atleta, ou uma estrela de cinema, ou um chefe de Estado. Mas quando ele chegava na loja, o sentimento de respeito era superado por uma espécie de afinidade. Ele é um mestre em apagar aquele sentimento de 'grandeza' que as pessoas têm em relação a ele. Quantos chefes de Estado sempre começam a conversa querendo saber o que *você* pensa? O que você acha?

Depois de uma visita, todos na loja não têm dúvidas de que ele aprecia sinceramente a sua contribuição, por mais insignificante que seja. Todo associado sente que ele, ou ela, faz uma diferença. É quase como se o nosso melhor amigo passasse para saber se estamos bem. Ele nunca nos decepciona."

Há mais um aspecto numa sociedade de verdade que vale a pena mencionar: executivos que se mantêm distantes de seus colaboradores, que não os ouvem quando têm um problema, jamais poderão ser seus sócios autênticos. Com muita freqüência, esta é uma parte exaustiva, e por vezes frustrante, do processo de administração, mas as pessoas que ficam de pé o dia inteiro, abastecendo as prateleiras ou empurrando carrinhos de mercadorias do depósito, também ficam exaustas e frustradas, e ocasionalmente preocupadas com problemas que não podem esquecer enquanto não o dividem com alguém que julguem estar em condições de encontrar uma solução. Assim, mesmo sendo grandes, temos realmente tentado manter uma política de porta aberta no Wal-Mart.

DAVID GLASS

"Quem já passou algum tempo no Wal-Mart terá notado que não é raro que alguém em Filadélfia, Mississippi, tenha o impulso de tomar a sua caminhonete e dirigir até Bentonville, onde veremos essa pessoa sentada na sala de espera, aguardando pacientemente para ver o presidente. Ora, realmente, quantos presidentes de companhia de 50 bilhões de dólares você conhece que são totalmente, 100% acessíveis aos seus subalternos? Conheço muita gente em companhias grandes que jamais viram o presidente, e muito menos falaram com ele."

Isso nem sempre significa que eles gostam do que tenho a dizer. Nem sempre resolvo problemas, nem sempre fico do lado deles apenas porque trazem sua situação ao meu conhecimento. Mas se o associado tem razão, é importante que sua razão predomine sobre o diretor, ou quem quer que esteja criando o problema, porque se assim não for, a política de porta aberta não serve para ninguém. Os associados saberão logo que são apenas palavras, que não temos realmente a intenção de adotar tal política. Se eu vou voar por todo o país dizendo a essas pessoas que são meus sócios, sem dúvida o mínimo que lhes devo é ouvi-las quando estão aborrecidas com alguma coisa.

DEAN SANDERS, VICE-PRESIDENTE EXECUTIVO DE OPERAÇÕES, WAL-MART

"Sempre senti que para Sam o pessoal das lojas – os diretores e os associados – são os reis. Ele os ama. E não há dúvida de que eles sabem que têm uma porta aberta com Sam. Ele vai visitar as lojas e quando volta me chama e diz: 'Dê a esse rapaz uma loja para dirigir. Ele está pronto.' Se eu manifesto alguma preocupação quanto à experiência dessa pessoa, ou qualquer outra coisa, Sam diz: 'Dê-lhe uma loja, mesmo assim. Vamos ver como se sai.' Uma outra coisa, é claro que ele não tem absolutamente nenhuma tolerância com diretores que tratam mal os associados, nas lojas. Quando ele descobre alguma coisa assim, nos cobra isso imediatamente."

Vocês vêem, portanto, que quando dizemos que o Wal-Mart é uma sociedade, realmente acreditamos nisso. A sociedade envolve dinheiro – crucial para qualquer relação de negócios – mas também considerações humanas básicas, como respeito. O Wal-Mart é um exemplo espetacular do que acontece quando 400 mil pessoas se juntam como um grupo, com um sentimento autêntico de sociedade, e são capazes, em sua maioria, de colocar as necessidades de seus egos individuais depois das necessidade de sua equipe.

Capítulo 10

DANDO UM PASSO ATRÁS

"'Heeeiii, Maggie!', grita Sam da cabine do seu caminhão. 'Vem até aqui!' No alto, o amigo de Sam, Royce Beall, dono de uma loja de departamentos de Jacksonville, Texas, ri. 'Ouçam o Sam berrando', diz ele. 'Não adianta, mas ele grita assim o dia inteiro.'"

SOUTHPOINT *magazine*
fevereiro de 1990

TENHO DE RECONHECER QUE, no transcorrer do ano de 1974, nós estávamos muito satisfeitos com as nossas realizações. Quaisquer que fossem os padrões de avaliação, tínhamos criado uma boa cadeia de lojas de promoções, com pouco menos de 100 Wal-Marts abertos em oito estados. Estávamos com vendas de quase 170 milhões de dólares, com mais de 6 milhões de lucro. As ações tinham sido desmembradas duas vezes, e tínhamos entrado para a Bolsa de Valores de Nova York. Todos estavam participando dos lucros, já então, e por isso toda a companhia se sentia estimulada. Wall Street estava aceitando a nossa estratégia e quaisquer que fossem as restrições que alguém lá de cima pudesse ter formulado a meu respeito, eles pareciam ter em alta conta Ron Mayer e o resto da equipe administrativa que montáramos. Aos 56 anos, eu não tinha mais dívidas. Minha fortuna pessoal era bem maior do que jamais pude imaginar que viria a ser, quando me iniciei no ramo de varejo. Nossos filhos tinham terminado a universidade e começavam a ter vida própria. Realmente não sei o que mais eu poderia esperar da vida, razoavelmente.

Se até agora dei a impressão de que o Wal-Mart ocupou durante esse tempo a maior parte de minha energia competitiva, isso não é totalmente exato. Eu dei vazão também às minhas outras paixões, principalmente a caça da codorna e o tênis – e o fiz de maneira muito competitiva. Muitos homens de negócios preferem o golfe, mas ele sempre me pareceu "country club" demais, consumia tempo demais e não era realmente tão competitivo quanto o tênis, vocês sabem, toma lá e dá cá, frente a frente.

HELEN WALTON

"Quando nos conhecemos, Sam jogava golfe, mas ficava terrivelmente frustrado quando cometia erros. Certa vez, quando estava no Exército, foi jogar com alguns oficiais, e creio que o coronel deles também estava naquele dia. Sam mandou a bola para o mato. Ficou tão irritado que quebrou o taco contra uma árvore. Voltou para casa naquele dia, jogou seus tacos no chão e disse: 'Estou cheio do golfe.' Depois disso, ficou principalmente com o tênis."

Eu levava minha raquete comigo sempre que voava, e tinha amigos para jogar quando chegava às diferentes cidades. Gostava de jogar ao meio-dia, mais ou menos – quando o sol era mais quente – e acho que era muito agressivo. Joguei regularmente desde a época que chegamos a Bentonville até cerca de dois anos atrás, quando minhas pernas já não agüentavam mais.

GEORGE BILLINGSLEY, PARCEIRO DE TÊNIS

"Por cerca de 10 anos, Sam e eu jogamos tênis ao meio-dia, geralmente na quadra da sua casa. Acho que ele gostava de jogar na hora do almoço porque não queria tirar nenhum de seus associados do trabalho para jogar. Na quadra, era um jogador muito competitivo. Estudava o jogo dos adversários, cujos pontos fortes e fracos conhecia tão bem quanto os seus próprios. Se mandávamos a bola para um golpe de frente de Sam, ele marcava um ponto. Dava um golpe cruzado, e pronto.

Gostava muito do jogo. Nunca cedia um ponto, e nunca desistia. Mas é um homem justo. Para ele, as regras do tênis, as regras dos negócios, e as regras da vida são a mesma coisa, e obedece a elas. Apesar de muito competitivo, era um maravilhoso parceiro de tênis – sempre elegante ao perder ou ganhar. Se perdia, dizia: 'Eu não estava bem hoje, mas você jogou maravilhosamente.'"

LORETTA BOSS PARKER, CONHECIDA POPULARMENTE COMO A VICE-PRESIDENTE PARA O TÊNIS

"Se o sr. Walton estava viajando, seu processo para marcar uma partida de tênis era falar pelo rádio com o nosso departamento de aviação quando estava a alguns minutos da aterrissagem, e mandar que me telefonassem, dizendo a hora. Eu recebia a chamada às 11 horas, encontrava um parceiro para ele, e a partida estaria sendo disputada ao meio-dia."

O tênis tornou-se, assim, a minha saída para o esporte competitivo organizado e o exercício. Mas a minha verdadeira paixão, fora do Wal-Mart, sempre foi a caça às aves. É provavelmente a minha única atividade prazerosa. Gostava tanto de caçar que fiz disso parte de minha maneira de fazer negócios, desde muito cedo.

Eu não tinha caçado codornas com freqüência quando jovem, até conhecer o pai de Helen, que levava essa atividade muito a sério. Sempre que estava em Claremore eu gostava de sair para caçar com o sr. Robson, ou os irmãos de Helen, Frank e Nick. O pai dela e eu atirávamos ambos muito bem, acima da média, e competimos muito na caça.

Como eu disse, Bentonville me atraiu porque eu podia aproveitar a temporada de caça da codorna em quatro estados. Durante a temporada, eu geralmente saía quase todos os dias lá pelas três ou quatro horas da tarde, e passava umas duas horas caçando. Tinha um velho carro de caça no qual levava os meus cães, e saía à procura de uma fazenda ou rancho onde eu queria caçar. Aprendi desde cedo que a melhor maneira de ser convidado era pedir permissão e oferecer ao proprietário uma caixa de chocolates da loja, ou, se ele preferisse, uma parte da caça. Eu já cacei por todos esses montes e vales das redondezas.

JOHN WALTON

"Até os seus 65 anos mais ou menos, eu tinha realmente de lutar para acompanhar papai. Eu me considerava em boa forma, mas minha tendência é caminhar, ir devagar, e gozar a vida ao ar livre. Eu o perdia de vista. Ele caçava como Sherman marchou através da Georgia, durante a Guerra Civil."

Quando eu pedia permissão para caçar, sempre me apresentava como Sam Walton, do bazar Sam Walton lá da praça de Bentonville, e isso realmente me ajudava nos negócios. Quando aquela gente do campo vinha à cidade fazer compras, naturalmente preferiam o sujeito que caçava em suas terras e lhes levava doces. Ainda hoje encontro pessoas que me contam que seus pais se lembravam de mim, caçando em suas terras, naquela época. Quando começamos a expandir, eu voava mais e colocava os cachorros no avião, a fim de poder caçar entre as visitas às lojas.

Eu tive momentos muito loucos com esses cães, em viagem. Em geral eu os fazia dormir na mala do carro, mas quando se tratava do Velho Roy, que era na verdade mais um cão de estimação do que de caça, eu deixava que dormisse no quarto comigo – às escondidas do pessoal da Holliday Inn. Certa vez ele brigou com um gambá, e tenho vergonha até mesmo de imaginar o que a pessoa que alugou aquele carro depois de mim deve ter pensado. Eu o segurei pelas pernas traseiras e quase o afoguei tentando lavá-lo no lago, mas descobri que não se lava facilmente o cheiro do gambá que fica no cachorro.

Roy foi provavelmente o perdigueiro mais exageradamente valorizado da história. Não era muito caçador; mostrava os coelhos, por exemplo. Mas os associados e clientes gostavam de vê-lo nas lojas, e quando colocamos seu nome e retrato na ração de cachorro que embalávamos, ela vendeu toneladas. Outra coisa excepcional em Roy: era um grande cão de tênis. Ia comigo para a quadra e ficava deitado ali, e sempre que a bola saía da quadra, passava pela cerca, ou qualquer coisa assim, ele ia buscá-la e trazê-la de volta para mim.

O que me agrada realmente na caça é a coordenação e o treinamento dos cães. Temos de desenvolver uma associação com eles. É preciso motivá-los, e eles têm de fazer o seu trabalho razoavelmente bem.

DO *SOUTHPOINT MAGAZINE*, FEVEREIRO DE 1990

> "'George! Vem cá! Você vai levar um tiro no traseiro, George', diz Sam. Depois, a um companheiro: 'Acho que George poderá ser bom. Ele está caçando. Tem o nariz para o vento e está caçando de um lado para outro. Age como se soubesse o que está fazendo. Talvez não saiba, mas age como se soubesse. Ele apoiou o outro cão, e isso foi puramente instintivo. E para mim, o cachorro tem de ter instintos.'"

Orgulho-me de ser capaz de treinar os meus próprios cães, e nunca tive um tratador, como alguns desses amigos meus. Gosto de pegar filhotes comuns de setter ou pointer e trabalhar com eles – puxá-los por aí, corrigi-los e gritar com eles, e ter paciência. Eles precisam aprender a encontrar as aves, e depois aprender a disciplina de segurá-las e esperar pelo caçador. Eu tive cachorros que não consegui controlar, e o sr. Robson especializou-se em treinar os meus fracassos. O que ele mais gostava era pegar um dos cães que eu deixava de lado e treiná-lo, para depois devolvê-lo para mim.

Além de treinar cães, eu gosto da vida ao ar livre em qualquer tempo. Quando estou ao ar livre, não penso no Wal-Mart, nos SAM'S CLUB, em nada, a não ser onde poderá estar o próximo bando de codornas. Alguns dos meus melhores amigos são pessoas que também gostam de caçar codornas. Sou muito preconceituoso, mas gosto de pensar que os caçadores de codornas são geralmente bons esportistas, que têm um respeito equilibrado pela conservação e a vida natural, coisas que eu certamente valorizo.

Por melhor que seja a caça às codornas aqui perto de casa, Bud e eu ficamos realmente empolgados com a caça no Texas, há alguns anos. Alugamos ranchos na região do cerrado, no sul do Texas, não muito longe do Vale do Rio Grande. O meu é o mais simples possível; o de Bud é bem mais elegante. Tem uma piscina.

SOUTHPOINT

"O Campo Chapote, de Sam Walton, é um grupo rústico de casas-reboque no meio da vastidão do sul do Texas. Não é o campo de caça de codornas dos ricos senhores do Sul, com criados de casaco branco e fuzis belgas com incrustações, e pares de mulas com arreios de prata atreladas a carroças de mogno para levar os cães. Sam chama a essa variedade de 'caça à codorna estilo sul da Geórgia', e já a experimentou, mas não é realmente o seu estilo. Caso o *ambiente* de Campo Chapote não tenha ainda sido compreendido, podemos dizer simplesmente que é 'Tudo o Que Não é Trump'. É um campo onde o anfitrião nos entrega a toalha, aponta para um quarto no reboque e explica: 'Não se preocupe com o barulho no teto, são apenas os ratos.'"

BUD WALTON

"Certa vez Sam e eu fomos convidados para uma elegante caçada à codorna numa dessas fazendas do sul da Geórgia. Disseram-nos que nos apanhariam num determinado local de aterrissagem. Voamos para lá, onde encontramos todos aqueles jatos de empresas enfileirados. Bem, um sujeito numa Mercedes apareceu para nos apanhar. Deviam ter visto a expressão do seu rosto quando Sam abriu a parte traseira do avião e seus cinco cães saíram correndo. Não esperavam que alguém levasse seus cachorros. Tiveram de carregá-los na Mercedes."

Como vocês estão vendo, eu não passo o tempo todo trabalhando. Gosto tanto de me divertir quanto qualquer outra pessoa. Tenho de reconhecer que lá por volta de 1974 tive grande tentação de tirar mais tempo para mim, dar um passo atrás e deixar Ron Mayer e os outros administrar a companhia, enquanto eu ia gozar a vida. Mais ou menos na mesma época, Helen e eu fizemos algumas de nossas viagens ao exterior, embora eu tenha a certeza de que passei a maior parte do tempo olhando lojas e fazendo negócios.

Assim, pela primeira vez desde que tinha entrado para o varejo, em 1945, comecei a me retirar dos negócios. Comecei a envolver-me um pouco menos com as decisões cotidianas e a apoiar-me um pouco mais em Ron Mayer e Ferold Arend – nossos dois vice-presidentes executivos. Eu ainda era presidente e diretor-executivo. Ferold, com 45 anos, ficou com a comercialização, enquanto Ron Mayer, que tinha apenas 40, se encarregava das finanças e distribuição. Para administrar nosso crescimento explosivo estávamos trazendo gente nova para o escritório geral. Ron trouxe muita gente para se ocupar do processamento de dados, finanças e distribuição.

O que aconteceu então foi o período da história do Wal-Mart sobre o qual me sinto menos à vontade para falar hoje. Mas todos já deram sua opinião sobre o assunto, e portanto vou explicar os acontecimentos tal como os vi, e acabar com isso.

Quando penso sobre aquela fase, agora, compreendo que eu tinha dividido a companhia ao meio, criado duas facções que começaram a competir ferozmente entre si. Havia a velha guarda, inclusive muitos dos diretores de lojas, que permanecia fiel a Ferold, e a nova guarda, muitos dos quais deviam seus empregos a Ron. Dentro em pouco, todos começaram a tomar partido, alinhando-se com Ron ou com Ferold, que não se entendiam. O que fiz em seguida – e que parece não condizer comigo – apenas complicou ainda mais o problema.

Ferold tinha sido muito valioso na organização da companhia quando começamos a abrir lojas, mas devido a toda a tecnologia e sistemas sofisticados de que precisávamos, eu realmente achei na época que Ron era absolutamente essencial ao nosso futuro. Além de sua competência, ele tinha muita ambição. Deixou bem claro que seu objetivo, que eu respeitava, era dirigir uma companhia, preferivelmente o Wal-Mart. Disse-me certa vez que se não pudesse dirigir nossa companhia, queria sair e dirigir outra. Pensei nisso alguns dias, e realmente me preocupei com a possibilidade de perdê-lo. Depois, disse para mim mesmo: "Bem, eu estou ficando velho, e provavelmente poderíamos trabalhar juntos. Vou deixar que ele seja presidente e diretor-executivo, e vou me divertir, dar um passo atrás e, decerto, continuar a visitar as lojas."

Foi assim que me tornei presidente da Comissão Executiva. Ron assumiu a presidência e a direção executiva da companhia. Ferold ficou sendo presidente do Conselho de Administração. Deixei meu escritório no fundo – que eles chamavam, brincando, de "ala executiva" – e o transferi para Ron. Ocupei a sala que era dele. Resolvi não ficar no seu caminho e deixar que dirigisse a companhia, dizendo a mim mesmo que eu apenas observaria, para ver como ele se saía. Como eu tinha deixado que outras pessoas cuidassem das atividades cotidianas da companhia, achei que as coisas correriam bem dessa maneira.

Bem, eu estava tão preparado para me aposentar em 1974, aos 56 anos, quanto o sol de Arkansas para começar a aparecer em Oklahoma pela manhã. Mas durante algum tempo realmente dei um passo atrás, e tirei mais tempo para mim. Tenho a certeza de que para Ron Mayer deve ter parecido que eu não tinha me afastado absolutamente. A verdade é que eu fracassei na aposentadoria como nunca fracassei em qualquer outra coisa que tentei. Compreendi que era um erro quase que imediatamente depois de ter renunciado à presidência. Procurei ficar fora do caminho de Ron. O problema era que eu continuava a fazer exatamente a mesma coisa que vinha fazendo sempre. Queria ver minhas idéias postas em prática pela companhia, mas queria que Ron tivesse êxito em dirigir a companhia e criar uma organização. Infelizmente, não pude me afastar até esse ponto. A situação ficou muito difícil para Ron, e teria sido para qualquer homem de 40 anos que desejasse dirigir sua própria companhia, creio.

Nesse ínterim, a casa estava se dividindo contra si mesma. Muitas das pessoas mais novas, mais jovens, estavam tomando o partido de Ron, e o grupo mais velho, que geria as lojas, apoiava Ferold. Quando eu comecei a perceber a profundidade da cisão, fiquei realmente muito preocupado, e comecei a envolver-me ainda mais na busca de alternativas.

AL MILES, VICE-PRESIDENTE EXECUTNO APOSENTADO, WAL-MART

"Havia esse desentendimento entre Ron e Ferold. Eu não estava muito envolvido pessoalmente porque estava fora da sede na ocasião. Mas mesmo lá fora era evidente que dois campos estavam se formando na companhia. A gente quase que se sentia obrigada a dizer, 'Bem, estou deste lado', ou 'Estou daquele lado'. Começamos a perceber uma frouxidão em nossa organização que não existia antes, e coisas de que nenhum de nós gostava começaram a acontecer regularmente. Não estava havendo seriedade na administração de nossas lojas e no cuidado do nosso pessoal. Nós, diretores regionais, nos reuníamos e falávamos pelo telefone nas manhãs de sábado, e achávamos que iríamos escorregar por um plano inclinado. Não estou exagerando. E também me lembro de que quando Sam começou a passar mais tempo no escritório, estava muito, muito tenso."

Eu continuava tendo esperanças de que as coisas se arranjassem. E digo isto: o Wal-Mart registrou números realmente bons durante todo esse período. Não foi nunca uma questão de má administração. O que tínhamos era um fundador semi-aposentado que não queria ir embora, por cima de um grupo de velha guarda de diretores de lojas em guerra com um ambicioso jovem, com grandes idéias próprias.

FEROLD AREND

"Esse período foi a única fase negativa que passei, cm toda a minha vida na companhia, o que é notável. Sam sempre sentiu a necessidade de competição entre seu pessoal, porque achava que isso trazia à tona o melhor que havia nele, o que acontecia na maioria das vezes. Mas naquela situação isso não funcionou. Quando ele se afastou, criou uma situação difícil para todos. O pessoal de Ron era fiel a ele, e o meu pessoal era fiel a mim. Sam dizia: 'Eu decido as coisas que precisarem de um árbitro.' E essas coisas eram muito mais numerosas do que ele pensava. Por isso, quando percebeu como a situação era realmente grave, tomou medidas em relação a ela."

Eu sempre assumi a maior parte da culpa pela confusão que criei. Mas também é verdade que não me parecia que Ron estivesse resolvendo certas coisas tão bem quanto deveria. Preocupava-me com a capacidade de seu pessoal, e achava que o espírito de grupo estava realmente prejudicando a nossa administração nas lojas, que era o nosso ponto mais forte. E também estava bastante descontente com algumas questões do que se pode chamar de estilo pessoal – nenhuma delas excepcional na maioria das empresas, mas diferentes da maneira pela qual nós sempre tínhamos feito as coisas no Wal-Mart.

Sofri muito com tudo isso. Raramente perco o sono com as crises no trabalho, mas dessa vez perdi. Não queria decepcionar Ron, não queria perdê-lo.

Mas a companhia estava caminhando na direção errada. Por isso, finalmente o chamei num sábado de junho de 1976, 30 meses depois de lhe ter dado o cargo de presidente e disse-lhe simplesmente: "Ron, eu achei que estava pronto para deixar a companhia, mas vejo que realmente não estava. Estou tão envolvido que isso criou dificuldades reais para você." Disse-lhe que desejava voltar como presidente e diretor-executivo, e dar-lhe uma outra função – vice-presidente e diretor financeiro, creio.

Minha proposta não lhe foi agradável, e posso certamente compreender por quê. Ele queria dirigir a companhia, e quando não pôde, resolveu deixá-la. Ninguém acreditou na época, mas embora eu não estivesse satisfeito com algumas das coisas que estavam acontecendo sob a direção de Ron, *muito* descontente com algumas delas, tentei o máximo que pude convencê-lo a ficar e ser parte de nosso crescimento, embora ele não pudesse mais ser presidente e diretor-executivo. Disse-lhe: "Ron, vamos sentir sua falta, vamos precisar de você, e acho que vamos sofrer muito com a sua ausência." Ofereci-lhe tudo para que ficasse, mas ele achou que era o momento de partir.

Apesar de decepcionado e infeliz, Ron disse: "Sam, sei que você vai pensar que as coisas estão desmoronando e muitas outras pessoas vão pensar que estão desmoronando, mas você tem uma organização tão forte aqui, e uma lealdade tão grande dos associados e diretores de todas essas lojas, e clientes tão fiéis, e a companhia é tão sólida em suas filosofias operacionais, que eu acredito que você continuará avançando pelo caminho." Gostei que ele manifestasse essa confiança em nós. Sei que foi sincero, e nunca me esquecerei.

Na história da companhia, esse incidente tornou-se conhecido como "o massacre da noite de sábado". O que se seguiu, como "o êxodo". Primeiro, todo um grupo de diretores "seniores", que era parte da equipe de Ron – nosso tesoureiro, nosso diretor de processamento de dados, a pessoa que dirigia os centros de distribuição – todos saíram com ele. Muita gente nos considerou liquidados. Achavam, como tinham achado sempre, que não tínhamos administração para manter a companhia coesa.

Supunham que Ron Mayer e todo o seu pessoal eram a razão do nosso sucesso, e simplesmente ignoraram toda a estrutura básica que tínhamos montado, todos os nossos princípios: manter baixos os custos, ensinar aos nossos associados a tratar bem os clientes e, francamente, trabalhar duro.

Durante toda essa agitação Jack Shewmaker, um dos nossos mais brilhantes talentos jovens, estava fazendo boas contribuições para a companhia e achei que ele poderia ser exatamente o que precisávamos para nos colocar de volta nos trilhos. Mas quando o nomeei vice-presidente executivo de operações, pessoal e mercadorias – passando por cima de algumas pessoas que eram mais velhas e estavam conosco por mais tempo – um outro grupo de nossos diretores foi embora. Foi um êxodo real, sincero, e quando acabou, creio que um terço de nossa alta administração tinha saído. Pela primeira vez em longo tempo as coisas pareciam bastante sombrias. E naquele momento, tenho de reconhecer que eu mesmo não estava certo de que poderíamos manter as coisas correndo como antes.

Como disse antes, quando perdemos o primeiro local em Newport, a maioria dos reveses podem ser transformados em oportunidades. E tal como as coisas se desenrolaram, esse revés nos ofereceu uma das grandes oportunidades da história de nossa companhia. Desde que David Glass e eu tínhamos nos encontrado naquela terrível inauguração do Wal-Mart em Harrison, Arkansas, eu vinha tentando convencê-lo a trabalhar conosco. Ele era uma peça importante naquela cadeia de drogarias de ofertas em Springfield e eu estava convencido de que se tratava de um dos melhores talentos varejistas que conhecia. Durante algum tempo eu vinha insistindo com Ron Mayer para que o contratasse, mas ele não o fez. Assim, quando Ron partiu, David foi a primeira pessoa que procurei, e finalmente o convenci a vir para o Wal-Mart. Não estou dizendo que com David e Jack Shewmaker como vice-presidentes executivos – David nas finanças e distribuição, e Jack nas operações e mercadorias – não houvesse ainda alguma luta entre os dois lados da companhia. Mas tínhamos reunido o maior grupo de talentos do varejo, e tínhamos um poder de fogo que nenhuma outra companhia podia enfrentar.

Esses dois homens são totalmente diferentes como personalidade, mas são ambos muito eficientes. E conosco à frente, como antes, todos tinham de caminhar na mesma direção. Mais uma vez o Wal-Mart mostrou que todos estavam errados, e simplesmente superamos os nossos desempenhos anteriores. David nos tomou uma companhia ainda mais forte quase que imediatamente. Ron Mayer pode ter sido o arquiteto de nossos sistemas originais de distribuição, mas David Glass, francamente, foi muito melhor do que Ron na distribuição, que era uma das grandes áreas de especialização que eu tinha medo de perder. David também foi muito melhor no aperfeiçoamento e ajustamento do nosso sistema de contabilidade. Ele, juntamente com Jack, foi um vigoroso defensor da alta tecnologia que nos mantém operando e crescendo hoje. E não só se revelou um grande administrador financeiro, como também um talento no trato do pessoal. Essa nova equipe era ainda mais talentosa, mais adequada à tarefa a ser executada, do que a anterior.

A história do Wal-Mart foi sempre marcada pela presença da pessoa certa no lugar certo, quando mais precisávamos dela. Tivemos Whitaker, da velha escola da produção e segurança, para nos ajudar a começar; Ferold Arend, um alemão metódico e trabalhador, para nos organizar; Ron Mayer, um mágico nos computadores, para colocar em funcionamento nossos sistemas; Jack Shewmaker, executivo brilhante e direto, com a mentalidade de um diretor de loja, para acabar com nossa ferrugem e nos impulsionar para as novas idéias; e David Glass, que pode se erguer numa crise, manter a calma, e acabar assumindo o controle de uma companhia que se tornou tão grande que era difícil de entender.

Desde o primeiro dia, nós encontramos sempre as pessoas que tinham as qualidades de que nem Bud, nem eu, dispúnhamos. Essas pessoas souberam ocupar seus espaços quando a companhia cresceu. De vez em quando, precisávamos de talentos ainda melhores do que tínhamos conosco. E era então que apareciam os David Glasses. Mas há um momento para todas essas coisas. Tentei, durante quase 20 anos, tirar Don Soderquist da Ben Franklin. Certa vez ofereci-lhe até mesmo a presidência, e ele não veio. Mas quando realmente precisávamos dele, mais tarde, finalmente se juntou a nós e foi um grande chefe de operações na equipe de David.

Em qualquer companhia, chega por vezes o momento em que algumas pessoas precisam se afastar, mesmo que tenham feito grandes contribuições. Fui acusado de jogar as pessoas umas contra as outras, mas realmente não acho isso. Sempre procurei fertilizá-las e deixar que assumissem diferentes papéis na companhia, e isso tem magoado alguns egos, de tempos em tempos. Mas acho que todos precisam ter tanto contato quanto possível com o maior número de áreas da companhia, e acho que os melhores executivos são aqueles que conheceram todas as bases e têm a melhor idéia geral da empresa. Não gosto de ver surgir a rivalidade dentro de nossa companhia, quando ela se transforma em algo pessoal e nossos associados deixam de trabalhar em conjunto e se apoiarem entre si. Filosoficamente, sempre dissemos: "Controle sua ambição e ajude quem você puder na companhia. Trabalhe como uma equipe."

Capítulo 11

CRIANDO UMA CULTURA

"O estabelecimento da cultura Walton, por Sam, em toda a companhia foi a chave de tudo. É incomparável. Ele é o maior homem de negócios deste século."

HARRY CUNNINGHAM
fundador das Lojas Kmart quando
diretor-executivo de S. S. Krege Co.

NÃO SÃO MUITAS AS COMPANHIAS que podem reunir várias centenas de seus executivos, diretores e associados todas as manhãs de sábado, às 7:30, para falar de negócios. E menor ainda seria o número das que iniciariam tal encontro com o seu presidente dando o grito de guerra. É uma das minhas maneiras favoritas de acordar o pessoal, dando o grito da torcida da Universidade de Arkansas, bem cedo no sábado. É necessário estar presente para apreciar bem o efeito, mas a coisa é mais ou menos assim:

Whoooooooooooooooooooo Pig. Sooey!
Whooooooooooooooooooooooooo Pig. Sooey!
Whooooooooooooooooooooooooooooooo Pig. Sooey!
RAZORBACKS!!!!!

E quando eu estou comandando o coro, podem acreditar que eles gritam com vontade. Há um outro grito que eu comando todas as vezes que visito uma loja: é o nosso grito de guerra do Wal-Mart. Nossos associados lançaram esse grito para o presidente e a sra. Bush, quando estiveram aqui em Bentonville, não faz muito tempo, e pela expressão do rosto dos ilustres visitantes via-se que não estavam acostumados com esse entusiasmo. Para vocês que não conhecem nosso grito, é assim:

Dêem-me um W!
Dêem-me um A!
Dêem-me um L!
Dêem-me um Rebolado!
(Aqui, todos fazem uma espécie de rebolado.)
Dêem-me um M!
Dêem-me um A!
Dêem-me um R!
Dêem-me um T!
O que soletra?
Wal-Mart!
O que soletra?
Wal-Mart!
Quem é o número um?
O CLIENTE!

Sei que a maioria das companhias não tem gritos, e a maioria dos presidentes provavelmente não lideraria esse grito, mesmo que tivessem. Mas a maioria das companhias não tem pessoas como Mike "Gambá" Johnson, que nos divertiu certa manhã de sábado, quando era diretor de segurança, organizando os participantes de um concurso de cuspe de sementes de caqui, tendo como alvo oficial Robert Rhodes, advogado geral da companhia. A maioria das empresas também não tem um grupo coral chamado Motoristas Cantores, ou um grupo coral da administração chamado Jimmy Walker e os Contadores.

Acho que só porque trabalhamos muito não temos de andar por aí de cara fechada o tempo todo, levando-nos muito a sério, fingindo que estamos mergulhados em reflexões sobre problemas graves. No Wal-Mart, quem tem algum importante problema de trabalho deve expô-lo na sessão das manhãs de sexta-feira, chamadas de encontro da comercialização, ou na reunião de sábado pela manhã, para que possamos todos tentar resolvê-lo juntos. Mas enquanto estamos fazendo todo esse trabalho, gostamos de nos divertir. É uma espécie de filosofia do "assobie enquanto trabalha", e não só nos divertimos muito com ela, como também trabalhamos melhor. Criamos garra e animação. Conquistamos a atenção do nosso pessoal e os mantemos interessados, simplesmente porque eles nunca sabem o que vem em seguida. Derrubamos barreiras, o que nos ajuda a nos comunicarmos melhor entre nós. E fazemos com que o nosso pessoal se sinta parte de uma família na qual ninguém é importante demais, ou presunçoso demais, para comandar um grito de torcida ou ser objeto de uma piada – ou o alvo num concurso de sementes de caqui.

Não pretendemos ter inventado a idéia de uma cultura empresarial forte, e sabemos que muitos fizeram isso antes de nós. Nos primeiros tempos da IBM algumas das coisas que Tom Watson fez com seus slogans e suas atividades de grupo não são assim tão diferentes do que fazemos. E, como já disse, tomamos emprestadas todas as idéias boas que encontramos, como aconteceu na viagem que Helen e eu fizemos à Coréia e Japão em 1975. Muitas coisas que eles fazem lá podem ser aplicadas com facilidade ao que fazemos aqui. Culturalmente, as coisas parecem muito diferentes – como comer enguias e caracóis sentado no chão –, mas as pessoas são pessoas em toda parte, e o que motiva um grupo geralmente motivará outro.

HELEN WALTON

> "Sam me levou para ver uma fábrica de bolas de tênis, a leste de Seul. A companhia vendia bolas para o Wal-Mart, creio, e nos trataram muito bem. Foi o lugar mais sujo que já vi em toda a minha vida, mas Sam ficou muito impressionado. Foi o primeiro lugar em que viu um grupo de trabalhadores dar o grito da companhia. E gostou da idéia de todos fazerem ginástica juntos, no início do dia. Estava ansioso para voltar para casa e experimentar essas idéias nas lojas e na reunião da manhã de sábado."

Em 1984 as pessoas fora da companhia começaram a compreender como nós do Wal-Mart somos diferentes. Foi o ano em que perdi uma aposta com David Glass e tive de pagá-la usando uma saia de havaiana e fazendo a hula em Wall Street. Eu pensei que ia chegar lá e dançar, e David filmaria para provar a todos na reunião da manhã de sábado que eu realmente tinha feito isso, mas quando chegamos descobri que ele tinha contratado um caminhão cheio de dançarinas de hula de verdade e de tocadores de ukulele – e tinha avisado os jornais e redes de televisão. Tivemos problemas com a polícia devido à autorização, e o sindicato das dançarinas não queria deixar que dançassem sem aquecedores porque estava muito frio, e finalmente tivemos de obter a autorização do chefe da Merrill Lynch para dançar nos degraus de seu edifício. Finalmente, acabei colocando a saia e os colares havaianos por cima do meu terno e dancei uma hula que me pareceu bastante boa. Era um quadro bom demais para passar despercebido, creio – aquele presidente doido de uma companhia do Arkansas com uma roupa idiota – e chovia a cântaros. Foi uma das poucas vezes em que um dos espetáculos da nossa companhia realmente me deixou constrangido. Mas no Wal-Mart, quando se faz uma aposta assim – de que não poderíamos ter um lucro, antes do pagamento dos impostos, de mais de 8% – sempre temos de pagar. Dançar a hula não foi nada, em comparação com lutar com um urso, o que Bob Schneider, ex-diretor de armazém em Palestina, Texas, teve de fazer quando perdeu uma aposta com seu pessoal, de que eles não poderiam bater um recorde de produção.

A maioria das pessoas provavelmente pensou que tínhamos um presidente maluco que estava dando um golpe publicitário bastante primitivo. O que elas não sabiam é que essas coisas acontecem todo o tempo no Wal-Mart. São parte de nossa cultura, e estão em tudo o que fazemos. Quer seja nas reuniões das manhãs de sábado ou nas assembléias de acionistas, ou na inauguração de lojas, ou apenas em dias normais, sempre tentamos tornar a vida o mais interessante e imprevisível que podemos, e fazer do Wal-Mart uma organização engraçada. Estamos sempre fazendo coisas malucas para chamar a atenção do nosso pessoal e levá-los a imaginar também algumas surpresas. Gostamos que façam coisas imprevistas nas lojas, e que sejam engraçadas para os clientes e para os associados. Para quem está integrado na sociedade com o Wal-Mart e nos seus valores básicos, essa cultura estimula todos os tipos de idéias que quebrem o molde e combatam a monotonia.

Sabemos que nossas maluquices – os gritos da companhia, ou nossas canções, ou a minha hula – podem por vezes ser de mau gosto ou falsos. Não nos importa. É sem dúvida um tanto estranho para um vice-presidente vestir-se de calças cor-de-rosa e colocar uma longa peruca loura e sair montado num cavalo branco pela praça de Bentonville, como Charlie Self fez em 1987, quando perdeu uma aposta, feita numa reunião da manhã de sábado, de que as vendas de dezembro não seriam superiores a 1,3 bilhão de dólares. E é estranho que um ex-executivo, como Ron Loveless, deixe sua tranqüilidade de aposentado, em todas as reuniões de fim de ano, para apresentar o seu RIEL, o Relatório Indicador Econômico Loveless, baseado no número de frangos mortos e comíveis encontrados na beira da estrada – com diagramas e gráficos e tudo o mais. (Quanto mais difícil a situação, menos frangos se encontram na beira da estrada.)

Talvez seja um pouco grosseiro surpreender o seu presidente com o presente de um porco vivo, mas foi o que a equipe de um dos SAM'S CLUB ofereceu a David Glass numa reunião para dar início a uma competição de vendas que tinha o futebol como tema. Contaram-lhe que, a princípio, tinham pensado em dar-lhe uma pele de porco, depois resolveram, por que diabo não deixar o porco dentro da pele? E por falar em porcos, quantas companhias de mais de 50 bilhões de dólares deixariam que seu presidente vestisse um macacão e colocasse um chapéu de palha, para montar num burro num estacionamento? Foi o que obrigamos David a fazer na loja de Harrison, como castigo por ter contado à revista *Fortune* sobre o burro e as melancias na inauguração daquela loja, em 1964. Quem sabe o que pensaram os nossos concorrentes ao receber seus exemplares do *Discount Store News* daquela semana, e ver o nosso presidente montado num burro, bem ali na primeira página?

Parte dessa cultura nasceu naturalmente do nosso começo em cidades pequenas. Naquela época, tentamos criar, literalmente, uma atmosfera carnavalesca em nossas lojas. Estávamos apenas em cidades pequenas, então, e muitas vezes não havia mais nada a fazer, como diversão, melhor do que ir ao Wal-Mart. Como já lhes disse, fazíamos essas vendas promocionais na calçada, e colocávamos bandas e pequenos circos em nossos estacionamentos, para atrair as pessoas para essas promoções. Tínhamos lançamento de pratos de papel, nos quais escrevíamos os nomes dos prêmios e os lançávamos do telhado das lojas. Tínhamos lançamento de balões. Fazíamos liquidações das Loucuras ao Luar, que geralmente começavam depois da hora normal de fechamento e podiam durar até a meia-noite, com uma nova pechincha ou promoção anunciada a pequenos intervalos.

Jogávamos o bingo dos carrinhos de supermercado – onde cada carrinho tinha um número, e se o seu número fosse chamado, você ganhava um desconto em tudo o que estivesse dentro dele. Na inauguração das lojas ficávamos de pé nos balcões de serviços para distribuir caixas de doces aos clientes que tinham vindo de mais longe. Desde que fosse divertido, nós fazíamos. Ocasionalmente, as coisas não deram certo.

Num certo ano, no dia do aniversário de George Washington, Phil Green (lembram-se da maior exposição de detergente do mundo?) fez um anúncio dizendo que sua loja de Fayetteville estava vendendo uma televisão por 22 centavos – o aniversário era no dia 22. Para poder comprar aquela televisão, porém, o cliente tinha de encontrá-la primeiro. Phil escondeu o aparelho nalgum ponto da loja, e a primeira pessoa que o encontrasse, ficava com ele, Quando Phil chegou à loja naquela manhã, havia uma multidão tão grande que não se podia ver sequer as portas. Acho que toda a Fayetteville estava ali, e muitas pessoas passaram a noite esperando. Nosso pessoal teve de entrar pelos fundos. Quando as portas foram finalmente abertas, houve uma correria inacreditável: 500 ou 600 pessoas invadiram a loja para encontrar um aparelho de televisão por 22 centavos. Phil vendeu uma tonelada naquele dia, mas a situação ficou tão fora de controle que até ele reconheceu que brincar de esconde-esconde com a mercadoria foi uma má idéia.

Depois que crescemos, fomos abandonando esse lado circense, mas insistimos em continuar estimulando o espírito alegre nas lojas. Queremos que os associados e a direção façam juntos coisas que contribuam para a comunidade e despertem o sentimento de equipe, mesmo que não se relacionem diretamente com a venda ou a promoção de nossas mercadorias. Eis algumas dessas coisas malucas de que estou falando:

- Nossa loja de Fairbury, Nebraska, tem uma "equipe de evoluções de precisão com carrinhos de mercado" que desfila nas paradas locais. Os participantes da equipe usam aventais do Wal-Mart e fazem com seus carrinhos uma série de evoluções, círculos, cruzamentos, etc.

- Nossa loja de Cedartown, Geórgia, tem um concurso de beijar o porco para levantar recursos para obras filantrópicas. Colocam jarras com o nome de cada um dos diretores, e aquele cuja jarra tiver mais donativos, tem de beijar o porco.

- Nossa loja de New Iberia, Louisiana, tem um grupo de grito de guerra chamado de "As Requebradas". Seus gritos se relacionam principalmente com – que mais poderia ser? – as quebras de estoque: "O QUE VOCÊ FAZ COM AS QUEBRAS DE ESTOQUE? ACABA COM ELAS! ACABA COM ELAS!" "As Requebradas" roubaram o espetáculo numa de nossas assembléias anuais, com gritos como "LARANJAS DA CALIFÓRNIA, CACTUS DO TEXAS, ACHAMOS QUE A KMART PODE USAR A PRÁTICA!"

- Nossa loja de Fitzgerald, Geórgia, ganhou o primeiro lugar no Desfile da Batata-doce do Condado de Irwin, com sete associados vestidos como frutas e legumes do sul da Geórgia. Ao passar pela mesa dos jurados, deram um grito de guerra Wal-Mart local.

- Diretores de nossa loja em Ozark, Missouri, vestiram-se de saiotes de bailarina rosados, subiram na carroceria de um caminhão e atravessaram a praça da cidade na noite de sexta-feira, quando todos os adolescentes estão na rua, e conseguiram levantar dinheiro para associações filantrópicas.

Como vocês podem ver, nós nos integramos a muitas das tradições das cidades pequenas dos Estados Unidos, especialmente as paradas com bandas de música, gritos de guerra, equipes de evoluções e carros alegóricos. Muitos de nós crescemos vendo isso, e descobrimos que o espetáculo pode ser ainda mais divertido para o adulto que passa geralmente todo o seu tempo trabalhando. Gostamos de todos os tipos de concursos, e os promovemos sempre, para tudo, desde poesia até as canções de ninar bebês bonitos. Gostamos dos temas proporcionados pelas datas, quando todos na loja se vestem com roupas da época. Nossa loja de Ardmore, Oklahoma, empilhou feno na frente do prédio, misturado com 36 dólares em moedas – e deixou as crianças mergulharem no feno para encontrá-las. Um número de nossas lojas, maior do que vocês imaginam, promovem desfiles de moda feminina, usando homens feios e velhos como modelos. Alguns dos nossos recepcionistas – os associados que recebem os clientes quando entram na loja – usam sua posição de evidência para se divertir um pouco. Artie Hopper, o recepcionista em Huntsville, Arkansas, veste uma roupa diferente para cada feriado – inclusive o Hawgfest, uma comemoração local.

E temos o Campeonato Mundial de Consumo de Moon Pie.

Eu já lhes contei como promovi os Moon Pies como meu artigo, certo ano, e vendemos 6 milhões de dólares do produto. Mas o concurso de Moon Pie começou em 1985, quando John Love, assistente de diretor naquela época em Oneonta, Alabama, acidentalmente encomendou quatro ou cinco vezes mais Moon Pies do que pretendia, e viu-se mergulhado até o pescoço naqueles doces. Desesperado, John teve a idéia de um Concurso de Consumo de Moon Pie, como uma maneira de acabar com eles antes que ficassem velhos. Quem podia imaginar que alguma coisa assim daria certo? Hoje, é um acontecimento anual, realizado em todo outono – no segundo sábado de outubro – no estacionamento de nossa loja em Oneonta. Atrai espectadores de vários estados e foi noticiado nos jornais e coberto pela televisão para todo o mundo, literalmente. No momento em que escrevo, o recorde mundial de consumo de Moon Pies é de 16 doces duplos em dez minutos. Foi estabelecido em 1990 por um sujeito chamado Mort Hurst, que se intitula "o Godzila da Gulodice".

Vulgar? Como poderia ser mais vulgar do que isso? Mas quando as pessoas se reúnem e fazem essas coisas bobas, é realmente impossível calcular o bem que faz ao seu moral. Saber que vamos nos divertir, que não há lugar para formalismos, ou que pelo menos eles sempre têm a sua recompensa, é uma coisa muito estimulante para todos nós.

Vejam as nossas reuniões das manhãs de sábado, por exemplo. Sem um pouco de entretenimento e um senso do imprevisível, como poderíamos fazer essas centenas de pessoas – a maioria dos nossos diretores e alguns associados do escritório geral aqui em Bentonville – se levantarem todos os sábados pela

Três gerações de Waltons, com Jim recebendo conselhos de meu pai.

Helen com os rapazes, Rob, Jim e John, ao ser homenageada
como a Mãe do Ano de 1988, pela Florence Crittenton Home.

Steve Sisney/Daily Oklahoman

Em 1977 recebi com orgulho o Prêmio Libertas, em Enterprise Square, EUA. Não pude resistir à oportunidade de apresentar a minha escolha do artigo do ano: os Moon Pie, da Chattanooga Bakery.

Helen fritando codornas preparadas
com sua receita especial.

Vovô ajuda a amarrar o sapato
de nosso filho Jim, num passeio pelo campo

Nossa casa confortável foi projetada por E. Fay Jones. Foi construída no lugar da casa antiga, na qual criamos os filhos (também projetada por Ray) e destruída por um incêndio em 1972, em conseqüência de um raio.

David Wheeler Photography

Meu irmão Bud e eu temos paixão pelo varejo, mas também gostamos de caçar codornas juntos – especialmente no campo que alugamos no Rancho Dick Jones, no sul do Texas.

Berquist-Armnstrong

A primeira loja Walton's Five and Dime, na praça de Bentonville; foi reformada para ser o Centro de Visitantes Wal-Mart em 1989.

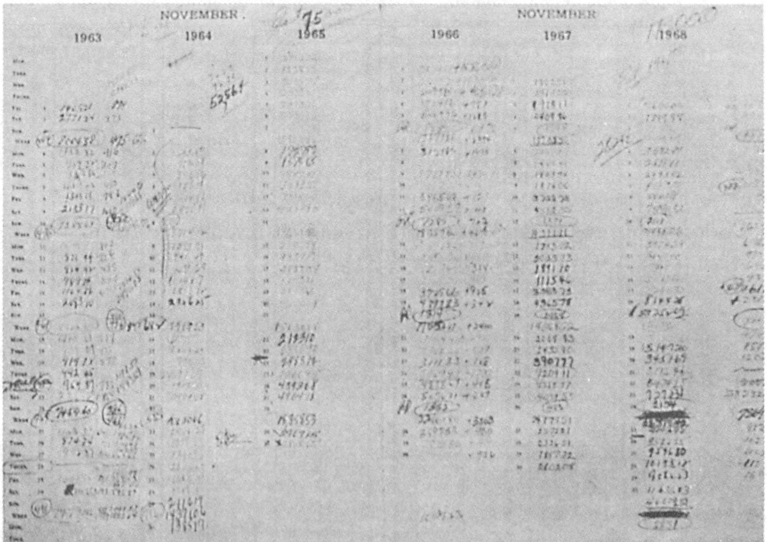

Berquist-Armstrong/Wal-Mart Visitors Center

Usávamos estes livros de escrita "Melhor do que Ontem", para acompanhar o nosso desempenho nos primeiros anos do Wal-Mart.

Charles Clinehens

Essa foto de nossa segunda loja Walton's Five and Dime,
em Fayetteville, Arkansas, dá uma idéia do que era o interior os
Estados Unidos em meados da década de 1950.

Berquist-Armstrong/Wal-Mart Visitors Center

Anúncio da inauguração do primeiro
Wal-Mart (Rogers, Arkansas, 1962).

Wal-Mart World

Eu estava sempre circulando por nossas lojas.

Jim Scott

Nosso pessoal foi sempre muito importante. Eu gostei do entusiasmo do grupo comemorando a inauguração do nosso centésimo SAM'S CLUB do em Joliet, Illinois, 1988.

Berquist-Armstrong

A Junta de Diretores do Wal-Mart. De pé, da esquerda para direita: Robert Kahn, Robert Dedman, A. L. Johnson, William Seary, F. Kenneth Inverson, J. L. "Bud" Walton, Donald Soderquist, Paul Carter e James Jones. Sentados, da esquerda para a direita: Jack Shewmaker, David Glass, Hillary Rodham Clinton, Rob Walton, John Cooper, Jr., e John Tate (1990).

Nossos associados que dirigem nossos caminhões e operam os nossos centros de distribuição fazem um belo trabalho, mantendo as prateleiras de nossas lojas abastecidas de mercadorias para os nossos clientes.

Maggie Gilliam

David Glass apressa-se a me ajudar a vestir uma saia e colar de havaiana, quando me preparo para cumprir a promessa de "dançar a hula em Wall Street" em 1984, depois que realizamos um ano excepcional.

Mass Market Retailers

Recebendo os eleitos associados para representar cada uma de nossas lojas, depois da assembléia anual de acionistas, num piquenique que Helen e eu promovemos em nossos jardins.

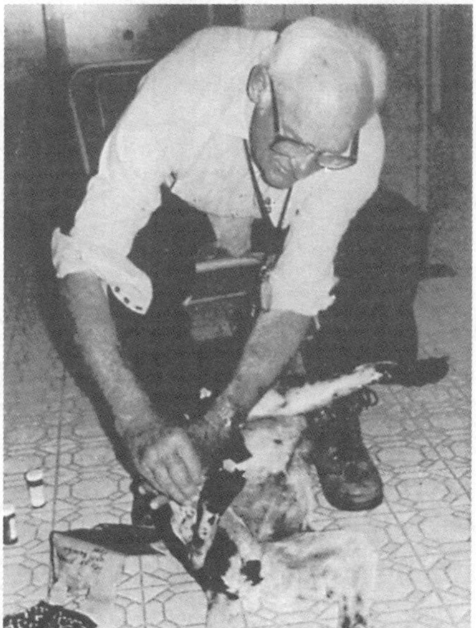

Cuidando da pata machucada de Queenie – treinei alguns grandes cães durante muitos anos, e Queenie talvez seja o melhor.

Berquist-Armstrong/Wal-Mart Visitors Center

A Citação.

manhã e vir para cá, sorridentes? Se soubessem que tudo o que podiam esperar dessas reuniões era alguém falando sobre números comparativos, seguido de uma palestra séria sobre problemas de nosso negócio, teria sido possível manter vivas essas reuniões? De modo nenhum. Por mais que eu as achasse necessárias, as pessoas teriam se revoltado, e mesmo que ainda continuassem, não seriam boas. Tal como são, as reuniões de sábado pela manhã são o coração da cultura Wal-Mart.

Não me interpretem mal. Nós não nos levantamos e vamos para lá apenas para nos divertimos. A reunião das manhãs de sábado é sobre o trabalho. Seu objetivo é informar a todos o que o resto da companhia está fazendo. Se podemos, encontramos heróis entre nossos associados nas lojas e os trazemos para Bentonville, onde são elogiados na frente de todos. As pessoas gostam de ser elogiadas e nós buscamos todas as oportunidades para fazer isso. Mas eu não gosto de ir para a reunião e ouvir falar apenas das coisas boas que estão acontecendo. Gosto de saber sobre nossos pontos fracos, onde não estamos indo tão bem quanto deveríamos, e por quê. Gosto de ver um problema surgir e em seguida ouvir sugestões sobre a sua correção. Se acharmos que estamos fazendo alguma coisa errada, e a solução é óbvia, podemos ordenar as mudanças ali mesmo e realizá-las durante o fim de semana, quando a maioria das outras pessoas que trabalham no ramo de varejo estão paradas.

É nas reuniões das manhãs de sábado que discutimos grande parte de nossa filosofia e de nossa estratégia administrativa: é o ponto focal de todos os nossos esforços de comunicação. É onde partilhamos as idéias recolhidas em vários lugares. E embora isso não seja a parte mais animada da reunião, gosto por vezes de ler artigos sobre administração, relacionados com nosso negócio. Dois de nossos executivos, Wesley Wright e Colon Washburn, costumam ler quase tudo o que há sobre administração, e constantemente chamam a minha atenção para artigos ou livros úteis. Na reunião, falamos dos concorrentes, especificamente, mas também em geral. Por exemplo, gastamos 10 minutos falando de como o Wal-Mart pode concorrer com êxito com todos os bons varejistas especializados que estão aparecendo. É ali, com freqüência, que decidimos tentar coisas que parece inalcançáveis. Em lugar de rejeitá-las de saída, nós tentamos imaginar como fazer essas idéias funcionarem. Foi exatamente por isso que acabei dançando a hula em Wall Street, devido a uma aposta numa reunião de sábado pela manhã. E por mais constrangedor que tenha sido dançar em Wall Street, creiam, atingir a um lucro antes dos impostos de mais de 8%, quando a maioria dos que se dedicam ao comércio varejista consegue em média a metade, bem valeu o sacrifício.

AL MILES

"A melhor coisa da reunião de sábado pela manhã é a sua total imprevisibilidade. Por vezes temos de despir a alma nela. Quero dizer com isso que alguém pode não estar fazendo bem a sua tarefa e não é publicamente castigado, mas sim gentilmente mencionado na frente de todos. Ou pode ser uma forma de conselho. Nunca me esqueço de quando o presidente me disse, na frente de todos, que eu devia parar para pensar, antes de falar. E mereci isso. Eu estava sendo muito depreciativo em minhas observações, sendo muito duro em relação a uma outra divisão da companhia, e não era ali o lugar adequado para isso. Fui publicamente aconselhado naquela reunião, e ouvi o conselho.

Numa outra ocasião, o presidente decidiu que eu devia ficar de pé e cantar 'Red River Valley' numa reunião que se realizaria dentro de três semanas. Ele sabia que eu não tinha jeito para cantar, mas foi dando destaque a isso a cada semana, e eu tive finalmente de organizar um grupo para cantar a música, para que ninguém ouvisse apenas a mim. Sempre achei que ele apenas queria me forçar a fazer alguma coisa em público na qual eu não era bom, e assim eu teria de me humilhar um pouco. De qualquer modo, acho que aquelas reuniões são conduzidas de maneira engraçada, e acho que o presidente consegue isso com muito critério. Ele sabe quando quer seriedade, e sabe quando quer diversão. Por vezes, a reunião é muito democrática, outras é ditatorial. Mas ele a utiliza basicamente para três finalidades: divulgar informações, aliviar a carga de todos, e estimular o pessoal. Acreditem ou não, a maioria do pessoal não perderia uma reunião das manhãs de sábado por coisa alguma."

Para que a reunião funcione, tem que ser um pouco um espetáculo. Não queremos deixar que ela se torne previsível. Um dia podemos fazer um pouco de ginástica. No outro, podemos cantar. Ou talvez dar o grito de guerra. Não queremos que tudo seja planejado. Queremos que aconteça. São tão pouco convencionais que acho que ninguém conseguiria repetir uma delas, mesmo que desejasse. Temos muitos convidados, e nosso pessoal não sabe nunca quem estará lá. Num dia, podemos ter o executivo de uma companhia com a qual fazemos negócios. Pode ser alguém de quem nunca ouviram falar, de alguma empresa pequena que tem uma boa idéia, ou pode ser alguém como Jack Welch, diretor-executivo da GE. Por outro lado, pode ser o comediante Jonathan Winters, que começou a vir para promover as Hefty Bags, um dos nossos produtos exclusivos, e voltou várias vezes. Ele realmente faz todos rirem. Certa vez tivemos uma imitação de uma partida de boxe entre Sugar Ray Leonard e eu. Convidamos muitos atletas a comparecer. Sidney Moncrief, conhecido jogador de basquetebol, é um dos meus favoritos, e Fran Tarkenton, ex-jogador de futebol americano, que faz palestras motivacionais, também falou na reunião. Recentemente, Garth Brooks, cantor de músicas "country" de Oklahoma, veio ao Wal-Mart para visitar algumas pessoas.

DON SODERQUIST

"Um dos valores reais de nossa reunião é a espontaneidade. Não temos realmente uma agenda. É claro que o presidente tem sempre seu bloco amarelo com notas sobre o que quer discutir, e alguns diretores fazem o mesmo. Mas uma das coisas que Sam costuma fazer é chamar alguém no começo e dizer: 'Okay, você preside a reunião hoje.' E a reunião adquire a personalidade de quem a está presidindo. Dessa forma, há sempre uma expectativa. Alguma coisa incomum pode acontecer, ou alguém pode ter alguma idéia muito boa."

Desde que começamos as reuniões de sábado, então com apenas quatro ou cinco diretores de loja reunidos para falar de mercadorias, tem sido muito difícil desenvolvê-las, e tem havido muita oposição a elas, inclusive de minha mulher, que, como já lhes disse, não acha justo afastar nosso pessoal de suas famílias nas manhãs de sábado. Têm havido épocas em que nosso pessoal realmente teria acabado com elas, se tivesse a oportunidade. Mas como eu disse, acredito que o trabalho aos sábados é parte do compromisso que vem com a escolha de uma carreira no comércio varejista. Não posso pedir ao nosso pessoal das lojas que faça o sacrifício, enquanto os nossos diretores estão de folga, jogando golfe.

Poucas pessoas de fora chegam a ver realmente as nossas reuniões. Por isso, o acontecimento que permite uma melhor percepção de nossa cultura empresarial, o lugar em que há realmente a oportunidade de ver em ação a química do Wal-Mart, é a assembléia anual de acionistas. Já lhes contei que ela começou como uma tentativa de fazer alguma coisa diferente para os analistas, levando-os a uma viagem de canoa e para acampar. Mas desde então ela se transformou no que é provavelmente a maior assembléia anual de uma empresa, no mundo. É hoje tão grande – com mais de 10 mil acionistas e convidados – que a realizamos em Fayetteville, na Barnhill Arena, o estádio de basquetebol da Universidade de Arkansas. Dentro em breve, será realizada na Arena

Bud Walton que está sendo construída ali, e sei que meu irmão se orgulhará muito com isso.

Sob certos aspectos, nossa assembléia anual é uma versão ampliada do espetáculo que temos nas manhãs de sábado. Comparecem artistas, como Reba McEntire, a popular cantora "country", e temos convidados para discursar. Sob outros aspectos, é muito parecida com as assembléias de muitas companhias – só que mais barulhenta. Fazemos exposições para os nossos acionistas, que se concentram nas nossas realizações no ano findo e em nossas metas e planos para o ano seguinte. Mas o que me parece que torna a assembléia realmente diferente é o grau de participação dos nossos associados que, afinal de contas, são alguns dos nossos mais importantes acionistas.

Sempre incluímos o maior número possível de diretores de loja e associados em nossa assembléia anual, para que possam ver a amplitude de toda a companhia e sintam o quadro grande. Começamos fazendo com que cada loja e cada centro de distribuição elegesse um associado para representá-lo na assembléia. Mas crescemos tanto, agora, que lamento dizer que temos de escalonar essa participação. Os centros de distribuição e os do SAM'S CLUB ainda mandam alguém todos os anos, mas as lojas Wal-Mart só mandam delegados um ano sim e outro não.

Realmente, a parte oficial da assembléia fica em segundo plano, em relação a todas as outras coisas que fazemos, e em algumas ocasiões estávamos nos divertindo tanto que nos esquecemos de realizar a assembléia de verdade. Reunimos nossos associados sexta-feira de manhã cedo, em tomo da sete horas, para um aquecimento, uma reunião preliminar. Cantamos os nossos gritos de guerra e as nossas canções, e muitas outras coisas. Saudamos os aposentados. Trazemos diretores cujos departamentos têm a mais alta percentagem de vendas em relação às vendas gerais de sua loja. E os diretores de departamento que têm as maiores vendas em toda a companhia. Chamamos os motoristas de caminhão que receberam os prêmios de segurança pelos melhores desempenhos na direção, e os homenageamos. Aplaudimos associados que organizaram mostruários particularmente bem-sucedidos, os que ganharam um de nossos concursos de vendas de determinado artigo, e os homenageamos. A questão é que estamos ali tanto para homenagear os nossos acionistas quanto para colocá-los em contato com as pessoas responsáveis pelos espantosos rendimentos sobre seus investimentos, ano após ano.

Depois da assembléia, Helen e eu convidamos todos os associados que comparecem – cerca de 2.500 – à nossa casa para um grande almoço ao ar livre, com serviço da nossa lanchonete do Wal-Mart. É muito trabalho para Helen;

não são muitas as esposas que aceitariam aquela multidão andando pelo jardim e pela casa, mas acho que é uma das melhores coisas que fazemos, e eu e Helen realmente gostamos muito disso. Temos a oportunidade de conversar com muitos de nossos associados que, sem isso, jamais teríamos ocasião de ver num ambiente social. Essas pessoas tendem a ser os líderes em suas lojas, e por isso são eleitas para vir. E mesmo com tanta gente aqui, ainda tenho a possibilidade de perguntar-lhes: "Como estamos nos saindo em Lichtfield, Illinois?" Ou: "Como está trabalhando o seu diretor em Branson, Missouri?" E dentro de muito pouco tempo faço uma boa idéia, baseada no nível de entusiasmo deles, de como as coisas estão correndo naquela loja, em particular, e se ouço alguma coisa de que não gosto, bem posso ir fazer-lhe uma visita dentro de uma ou duas semanas.

Quando tudo acaba, os associados convidados recebem um videotape da assembléia, para que partilhem as suas impressões do encontro com os outros associados que não compareceram. E, naturalmente, publicamos uma notícia detalhada da assembléia no jornal da companhia, *Wal-Mart World,* para que todos tenham a oportunidade de ler o que foi que fizemos, exatamente. Gostamos de pensar que esse tipo de reunião nos aproxima a todos, e cria o sentimento de que somos uma família dedicada a um interesse comum.

Queremos que os nossos associados saibam e sintam o quanto nós, como diretores e principais acionistas, apreciamos tudo o que eles estão fazendo para que o Wal-Mart seja a grande companhia que é.

Uma forte cultura empresarial, com sua personalidade característica, além da sociedade de participação nos lucros que criamos, nos dá uma vantagem competitiva bastante acentuada. Mas uma cultura como a nossa pode criar alguns problemas também. O principal deles é a resistência à mudança. Quando as pessoas aceitam uma maneira de fazer as coisas, e realmente acreditam que é a melhor, desenvolvem uma tendência de pensar que é exatamente dessa maneira que as coisas devem ser sempre feitas. Por isso, considero minha missão pessoal assegurar que a mudança constante seja uma parte vital da própria cultura do Wal-Mart. Forcei a mudança – em alguns casos, simplesmente para mudar – em todas as fases do desenvolvimento de nossa companhia. Na verdade, creio que uma das maiores forças da cultura arraigada no Wal-Mart é a sua capacidade de deixar tudo e dar uma meia-volta apertada.

Somos muito bons nesse tipo de mudança quando se trata de enfrentar desafios, mas por vezes não somos tão bons em questões mais relacionadas com a cultura da companhia. Nos primeiros tempos, por exemplo, todos os diretores de nossas lojas de miudezas tinham um enorme preconceito contra a contratação de rapazes recém-saídos das universidades, porque achavam que não trabalhariam com bastante vigor. Três dos primeiros universitários que contratamos – Bill Fields, Dean Sanders e Colon Washburn – continuam conosco e, na verdade, estão entre nossos astros mais brilhantes. Mas tiveram dificuldades em se adaptar, a princípio, e talvez possam contar algumas histórias de verdadeiro horror.

BILL FIELDS, VICE-PRESIDENTE EXECUTIVO, COMERCIALIZAÇÃO E VENDAS, WAL-MART

"Eu estava trabalhando na companhia há cinco dias e estávamos abrindo uma loja em Idabel, Oklahoma. Tínhamos 13 dias para abri-la, o que continua sendo um recorde. Fizeram-me trabalhar cerca de 125 horas, ou mais, na primeira semana. Na segunda semana foi pior. E então Sam – que me conhecia porque eu era de Bentonville – veio em minha direção, e perguntou: 'Quem o contratou?' Disse-lhe que tinha sido Ferold Arend, e ele respondeu: 'Bem, você acha que chegará algum dia a ser um comerciante?' O jeito pelo qual ele disse isso me deixou tão irritado que pensei em me demitir. E então Don Whitaker se aproximou e olhou para mim como se eu cheirasse mal, e disse: 'Quem, com todos os diabos, te contratou?' Naquela época, não parecia que freqüentar a universidade fosse uma grande vantagem nesta companhia. Nós realmente tínhamos de mostrar nosso valor para aqueles velhos."

Evidentemente, se pretendíamos crescer, tínhamos de contratar pessoal formado. Mas, a princípio, a cultura tentou rejeitá-los. E agora, que temos necessidades ainda mais complicadas – em tecnologia, finanças, comercialização, aspectos jurídicos, e muitas outras coisas – nossa demanda de uma mão-de-obra mais sofisticada está aumentando sempre. Tudo isso exige algumas mudanças básicas na maneira pela qual nos vemos a nós mesmos, na maneira de achar o que é uma boa contratação do Wal-Mart para o futuro e na maneira de ver o que podemos fazer pelo pessoal que já está conosco. Foi essa uma das razões pelas quais Helen e eu criamos o Instituto Walton na Universidade de Arkansas em Fort Smith. É um lugar onde os nossos diretores podem ter algumas das oportunidades educacionais que talvez não tivessem antes. E também nós, como companhia, precisamos fazer todo o possível para estimular e ajudar nossos associados a obter diplomas universitários. Precisamos que essas pessoas tenham o melhor treinamento possível. Isso abre oportunidades em suas carreiras, e nos beneficia.

A nossa atitude era, tradicionalmente, a de que quem queria ser diretor no Wal-Mart tinha de estar disposto a mudar-se a qualquer momento. A pessoa poderia receber um telefonema dizendo que vai abrir uma nova loja a mil quilômetros de distância, e não devia fazer perguntas. Tinha de fazer as malas e partir, para depois, mais tarde, preocupar-se com a venda da sua casa e a mudança da família. Talvez isso fosse necessário antigamente, e talvez fosse uma norma mais rígida do que era necessário. Agora, porém, essa norma já não é adequada por várias razões. Primeiro, a companhia cresceu, precisamos encontrar mais maneiras de estar em contato com as comunidades onde operamos, e uma das melhores maneiras de fazer isso é contratando localmente, desenvolvendo diretores localmente, e deixando que façam sua carreira na comunidade onde nasceram – se forem bons. Segundo, a velha norma realmente colocava mulheres competentes, inteligentes, em desvantagem em nossa companhia, porque naquela época elas não tinham a mesma liberdade que os homens de escolher e de mudar-se. Hoje percebo as oportunidades que perdemos com as mulheres. (Tenho de reconhecer que Helen e minha filha Alice me ajudaram a chegar a esse modo de pensar.)

Naquela época, os varejistas tinham para com as mulheres a mesma atitude que adotavam para com os rapazes que vinham das universidades, talvez ainda mais acentuada. Além de achar que as mulheres não tinham liberdade de mudar-se, eles só as consideravam capazes para as tarefas burocráticas, porque os diretores geralmente faziam muito trabalho braçal – descarregar caminhões e trazer mercadoria do depósito num carrinho, limpar o chão e as janelas, se necessário. Hoje em dia, o setor despertou para o fato de que as mulheres são grandes varejistas. Por isso nós, no Wal-Mart, juntamente com as outras companhias, temos de fazer todo o possível para recrutar e atrair as mulheres.

Um outro aspecto da cultura Wal-Mart que atraiu alguma atenção é simplesmente uma questão de estilo de vida, mas me tem preocupado desde que começamos a ser realmente bem-sucedidos. A verdade é que muitas pessoas em nossa companhia ganharam bastante dinheiro. Tivemos muitos milionários em nossas fileiras. E eu fico louco quando eles se tornam exibicionistas. Talvez eu não tenha nada com isso, mas tenho feito todo o possível para desestimular nosso pessoal de extravagâncias com suas casas e seus automóveis e seus estilos de vida. Como já disse, eu simplesmente não acredito que o estilo de vida aqui em Bentonville deva ser muito diferente do estilo proporcionado por uma renda moderadamente alta, na maioria dos outros lugares. Mas de vez em quando tenho dificuldades em conter pessoas que nunca tiveram a oportunidade de colocar as mãos em quantias elevadas como as que ganharam com ações do Wal-Mart. Ocasionalmente, alguém pratica um ato particularmente exibicionista, e eu não hesito em criticá-lo na reunião das manhãs de sábado. E, muitas vezes, as pessoas que não podem se conter persistem nessa atitude, e deixam a companhia.

Isso tem relação com o que eu disse sobre aprender a valorizar o dólar em criança. Não me parece que grandes mansões e carros de luxo tenham alguma relação com a cultura Wal-Mart. É muito bom ter dinheiro para nos apoiar, e sinto-me satisfeito que tais pessoas tenham sido capazes de se aposentar e ir pescar ainda bastante jovens. Para mim, isso está bem. Mas para os que se envolvem demais com a boa vida, talvez seja o momento de ir embora, simplesmente porque perdem contato com aquilo em que deveriam estar se concentrando: servir ao cliente.

Capítulo 12

FAZENDO DO CLIENTE O Nº 1

"Sam Walton compreende, melhor do que ninguém, que nenhum negócio pode existir sem clientes. Ele vive de acordo com seu credo, que é fazer do cliente o centro de todos os seus esforços. E no processo de atender aos clientes do Wal-Mart de maneira perfeita (não totalmente perfeita, diria ele), também atende aos associados do Wal-Mart que são seus acionistas, suas comunidades, e o resto dos acionistas em geral, de maneira extraordinária – quase sem paralelo no mundo americano dos negócios."

ROBERTO C. GOIZUETA,
presidente e dlretor-executivo
da Coca-Cola Company

EM TODA A MINHA CARREIRA no ramo do varejo, adotei sempre um princípio orientador. É simples, e já o repeti muitas vezes neste livro, e vocês já devem estar cansados dele. Mas, de qualquer modo, vou repetir mais uma vez: o segredo do varejo bem-sucedido é dar aos clientes o que eles querem. E realmente, se vocês pensarem nisso do seu ponto de vista como clientes, verão que querem tudo: um amplo sortimento de mercadorias de boa qualidade; os preços mais baixos possíveis; garantia de satisfação com a compra; atendimento cordial e bem informado; horários cômodos; estacionamento gratuito; uma experiência agradável com o ato da compra. Vocês gostam quando a visita a uma loja supera as suas expectativas, e se aborrecem quando a loja não atende direito, ou cria dificuldades, ou simplesmente finge que você é invisível.

Aprendi essa lição como comerciante em cidades pequenas, onde passei toda a minha vida. Para os leitores que estão em atividade ao mesmo tempo que eu, e que também passaram seus primeiros anos numa cidade pequena, não é difícil lembrar como a vida ali era diferente na primeira metade deste século. Newport era uma bela cidadezinha próspera, com um comércio varejista bastante competitivo, mas ainda é um bom exemplo de como as coisas funcionavam então. Era uma cidade algodoeira, o que quer dizer que muita gente que fazia compras ali realmente morava fora da cidade, em fazendas. A maioria dos homens trabalhava o dia inteiro nos campos, e a maioria das mulheres trabalhava em casa. Muito poucas mulheres tinham empregos, naquela época, embora muitas tivessem trabalhado durante a guerra, e pensassem em voltar ao trabalho quando seus filhos já estavam bem crescidos.

A cidade tinha várias lojas de departamento de pequenas proporções, inclusive, como já disse, uma Loja Penney e, durante algum tempo, a pequena Loja Águia que eu abri. Também tinha algumas boas lojas de miudezas – a minha, e a Loja Sterling, de John Dunham. Havia drogarias, lojas de ferragens, lojas de pneus e peças de automóveis – como Firestone e Western Auto – e pequenas mercearias familiares. Em muitas cidades pequenas não havia sequer mercearias. Poderia haver um açougue, uma quitanda para vender legumes, e talvez uma outra onde se abatiam frangos e os limpavam à vista do cliente, que ficava esperando.

Naquela época, as pessoas não estavam habituadas à variedade e abundância de bens e serviços que lhes são oferecidos hoje. Durante a Depressão, pouca gente tinha dinheiro suficiente para ir com freqüência às compras, e durante a Segunda Guerra Mundial, tudo – carne, manteiga, pneus, sapatos, gasolina, açúcar – estava racionado. Quando comecei, a escassez tinha praticamente terminado e a economia estava crescendo. Em comparação com a Depressão a que estávamos acostumados, a fase de prosperidade tinha chegado.

Numa cidade agrícola como Newport o grande dia de compras sempre foi o sábado. Era quando famílias inteiras iam para a cidade e passavam algumas horas – talvez o dia todo – andando por ali e procurando nas lojas o que precisavam. Alguma coisa tinha de atraí-las para uma determinada loja, talvez uma combinação de detalhes: a personalidade do lojista, as mercadorias novas, os preços – uma máquina de sorvete. Nós florescíamos naquele ambiente competitivo.

Quando, em 1950, chegamos a Bentonville, que era uma cidade muito menor, não encontramos quase nenhum espírito de competição. Uns poucos varejistas estavam espalhados em volta da praça, mas cada qual tinha criado a sua posição, e ficavam nela. Se uma loja não tinha o que o cliente procurava, ele ou ela teria que ir a Rogers, ou Springdale, ou muito possivelmente a Fayetteville. Usando um pouco da experiência obtida em Newport, posso dizer que mudamos logo aquela maneira de pensar e, de modo geral, estimulamos a atmosfera que envolvia a cidade.

ALICE WALTON

"Os sábados eram, na praça de Bentonville, realmente especiais. Papai sempre promovia alguma coisa na calçada, e até mesmo nas ruas, e havia sempre muita gente. Era ali que Papai Noel chegava, e ali se realizavam todos os desfiles. Para mim, como criança, parecia que tínhamos circo ou carnaval todo fim de semana. Eu adorava os sábados. Minha máquina de pipocas era colocada na calçada e eu ficava muito ocupada. Todos queriam pipocas e, naturalmente, muitos dos meus clientes entravam na loja. Foi uma maneira maravilhosa de crescer."

Como vocês se lembram, Fayetteville foi o lugar onde abrimos a nossa segunda loja, depois de Bentonville. E foi ali também que encontramos o nosso primeiro concorrente em ofertas – a Gibson's. A partir de então, sabíamos que o comércio varejista ia sofrer grandes modificações nos anos seguintes, e queríamos participar delas. Soubemos, desde muito cedo, que as lojas de miudezas, ou bazares, não continuariam sendo, no futuro, um fator tão importante quanto haviam sido no passado, e tínhamos investido muito nelas. O importante, porém, era reconhecer que nada disso estava acontecendo num vazio. Nas décadas de 1950 e 1960 tudo nos Estados Unidos estava mudando rapidamente.

Todos os jovens que tinham crescido nas fazendas e cidades pequenas voltavam da Segunda Guerra Mundial, ou da Coréia e se transferiam para as cidades grandes, onde estavam os empregos. Mas não se estavam mudando para as cidades grandes propriamente ditas, mas para as localidades na sua periferia – os subúrbios – de onde iam de trem para a cidade grande, trabalhar. Toda família tinha pelo menos um carro – e muitas tinham dois – e o país começava a construir o seu sistema de auto-estradas interestaduais. Tudo isso mudou muito as formas tradicionais pelas quais os americanos estavam habituados a fazer negócios.

Os centros das grandes cidades começaram a perder população e comércio para os subúrbios, e as grandes lojas de departamentos tiveram de acompanhar os seus clientes e abrir filiais nos centros comerciais daquelas localidades periféricas. Restaurantes e cafés tradicionais sofreram com as novas cadeias, voltadas para os automóveis, como McDonald's e Burger King, e as antigas lojas de variedades, como Woolworth e McCrory, foram esmagadas pela Kmart e outras das grandes lojas de ofertas. As companhias petrolíferas abriram postos de serviço praticamente em todas as esquinas e, dentro em pouco, uma coisa chamada de "lojas convenientes"* – as 7-Elevens e outras – apareceram e começaram a ocupar as outras esquinas. Foi quando tudo isso começou que eu e Bud abrimos a franquia Ben Franklin no centro comercial de Ruskin Heights, a grande comunidade junto de Kansas City.

Na maior parte da área onde estávamos – as pequenas cidades do noroeste do Arkansas, Missouri e Kansas – não se viam muitos centros comerciais e lanchonetes expressas, freqüentes em outros lugares. O McDonald's não entrava nas cidades pequenas, nem a Kmart. Os centros comerciais das pequenas cidades pareciam murchar. Grande parte de nossos clientes tinham se mudado, e os que ficaram não eram tolos. Se tinham de comprar alguma coisa grande – digamos, uma máquina de cortar grama motorizada – não hesitavam cm viajar de carro 70 quilômetros para comprá-la, se com isso pudessem economizar 100 dólares. Não só isso, mas com a introdução da TV e dos modelos de carro do pós-guerra, ser moderno tornou-se moda. Todos queriam se sentir atualizados, e se soubessem que Kroger, ou alguma outra empresa, tinha uma loja grande e nova em Tulsa, ou em qualquer outro lugar, iam de carro para comprar lá. Quando perceberam que os preços eram menores e a possibilidade de escolha, maior, voltavam sempre, até que alguém abrisse um supermercado em sua cidade.

Foi esse tipo de forte demanda de consumo nas pequenas cidades que tornou possível a criação do Wal-Mart, em primeiro lugar, e permitiu que nossas lojas prosperassem imediatamente, possibilitando a difusão da idéia por todo o país. Durante muitos anos, vivemos exclusivamente do princípio de que os consumidores do campo e das pequenas cidades são exatamente iguais aos seus parentes que foram embora da fazenda e se transferiram para a grande cidade: querem, tanto quanto qualquer outra pessoa, fazer um bom negócio. Quando chegamos a essas pequenas cidades oferecendo preços baixos todos os dias, garantindo a satisfação e com horários realistas para a maneira pela qual queriam fazer compras, deixamos para trás a concorrência da loja de variedades tradicional, com suas margens de 45%, seleção limitada e horário também limitado.

O Wal-Mart nº 18 é um bom exemplo de como isso funcionou. Essa loja foi aberta em 1969 e marcou a nossa volta a Newport, Arkansas, 19 anos depois de termos sido praticamente expulsos da cidade. Já então eu deixara para trás o que tinha nos acontecido ali, e não pensava em desforra. Era uma cidade

---

* *Nota do Tradutor:* "Convenience stores", pequenas lojas que vendem os mais diversos artigos e ficam abertas até bem tarde.

lógica para a nossa expansão, e reconheço que era muito boa a sensação de voltar a fazer negócios ali. Sabia que era uma cidade onde nos daríamos bem. Na verdade, nos saímos extraordinariamente bem com o nosso Wal-Mart de Newport, e não demorou muito para que a velha loja Ben Franklin que tinha sido minha, na Front Street tivesse de fechar as portas. Não se pode dizer que nós fomos culpados do fechamento da loja daquele sujeito – o filho do senhorio. Foram os seus clientes que fizeram isso. Eles decidiram com seus pés.

Muitas lojas pequenas fecharam as portas durante a fase de crescimento do Wal-Mart. Algumas pessoas tentaram transformar isso numa grande controvérsia, uma espécie de campanha "Salve o Comerciante da Cidade Pequena", como se eles fossem baleias ou grous ou alguma coisa com o direito de ser protegida.

De tudo o que ouvi falar do Wal-Mart, nada me espantou mais do que essa idéia de que somos inimigos da cidade pequena americana. Nada pode estar mais longe da verdade: o Wal-Mart evitou que muitas cidades pequenas praticamente desaparecessem, oferecendo preços baixos e poupando literalmente bilhões de dólares para as pessoas que ali vivem, bem como criando centenas de milhares de empregos em nossas lojas.

Não tenho dificuldade de compreender por que um comerciante que encontra dificuldade em concorrer conosco não se sente muito satisfeito com a nossa presença. O que não posso entender são todas essas pessoas que acham que somos de alguma forma responsáveis pelo declínio da cidade pequena. Minha suposição é que muitos desses críticos são pessoas que cresceram em cidades pequenas, mas as abandonaram pelas grandes cidades, décadas atrás. Agora, quando voltam para uma visita, ficam tristes porque a praça não está exatamente como a deixaram em 1954. É quase como se quisessem que a sua cidade parasse no tempo, um lugar antiquado cheio de pessoas antiquadas, fazendo negócios pelos métodos antiquados. As populações das cidades pequenas não deviam, para essas pessoas, transferir-se para a periferia, não deviam ter procurado os trevos da rodovias para construir centros comerciais, com muito estacionamento gratuito. Não é assim que algumas dessas pessoas se recordam da sua cidade. Mas os que nasceram nas cidades grandes têm as mesmas reações em relação ao que aconteceu nelas, nos últimos 40 ou 50 anos. Muitas das lojas, cinemas e restaurantes de que gostavam quando crianças, fecharam, ou foram para os subúrbios.

Creio que o que aconteceu com o Wal-Mart foi que chegamos a um certo tamanho e ficamos tão conhecidos como comerciantes de cidade pequena que nos tomamos um alvo fácil. Certas pessoas acharam que podiam criar um espaço para elas, uma plataforma de onde expressar suas opiniões sobre a América das cidades pequenas, tomando-nos como alvo. Tudo isso me proporcionou uma lição sobre a maneira pela qual a mídia nacional parece pensar. Quando você começa como uma quantidade desconhecida, tendo apenas um sonho e dedicação, não consegue uma menção sequer da sua companhia numa dessas publicações. Quando se torna moderadamente bem-sucedido, elas continuam a ignorá-lo, a menos que alguma coisa má lhe aconteça. Depois, quanto maior for o seu sucesso, mais desconfiam de você. E se você vier a ser um sucesso em grande escala, prepare-se para ter problemas. De repente, você se transforma num vilão muito cômodo, porque todos parecem gostar de atirar em quem está no alto.

Como um velho comerciante de cidade pequena, posso dizer-lhes que ninguém tem mais amor pelo tempo áureo do comércio a varejo da cidade pequena do que eu. Essa é uma das razões pelas quais criei o pequeno museu Wal-Mart na praça de Bentonville, no antigo prédio do Walton's Five and Dime, procurando preservar um pouco da atmosfera da velha loja de variedades.

Mas também posso dizer-lhes uma coisa: se tivéssemos ficado presunçosos com nosso sucesso inicial, e dito: "Bem, nós somos os melhores comerciantes da cidade", e continuássemos a fazer as coisas exatamente como vínhamos fazendo, alguma outra pessoa teria surgido e dado aos nossos clientes aquilo que eles queriam, e nós estaríamos fechados, hoje. Não sei quem teria sido. Talvez a Gibson's ou a TG&Y tivessem feito isso. Mas desconfio que teria sido uma combinação do Kmart com a Target, que, como o McDonald's, teria se espalhado pelas pequenas cidades, depois que tivessem saturado seus mercados nas cidades grandes.

O que aconteceu foi uma evolução absolutamente necessária e inevitável do varejo, tão inevitável quanto a substituição da charrete pelo automóvel e o desaparecimento dos fabricantes de chicotes para charretes. As lojas pequenas estavam destinadas a desaparecer, pelo menos na quantidade em que existiam antes, porque tudo isso é movido pelos clientes, que têm a liberdade de escolher onde querem comprar.

DON SODERQUIST

"Nunca simpatizamos muito com esse argumento da cidade pequena. O que aconteceu com o comerciante da cidade pequena não é diferente do que aconteceu quando os supermercados surgiram, na década de 1950. Todo a razão de ser do varejo é atender ao cliente. Se você é um comerciante que não tem concorrentes, pode cobrar preços altos, abrir tarde, fechar cedo, e não funcionar nas quartas e sábados à tarde. Pode fazer o que sempre fez, e provavelmente tudo continuará bem. Mas quando chega a concorrência, não espere que seus clientes fiquem com você, por amor aos velhos tempos. Há muitas maneiras de competir com sucesso com o Wal-Mart, ou com qualquer outra grande varejista. O princípio por trás de todas essas maneiras é bastante básico: é preciso concentrar-se em alguma coisa que o cliente queira, e fornecer isso."

Não quero criticar os comerciantes das cidades pequenas, mas a verdade é que muitos deles não estavam fazendo um bom trabalho de atendimento dos seus clientes antes que nós, ou qualquer outro, aparecêssemos e oferecêssemos alguma coisa nova. E também não tiveram uma reação muito boa quando chegamos. Vocês sabem, foram escritos artigos, e até mesmo livros, sobre como competir conosco. E eu tenho algumas sugestões minhas.

A menos que o pequeno comerciante já esteja fazendo um grande trabalho, provavelmente terá de reformular sua comercialização, sua publicidade e seus programas promocionais, quando uma loja de ofertas aparece em cena. O pequeno comerciante precisa evitar um confronto direto conosco, e exercer o seu tipo de atividade melhor do que nós fazemos com o nosso. Não tem sentido tentar cobrar menos do que o Wal-Mart num artigo como pasta de dente. Não é isso que o cliente procura na loja pequena. A maioria dos independentes estão melhor, creio, fazendo o que eu me orgulhei de fazer durante tantos anos como dono de loja: ficar na loja e receber todos os clientes. Mostre a eles o quanto você os aprecia, e faça você mesmo o registro da venda na registradora. Esse pequeno toque pessoal é muito importante para o comerciante independente porque por mais que o Wal-Mart tente reproduzi-lo – e nos esforçamos muito nesse sentido –, realmente não consegue.

Acho que, no caso das lojas de variedades, elas têm de reposicionar-se totalmente, alguma coisa como o que Don Soderquist fez quando era presidente da Ben Franklin. Ele percebeu que não havia nenhum futuro numa concorrência com o Wal-Mart e a Kmart, por isso começou a transformar muitas de suas lojas de variedades em lojas de artesanato. Ofereciam um sortimento muito maior de mercadorias artesanais do que era possível a qualquer Wal-Mart, e promoviam aulas de artesanato como cerâmica e flores, serviços que nós nunca poderíamos pensar em oferecer. Continuaram a operar nas pequenas cidades e tiveram muito êxito com várias dessas lojas. O mesmo pode ser feito com tecidos: oferecer material de alta qualidade e proporcionar aulas de costura.

Ou roupas de mulher. Não me importa quantos Wal-Marts há na cidade, há sempre espaços que nós não podemos ocupar – não porque não tentemos. Tal como todos, a fim de sobreviver, nós precisamos mudar constantemente as coisas que fazemos.

No caso das lojas de ferragem, não nego que tenhamos criado sérios problemas para algumas delas, mas se estiverem num local decente não deveriam ter tantos problemas com o Wal-Mart. Elas são o tipo de loja pelo qual tenho menos simpatia porque, francamente, um bom negociante de ferragens pode nos vencer facilmente, se pensar bem no que está fazendo e empenhar-se na luta. Se tiver um sortimento adequado e fizer com que o seu pessoal conheça bem os produtos, e como usá-los, e se se empenhar em atender bem os seus clientes, pode evitar que muitos destes nos procurem. Não temos o sortimento que uma loja de ferragens tem – coisas para bombeiros, equipamento elétrico, ferramentas especializadas. E nem todos os nossos associados podem explicar como consertar uma torneira que pinga, ou a tomada de uma lâmpada, como o pessoal da loja de ferragens deve saber. Nossos clientes de tintas também não recebem muita assistência. Eles têm de escolher a tinta que precisam, e depois sair andando em busca das outras coisas que querem. O mesmo acontece com artigos esportivos, nos quais o cliente não pode esperar de nós nada que se pareça com o tipo de atendimento de uma loja especializada.

DON SODERQUIST

"Eu competi pessoalmente com o Wal-Mart, de modo que sei que isso pode ser feito. Desenvolvemos uma característica, um espaço, e em seguida capitalizamos sobre ele. E permitam-me que lhes diga que nem todos os pequenos comerciantes das pequenas cidades nos odeiam. Alguns aprenderam a se proteger do Wal-Mart com bastante êxito.

Pouco depois que abrimos um Wal-Mart em Wheat Ridge, Colorado, uma senhora me procurou certo dia e disse: 'Ah, quero lhe agradecer muito por terem vindo para cá. Foi a melhor coisa que poderia ter acontecido.' Agradeci e perguntei o que fazia na cidade, e ela me respondeu: 'Bem, eu tenho uma loja de tintas um pouco adiante, aqui neste mesmo centro comercial.'

Ela disse ainda que o dia da inauguração da nossa loja foi o mais movimentado que teve desde a abertura de sua loja de tintas. 'Vocês estão atraindo toda essa gente para o nosso centro comercial. E o melhor me aconteceu no sábado. Um homem entrou, procurando uma tinta que disse saber que tínhamos. Disse que sabia porque tinha ido à seção de tintas do Wal-Mart e o diretor lhe disse que encontraria o produto em nossa loja. Achei isso maravilhoso.'"

Nosso associado mandou o cliente para a loja de tintas porque era a coisa certa a fazer. Ele estava dando assistência ao cliente. O que me entristece, hoje em dia – e me deixa também um pouco irritado – é que algumas dessas lojas estão fechando antes que cheguemos a uma cidade. Ouvem dizer que vamos para lá, e fecham antes que sequer tenhamos chegado. Somos censurados por isso, mas, no meu entender, alguém que fecha a sua loja só por ouvir dizer que a concorrência está chegando, é alguém que sabe que não está trabalhando bem. Alguém que provavelmente não deveria estar no negócio de varejo, para começar.

Apesar de tudo o que a imprensa disse sobre o Wal-Mart e as pequenas cidades, tenho a certeza de que somos muito bem-recebidos em quase todas as comunidades em que operamos. E isso, em parte, devido à nossa contribuição econômica. Mas também é porque nos empenhamos muito em criar um sentimento de participação comunitária entre diretores e associados de nossas lojas, a fim de que sejam cidadãos ainda melhores. Sabemos que alguns de nossos diretores são melhores nisso do que outros, e fazemos um esforço constante para que todos participem da comunidade. Já temos programas de bolsas para as comunidades e programas para associações filantrópicas, mas trabalhamos com afinco, diariamente, para melhorar as formas de retribuição à comunidade em que estamos localizados. Se viermos a deixar que o nosso senso de sermos comerciantes das pequenas cidades diminua, correremos o risco de prejudicar uma relação com os clientes que consideramos excepcional.

Quando encontramos oposição a uma possível localização de uma de nossas lojas, tentamos discutir com os oponentes para ver se podemos satisfazê-los razoavelmente. Por vezes mudamos a localização, ou fazemos alguma concessão, se nos parece sensata. Hoje, estamos quase adotando a posição segundo a qual se uma comunidade não nos quiser nela, qualquer que seja a razão, não estamos interessados em criar um caso. Eu estimulo a companhia a evitar esse tipo de problema porque há muitas cidades boas que nos querem. Para cada uma que não quer, eu diria que temos outras 200 desejosas de que nos instalemos nelas. O Wal-Mart quer instalar-se onde é desejado. Eu sempre disse que o teste mais simples quanto ao nosso acerto nessa questão seria ir a qualquer cidade onde estamos abertos há alguns anos e deixar que todos votassem se nos querem ali ou não. Meu Deus, eles ficariam loucos se partíssemos. Na verdade, de vez em quando temos de fechar uma loja porque não podemos torná-la lucrativa, e os protestos dos moradores do local são grandes. É uma outra parte do preço que temos de pagar por sermos bem-sucedidos.

Os comerciantes das pequenas cidades não são os únicos grupos com os quais nos envolvemos em controvérsias por nos mantermos fiéis à nossa filosofia de colocar o cliente antes de tudo. Superficialmente, a idéia de servir ao cliente parece tão simples, tão lógica, e tão óbvia. Mas, desde o começo, a maneira pela qual a colocamos em prática tem sido tão radical que freqüentemente nos criou problemas com aquilo que se costuma chamar de "o sistema". Antigamente, as lojas de departamentos pressionavam muito os vendedores para impedir que vendessem a lojas de ofertas como nós, porque odiavam o que estávamos fazendo: oferecendo aos nossos clientes preços muito inferiores aos delas. Em alguns estados, as lojas de departamentos usaram as chamadas "leis de práticas comerciais justas" para tentar impedir o funcionamento de lojas de ofertas.

Os que vendem para nós ressentem-se do fato de obtermos deles os menores preços possíveis. E os representantes de alguns fabricantes – vendedores independentes que em geral trabalham por comissão, representando vários fabricantes diferentes – queixaram-se de algumas das nossas práticas. Não vemos problemas na idéia de pagar a um intermediário uma comissão sobre uma venda, se seus serviços acrescentam valor ao processo de compra, tornando-o mais eficiente.

Mas desde a época em que eu levava o meu pequeno reboque ao Tennessee para comprar calcinhas de mulher e não pagar aos Irmãos Butler a comissão que cobravam, nossa filosofia sobre essa questão tem sido sempre simples: nós somos os agentes dos nossos clientes. E para realizar o melhor trabalho possível, temos de ser os fornecedores de mercadorias mais eficientes que pudermos. Por vezes, isso pode ser conseguido melhor comprando as mercadorias diretamente do fabricante. Em outros casos, a compra direta simplesmente não funciona. Nesses casos, precisamos de intermediários para negociar com fabricantes menores e tornar o processo mais eficiente. Acreditamos firmemente em nosso direito de tomar essa decisão – comprar diretamente ou de um representante – baseados no que é necessário para atender melhor aos nossos clientes.

Essa controvérsia me parece ser outro exemplo de um grupo de pessoas que, por alguma razão, acredita no direito de receber alguma coisa, por menos que tenha contribuído para a transação, e sem pensar no que isso representa para o cliente. O argumento é tão simples quanto no caso dos comerciantes das pequenas cidades. Para que o comércio americano predomine, e seja competitivo, temos de nos acostumar à idéia de que as condições econômicas se modificam, e que os sobreviventes têm de se adaptar a essas mudanças. O comércio é uma atividade competitiva, e a sua segurança dura apenas enquanto o cliente está satisfeito. Ninguém é obrigado a sustentar outro.

Para compreender o ponto de vista do Wal-Mart sobre os intermediários, e nosso relacionamento com os vendedores que nos procuram, temos de voltar os olhos para o nosso começo no ramo de lojas de ofertas. Naquela fase inicial dessa atividade, a maioria dos que a ela se dedicavam eram atendidos exclusivamente por intermediários, atacadistas ou distribuidores que vinham e diziam para aqueles velhos organizadores de promoções: "Nós mantemos as suas prateleiras abastecidas por 15% do bruto." Em outras palavras, o preço de cada artigo incluía uma comissão de 15% para o atacadista por fornecer a mercadoria. Foi assim que os especuladores entraram no negócio das promoções sem ter de pensar como comerciantes. Eles aceitavam o que os atacadistas lhes ofereciam, aumentavam 15%, e ainda assim vendiam por menos do que as lojas de departamentos.

Mas, como eu disse, não podíamos encontrar ninguém que quisesse mandar seus caminhões percorrer 80 ou 100 quilômetros a mais, fora das rotas principais, para chegar àquelas pequenas cidades onde operávamos. Éramos totalmente ignorados pelos distribuidores e atacadistas. Foi assim que tivemos de organizar nosso sistema de distribuição próprio, mas foi assim também que nos habituamos a conseguir preços mais baixos. Naquela época, tínhamos dificuldades de conseguir boas mercadorias para nossas lojas, mas nosso custo de aquisição era mínimo – porque íamos atrás delas sem qualquer ajuda dos distribuidores. E como nos habituamos a fazer tudo em nossa cidade, não gostamos de pagar alguém apenas pelo prazer de fazer negócios com ele.

CLAUDE HARRIS

"Há uma diferença entre ser duro e ser desagradável. Mas todo comprador tem de ser duro. É a sua tarefa. Eu sempre disse aos compradores: 'Vocês não estão negociando para o Wal-Mart, estão negociando para os clientes. E o cliente merece o menor preço que se puder conseguir. Não tenham pena, nunca, de um vendedor. Ele sabe por quanto pode vender, e nós queremos o seu preço mínimo.'

E era isso o que nós fazíamos, e o que o Wal-Mart ainda faz. Dizemos aos vendedores: 'Não inclua nenhuma margem para comissões, porque não fazemos isso, aqui. E não queremos o seu programa de publicidade, nem seu programa de entregas. Nosso caminhão irá apanhar no seu armazém. Agora, qual é o seu menor preço?' E se me respondem que é um dólar, eu digo: 'Muito bem, vou anotar isso, mas vou procurar também o seu concorrente, e se ele me der 90 centavos, ficará com o pedido. Portanto, tenha a certeza de que um dólar é o seu menor preço.' Se isso é ser intransigente, então nós devemos ser os mais intransigentes possível. Temos de ser justos, francos e honestos, mas temos de conseguir a nossa pechincha, porque estamos transacionando por milhões e milhões de clientes que esperam o menor preço que podem conseguir. Se você comprar aquele artigo por 1 dólar e 25 centavos, simplesmente comprou a ineficiência de alguém.

Costumávamos ter discussões terríveis. Temos de ser tão duros quanto eles. Não podemos deixar que façam o que querem, porque eles estão cuidando de si mesmos, e a nossa tarefa é cuidar dos clientes. Eu ameacei Procter & Gamble de não vender sua mercadoria e eles disseram: 'Ah, vocês não podem ficar sem a nossa mercadoria.' E eu respondi: 'Pois eu posso colocar a mercadoria de vocês num lugar pouco visível, colocar Colgate com o maior destaque e a um penny a menos, esperem para ver.' Eles se ofenderam e foram falar com Sam, que lhes disse: 'O que Claude fizer, está feito.' Bem, agora nós temos um relacionamento realmente bom com Procter & Gamble. É um modelo de que todos falam. Mas eu lhes digo, uma razão disso é que eles aprenderam a nos respeitar. Aprenderam que não podem nos pressionar como fazem com os outros, e que quando dizemos que representamos o cliente, estamos falando muito a sério."

Naquela época, é claro, precisávamos desesperadamente do produto de Procter & Gamble, ao passo que eles poderiam ter passado muito bem sem nós. Hoje, somos os seus maiores clientes. Mas foi só a partir de 1987 que começamos a transformar um relacionamento basicamente hostil entre vendedor e varejista naquilo que gostamos de considerar como a onda do futuro: uma associação, lucrativa para ambas, entre duas companhias que procuram servir ao mesmo cliente. Acreditem ou não, por maiores que já fôssemos naquela época, não acredito que o Wal-Mart tivesse recebido jamais um telefonema de algum alto dirigente da P&G. Nós simplesmente deixávamos que nossos compradores resolvessem as coisas com os vendedores deles, e os dois lados viviam com os resultados.

Mas um dia um amigo muito próximo e tradicional parceiro de tênis aqui de Bentonville, George Billingsley, telefonou-me e convidou-me a fazer com ele uma excursão de canoa pelo rio Spring. Disse que levaria também um velho amigo chamado Lou Pritchett, que na época era um dos vice-presidentes da P&G, e que queria me conhecer e falar de coisas relacionadas com as nossas duas companhias. Eu fui, e aquela excursão foi uma das mais produtivas que já fiz com George.

LOU PRITCHETT

"Durante a excursão, nós dois decidimos que todo o relacionamento entre fabricante e varejista estava em causa. Ambos nos centralizávamos no usuário final – o cliente – mas cada um o fazia independentemente do outro. Nenhuma partilha de informações, nenhum planejamento conjunto, nenhuma coordenação de sistemas. Éramos simplesmente duas entidades gigantescas que seguiam seus caminhos separados, esquecidas dos custos excedentes criados por esse sistema obsoleto. Nós nos comunicávamos, na verdade, enfiando notas por baixo da porta.

Em conseqüência, reunimos os 10 mais altos dirigentes das duas companhias em Bentonville para dois dias de confissões e reflexões, e dentro de três meses tínhamos criado uma equipe P&G/Wal-Mart para estabelecer todo um novo relacionamento entre fabricante e varejista. Formamos uma sociedade para fazer o nosso negócio, e um dos seus resultados mais importantes foi a partilha de informações por computador. P&G podia monitorar os dados de vendas e estoques do Wal-Mart, e usar essas informações para preparar seus planos de produção e embarque de maneira muito mais eficiente. Abrimos caminho, usando a tecnologia da informação para dirigir nossos negócios juntos, em lugar de apenas examiná-la."

Depois da associação P&G/Wal-Mart, muitas outras companhias começaram a ver o fabricante como um parceiro importante. A associação também foi um modelo para muitos outros relacionamentos com nossos fornecedores. Na situação que temos hoje, estamos obcecados tanto com a qualidade quanto com os preços, e, embora sendo grandes, a única maneira pela qual podemos chegar a essa combinação é sentando com os nossos fornecedores e trabalhando sobre custos e margens, planejando tudo em conjunto. Com isso, damos ao fabricante a vantagem de saber quais serão as nossas necessidades dentro de um ano, ou de seis meses, ou mesmo de dois anos. Em seguida, desde que sejam sinceros conosco e tentem baixar seus custos o mais que puderem, e continuarem fabricando um produto desejado pelos clientes, podemos trabalhar junto com eles. Os dois lados ganham, e o que é mais importante, o cliente também ganha. A maior eficiência de todo o processo permite ao fabricante reduzir seus custos, o que nos permite baixar nossos preços.

Uma coisa que nunca queremos fazer, porém, é deixar que todas essas complexas questões estratégicas entre nós e as outras companhias grandes – ou essas controvérsias, como a questão dos comerciantes de cidades pequenas e a dos intermediários – interfiram em nosso modo de pensar como clientes – que talvez seja a maneira mais básica de fazer do cliente o número um.

DAVID GLASS

"Eu estava recentemente numa loja onde o diretor e um assistente estavam percorrendo uma seção em companhia da sua chefe. Diziam: 'Se você fosse um cliente, como compraria aquele artigo?' Ela estava com pouco espaço, e tinha colocado o artigo fora do alcance do consumidor médio. E eles continuaram: 'Se você fosse um cliente, que artigos correlatos compraria junto com este? E como os encontraria?'

Gostei muito disso. Muitas vezes nós complicamos demais este negócio. Podemos ter relatórios de computador, relatórios sobre velocidade, qualquer tipo de relatório que quisermos, e organizar os mostruários por computador. Mas se você simplesmente pensar como o cliente, fará um melhor trabalho, melhor apresentação e seleção de mercadorias do que através de qualquer outro processo. Nem sempre é fácil. Para pensar como o cliente, você tem de pensar nos detalhes. Quem disse que 'varejo é detalhe' estava absolutamente certo. Por outro lado, é simples. Se os clientes são os patrões, tudo o que você tem a fazer é agradá-los."

Eu não poderia estar mais de acordo com David do que estou. Tudo o que fizemos desde que criamos o Wal-Mart foi dedicado a essa idéia de que o cliente é o nosso patrão. As controvérsias a que fomos levados por isso me surpreenderam, mas foi fácil conviver com elas, porque nunca duvidamos de nossa filosofia de que o cliente vem antes de qualquer outra coisa.

Capítulo 13

ENFRENTANDO A CONCORRÊNCIA

"Sam telefonou-me para dizer que ia criar um clube atacadista. Não foi surpresa. Ele era notório por observar o que todos os outros fazem, aproveitando o melhor, e melhorando-o ainda mais."

SOLPRICE
fundador – 1955 – da Fed-Mart,
e fundador – 1976 – do Price Club

EU NÃO SEI O QUE TERIA ACONTECIDO ao Wal-Mart se tivéssemos nos aquietado e nunca tivéssemos provocado a concorrência. Minha suposição é que teríamos continuado como uma empresa estritamente regional. E no final creio que teríamos sido forçados a vender a companhia para uma cadeia nacional que estivesse procurando uma maneira rápida de estender-se pelo interior. Talvez houvesse então uns 100 ou 150 Wal-Marts nas ruas, durante algum tempo, mas hoje todas teriam tabuletas da Kmart ou Target na fachada, e eu teria me tornado um caçador de aves de tempo integral.

Jamais saberemos por que escolhemos outro caminho. Decidimos que, em lugar de evitar os nossos concorrentes, ou de esperar que eles viessem a nós, iríamos frontalmente ao encontro deles. Foi uma das melhores decisões estratégicas que tomamos em nossa existência. De fato, mesmo que a nossa história não provasse nada mais sobre o sistema de livre mercado, ela elimina quaisquer dúvidas de que uma concorrência acirrada é boa para os negócios – não apenas para os clientes, mas também para as companhias que têm de competir. Nossos concorrentes nos aprimoraram e aperfeiçoaram a um ponto que, sem eles, não teríamos atingido. Estaríamos longe de ser tão bons quanto somos hoje sem a Kmart, e acho que eles também reconhecerão que a nossa presença fez deles melhores comerciantes a varejo. Uma das razões pelas quais a

Sears decaiu tanto foi o fato de se recusar, por muito tempo, a reconhecer que o Wal-Mart e a Kmart eram os seus verdadeiros concorrentes. Não tomou conhecimento de nenhuma das duas, e nós passamos à frente dela.

BUD WALTON

"Foi a concorrência, claramente, que fez o Wal-Mart, desde o início. Não há ninguém em todos os Estados Unidos que tenha visitado mais lojas de varejo – todos os tipos de lojas de varejos, e não apenas as lojas de promoção – do que Sam Walton. Ele conhece lojas na Austrália e América do Sul, Europa, Ásia e África do Sul. Sua mente é muito curiosa, quando se trata desse ramo de negócios. E não pode haver coisa de que mais goste do que entrar na loja de um concorrente para tentar aprender alguma coisa com ele."

A princípio, nossa disputa foi apenas com outras cadeias regionais de ofertas, como a Gibson's e a Magic Mart, que é a divisão de ofertas da Sterling. Não concorremos diretamente com a Kmart. Para colocar as coisas em perspectiva, devemos comparar a Kmart e o Wal-Mart depois dos 10 anos de existência de cada um deles. Nossos mais de 50 Wal-Marts e 11 lojas de variedades estavam faturando cerca de 80 milhões de dólares por ano em vendas, em comparação com as 500 lojas da Kmart, que faziam mais de 3 bilhões de dólares anuais. Mas a Kmart sempre me interessou, desde a primeira loja em 1962. Eu ia constantemente às suas lojas porque eram um laboratório, e eles eram melhores do que nós. Passei grande parte do meu tempo andando pelas suas lojas, conversando com seu pessoal e tentando descobrir como faziam as coisas.

Durante muito tempo eu queria tentar nossa sorte num confronto com eles, e finalmente em 1972 vimos uma oportunidade perfeita em Hot Springs, Arkansas – uma cidade muito maior do que estávamos acostumados a operar, mas ainda bem perto de nossa sede e cheia de clientes que nós compreendíamos. Vimos a Kmart funcionando ali, sozinha, fazendo o que queria com o mercado. Eles não tinham concorrência, e seus preços e margens eram tão altos que praticamente não estavam fazendo ofertas. Mandamos Phil Green para abrir ali a loja nº 52, que, como vocês devem lembrar, foi onde ele criou toda aquela agitação com a maior exposição de detergente Tide do mundo, e todas as suas outras incríveis promoções. Ele baixou os preços ao mínimo e roubou muitos clientes da Kmart.

Por coincidência, foi naquela época que Harry Cunningham decidiu aposentar-se como diretor-executivo da Kmart, que ele tinha fundado quando era presidente da S. S. Krege. Foi uma grande oportunidade para nós. Harry foi realmente a pessoa que, em apenas 10 anos, legitimou esse tipo de negócio e fez da Kmart o modelo para todos nós – embora o meu bom amigo John Geisse, que ajudou a criar as lojas Target e Venture, seja um outro pioneiro que estava à frente do seu tempo.

HARRY CUNNINGHAM

"Desde a primeira vez que a atividade de Sam foi notada, tornou-se evidente que ele adotara quase todas as idéias originais da Kmart. Sempre tive grande admiração pela maneira pela qual ele as colocou em prática – e mais tarde as ampliou. Muitos anos depois, quando eu já me tinha afastado, mas continuava na junta administrativa da Kmart, tentei advertir a direção da companhia sobre a ameaça séria que, no meu entender, ele representava. Mas só muito recentemente eles o levaram a sério."

Acho que éramos realmente uma pulga atacando um elefante, e o elefante não reagiu imediatamente. Talvez Harry tenha razão. Talvez eles não nos levassem a sério, senão muito depois. Mas sempre acreditei que sempre se irritaram muito com as nossas investidas contra eles, como em Hot Springs. Há poucos anos, em tomo de 1976 e 1977, soubemos claramente que a Kmart – com 1 mil lojas – tinha achado que o Wal-Mart – com 150 lojas – estava indo além da conta. De repente, deram um tiro direto bem no nosso quintal, abrindo em quatro de nossas melhores cidades: Jefferson City e Poplar Bluff, Missouri; Fayetteville e Rogers, Arkansas. Estavam expandindo-se por todo o país na época, e todas as cadeias regionais de promoções estavam preocupadas. Em 1976 fizemos uma reunião do nosso grupo de lojas de promoções em Phoenix, e muita gente falou das maneiras de evitar uma concorrência direta com a Kmart. Fiquei um pouco irritado e disse a todos que deviam ficar de pé e lutar contra a Kmart. Deixei claro que era isso que pretendia fazer.

HERB FISHER, FUNDADOR, PRESIDENTE E DIRETOR-EXECUTIVO, JAMESWAY CORPORATION

" A Kmart estava abrindo tantas lojas que era considerada o Gengis Kan do negócio de ofertas. Sam sempre deixou clara a sua atitude: 'Enfrentá-los diretamente. A competição fará de nós uma companhia melhor.'

Ele é assim com todos. Pessoalmente, é um senhor bom, despretensioso, calmo. Mas está sempre sondando as idéias dos outros, e tem sempre um bloco de notas ou um gravador. Ele extrai tudo o que a gente sabe, mas em troca compartilha livremente das informações que tem.

Ele é, sem dúvida, um concorrente da Jamesway. Mas nem sequer pede desculpas por isso. Ele acha que isso faz de nós uma companhia melhor. E tem razão.'

Aconteceu algo em fins de 1976 que realmente nos ajudou a nos prepararmos para a concorrência. Um grupo de pesquisa criado por uma associação de lojas regionais de ofertas – que na época não concorriam entre si – teve sua primeira reunião aqui em Bentonville. Pessoas como Herb Fisher, da Jamesway, Herb Gillman, da Ames, e Dale Worman, da Fred Meyer, vieram até aqui para inspecionar nossas lojas e dar sua opinião sobre o que estávamos fazendo. E, vejam só, o que eles disseram foi realmente um choque para nós.

NICK WHITE, VICE-PRESIDENTE EXECUTIVO, WAL-MART

"Bill Fields estava dirigindo a loja de Rogers, Dean Sanders a de Siloam Springs, e eu a de Springdale – todas perto de Bentonville – e por isso participamos dessa inspeção. Aqueles senhores – presidentes de todas aquelas companhias – simplesmente desmontaram as nossas lojas, dizendo-nos que fazíamos *tudo* muito mal. 'Os cartazes não valem nada.' 'Seus preços são muito altos para este artigo.' 'Esta mercadoria nem tem preço.' 'Vocês tem isto demais, e falta-lhes aquilo.' Quero dizer, eles realmente nos criticaram."

Foi, realmente, uma encruzilhada em nosso negócio. Ouvimos tudo o que eles tinham a dizer, e fizemos enormes ajustes baseados naquelas críticas. Isso ajudou-nos a nos preparar para qualquer concorrência, especialmente da Kmart, cujo ataque contra nós foi, provavelmente, o melhor acontecimento externo isolado em toda a história do Wal-Mart. Nós nos concentramos e preparamos um grande plano – um programa promocional, um programa de pessoal e um programa de comercialização – para a nossa reação. Como a nossa incursão contra a Kmart em Hot Springs tinha dado muito certo, estávamos confiantes de que poderíamos concorrer com eles.

THOMAS JEFFERSON

"A Kmart realmente investiu contra nós em 1977, mais ou menos, e lembro particularmente de Little Rock. Foram agressivos, e reagimos. Dissemos ao nosso diretor, ali: 'Não importa como, mas não deixe que eles vendam nada por menos do que você.' Lembro-me de que ele me telefonou numa noite de sábado e disse: 'Sabe, nós temos a pasta de dentes Crest por seis centavos o tubo, agora.' E eu disse: 'Bem, mantenha esse preço e vamos ver o que eles fazem.' Eles não baixaram o preço além disso, e as duas lojas venderam a pasta por seis centavos. Finalmente eles recuaram, eu sempre achei que tinham aprendido alguma coisa a nosso respeito naquela loja – que nós não nos dobramos facilmente – porque nunca mais nos atacaram com uma guerra de preços igual, em lugar nenhum."

Nós melhoramos tanto, e tão depressa, que é difícil de acreditar. Afastamos a Kmart de todas as cidades pequenas que eram nossas. Quase que desde o começo eles não tiveram muito êxito em nos roubar clientes em Jefferson City e Poplar Bluff. Quando a Kmart chegava, nós nos empenhávamos ainda mais em agradar aos nossos clientes, e eles permaneceram fiéis. Isso nos deu uma grande onda de confiança em nós mesmos.

Lembrem-se, porém, de que naquela época nossas vendas representavam apenas 5% das vendas da Kmart. E tínhamos sofrido recentemente o êxodo de executivos que acompanharam a partida de Ron Mayer. Por isso, estávamos tendo muito trabalho em convencer Wall Street a continuar conosco. Muita gente não acreditava que éramos capazes de enfrentar a concorrência *de verdade*. Uma analista, Margo Alexander, de Mitchell Hutchins Inc., preocupou-se realmente com o êxodo em seu relatório sobre o Wal-Mart. Perguntou se isso não desestimularia outros executivos a virem trabalhar conosco. Disse que eles podiam prever um conflito inevitável com "o empresário que nunca se sentirá satisfeito com outra pessoa administrando a 'sua' companhia", ou seja, comigo. Também perguntou se eu, tendo me afastado uma vez, estaria tão empenhado quanto antes na administração do negócio.

Eis algumas das coisas que ela escreveu a nosso respeito em janeiro de 1977:

"Um dos elementos chaves no sucesso do Wal-Mart tem sido a falta de concorrência nos pequenos mercados rurais... Evidentemente, é mais fácil operar nessas condições do que em condições competitivas: as reduções de preço não precisam ser tão acentuadas, e a mercadoria 'certa'

> é menos crítica, simplesmente porque os clientes não têm alternativa... Embora o Wal-Mart diga que suas lojas concorrem efetivamente contra a Kmart, a companhia evitará uma Kmart, se possível. Embora não esperemos que a Kresge monte nenhuma invasão maciça no atual território do Wal-Mart, é lógico que ela venha a agir para conter a expansão geográfica do Wal-Mart... Supondo-se alguma política de contenção por parte da Kresge, o Wal-Mart poderia enfrentar problemas sérios nos próximos anos.
>
> Gostaríamos muito de recomendar a compra das ações... Infelizmente, porém, o futuro da companhia parece incerto, e achamos que o Wal-Mart é uma dessas companhias que estão num limiar, e correm o risco de desmoronar."

Relatórios como este não nos ajudaram muito, mas a verdade é que a análise da situação feita por ela não foi necessariamente tão errada quanto parece hoje. Tudo o que ela disse poderia ter se transformado em verdade. Mas ela não percebeu alguns pontos. Seu maior erro foram as dúvidas que teve quanto à equipe administrativa que veio depois de Ron Mayer. Como disse antes, ter David Glass e Jack Shewmaker em posições administrativas superiores nos proporcionou uma reunião de talentos tão boa quanto qualquer varejista poderia ter esperanças de reunir. Tenho me orgulhado muito, nos últimos anos, com o fato de que a nossa expansão mais rápida – o maior período de crescimento na história do varejo – realmente ocorreu depois que todos achavam que estávamos prontos para sermos comidos pelo pessoal da Kmart, de Detroit.

Outro aspecto não percebido por Margo Alexander e outros foi um acontecimento muito feliz para nós na frente competitiva: a Kmart também estava enfrentando problemas. Em fins de 1976 eles tinham comprado mais de 200 locais para lojas deixados pela extinta cadeia Grant's, e estavam muito ocupados tentando fazê-los funcionar. Não só isso, mas também pareciam ter uma filosofia administrativa, na época, de evitar toda modificação, o que não funciona nunca neste negócio. Tenho a certeza de que o Wal-Mart ficava muito embaixo na lista de prioridades deles, e ao pensar nisso ocasionalmente percebo como tivemos sorte em não ter de enfrentar Harry Cunningham – ou a atual administração da Kmart – naquele período.

A despeito do que estava acontecendo na Kmart, a nova equipe que tínhamos em Bentonville em fins da década de 1970 deixava-nos em boa posição para a próxima década de crescimento. Foi mais ou menos nessa época que muitos dos promotores de vendas especuladores começaram a lutar pela sobrevivência. A economia nacional enfraqueceu em meados daquela década, e a intensa competição entre os verdadeiros comerciantes começou a afastar do ramo os que visavam apenas ao lucro rápido. Quanto mais eficientes a Kmart, a Target, o Wal-Mart e algumas das cadeias regionais se tornavam, e quanto mais nos chocávamos em situações competitivas, mais éramos capazes de reduzir os preços.

A percentagem de margem bruta de lucro nesse negócio – realmente, a proporção entre o que pagamos pela mercadoria e o preço pela qual a vendemos – caiu acentuadamente de cerca de 35% em princípios da década de 1960 para apenas 22%, hoje. Quase tudo isso representa valor acrescido e poupança para os clientes que usam as lojas de promoções. Assim, aqueles que não tinham empresas eficientes, que estavam muito endividados e tinham vidas luxuosas, sem se preocupar com o seu pessoal, aqueles que não se esforçavam para conseguir os melhores negócios na compra de mercadorias e transferir para os clientes tais vantagens, essas pessoas tiveram problemas. Quando vimos a Kmart voltar-se diretamente contra nós em 1976 e 1977, resolvemos intensificar nossos esforços de expansão com a aquisição de algumas dessas cadeias de ofertas em dificuldades.

Como o Wal-Mart tinha sido sempre uma empresa local, todo esse período provocou muitos debates filosóficos em nossos escritórios e, francamente, eu mudei de opinião com tanta freqüência que todos ficaram quase doidos. Não tive muitos problemas com a nossa primeira aquisição real, que ocorreu em 1977. Meu irmão Bud e David Glass negociaram a compra de uma pequena cadeia chamada lojas de oferta Mohr Value, em Illinois. Suas lojas estavam faturando em média 3 a 5 milhões de dólares por ano, cada, e isso parecia uma boa maneira de lançar uma cabeça de ponte em território novo. Fechamos cinco lojas e transformamos as 16 restantes em Wal-Marts, e não houve maior choque para o nosso sistema.

E certamente não diminuiu o nosso ritmo, porque dois anos depois, em 1979, com cerca de 230 lojas em atividade, chegamos pela primeira vez a um bilhão de dólares de vendas. De todos os marcos que atingimos, esse foi provavelmente o que mais me impressionou. Tenho de admitir que fiquei espantado com o fato de o Wal-Mart ter se transformado numa companhia de um bilhão de dólares. Mas não me parecia haver lógica em pararmos ali, e então surgiu uma nova oportunidade de aquisição de outra empresa.

Desta vez, foi uma aquisição menos tranqüila, mas nos ajudou a dar um salto geográfico muito importante para a nossa expansão. Muita gente no Leste, que não sabe muito sobre o Wal-Mart, ainda pensa em nós como uma empresa "sulista" de lojas de ofertas. Talvez porque estamos no Arkansas, que muitas pessoas consideram um estado sulista, embora a nossa situação seja realmente mais de Meio-Oeste. Ou talvez seja devido à nossa imagem interiorana. Mas a verdade é que até 1981 quase não tínhamos lojas a leste do Mississippi. Éramos grandes em Arkansas, Louisiana, Mississippi e Texas, mas não tínhamos nada no Tennessee, Alabama, Geórgia, ou nas Carolinas. Não éramos grandes competidores no Sul.

Por sua vez, as Lojas Big K, da Kuhn's, tinham se tornado uma companhia de boas proporções no Sul. Com sede em Nashville, Tennessee, a Kuhn's tinha começado com uma única loja de variedades um pouco antes de 1920. Jack Kuhn e seu irmão Gus transformaram a companhia numa cadeia de ofertas, fizeram uma ou duas aquisições, e cresceram, passando a ter 112 lojas, concentradas no Tennessee, mas com negócios também em Kentucky, Alabama, Geórgia e Carolina do Sul – todos estados nos quais achávamos que poderíamos nos sair bem. Éramos bem maiores do que eles, mas vínhamos observando-os bem de perto. Era mais ou menos como nos velhos tempos da loja de variedades, quando uma cadeia como a TG&Y não entrava no território de outra cadeia como a Hested's. Sabíamos que, de uma maneira ou de outra, teríamos de nos voltar para o Sul, e acho que os provocamos ao atravessar o Mississippi e abrir uma loja em Jackson, Tennessee. Eles retaliaram, abrindo lojas em West Helena e Blytheville, Arkansas. A verdade é que estávamos nos concentrando sobre a Kuhn's e realmente fazendo um trabalho melhor do que eles. De fato, estavam começando a balançar. Tinham contraído dívidas para construir um edifício elegante para sua sede. E registravam prejuízos.

Eu tive muito trabalho em decidir sobre o que fazer. Queria entrar naquele território antes que a Kmart, ou alguma outra cadeia, acordasse e nos passasse para trás. Parecia uma grande medida competitiva a tomar. Mas nunca tínhamos comido um pedaço tão grande antes, e não sabíamos como seria a tentativa de digeri-lo. Ficamos dando voltas e voltas. Uma hora queríamos, outra hora adiávamos por provavelmente uns dois anos. Finalmente, a Comissão Executiva reuniu-se para votar o assunto, numa certa manhã, e houve um empate. Foi bom que houvesse, porque me deu a oportunidade de assumir a responsabilidade final pela decisão. Todo o negócio tinha sido realmente obscuro, com muita discussão. Finalmente, votei a favor. Não sabíamos como fazer para incorporar a Kuhn's ao Wal-Mart, mas encarregamos Paul Carter disso, e ele ficou viajando entre Nashville e Bentonville por bastante tempo.

PAUL CARTER, VICE-PRESIDENTE EXECUTIVO E DIRETOR FINANCEIRO, WAL-MART

"Foi uma das poucas vezes em que vimos o presidente usar de suas prerrogativas e dizer: 'Vamos fazer isto.' Era uma proposição nova para o Wal-Mart. A princípio, achamos que tudo seria controlado de Nashville, como uma divisão em separado. Depois, mudamos de opinião e resolvemos fechar todos os escritório de lá, e trazer tudo para cá. Era o mais distante que já tínhamos ido, geograficamente, e vendo as coisas da perspectiva atual, acho que a decisão de concentrar aqui a administração teve uma grande influência sobre a maneira pela qual dirigimos a companhia desde então, com todos os diretores regionais baseados em Bentonville.

Eu fui para a Big K pesando 85 quilos e voltei com 75. Foi uma luta para todos nós envolvidos, e uma tensão para toda a companhia. Mas creio que isso é bom para qualquer organização, à certa altura. Jack Shewmaker considerou a situação como uma oportunidade para aprender, e colocar em prática, muita coisa sobre as comunicações muito estendidas. Por mais difícil que tenha sido, a operação Big K foi realmente boa para esta companhia. Foi como uma lagarta que nos transformou em borboleta. Como companhia, estávamos realmente prontos a voar depois que saímos daquela experiência."

Fechamos algumas das lojas da Kuhn's que estavam perdendo dinheiro, e pela primeira vez tentamos abastecer as nossas lojas usando uma companhia de fora, um distribuidor, o que não funcionou. Mas tão logo imaginamos como resolver isso, a aquisição nos colocou numa ótima posição para crescer. Como vocês viram pelos números, explodimos a partir daquele momento, quase sempre abrindo 100 lojas novas por ano, e mais de 150 em alguns anos. Acho que o negócio da Kuhn's nos deu uma nova confiança de que podíamos vencer qualquer coisa.

Não sei como as pessoas do escritório executivo me vêem, e sei que ficam frustradas com a maneira pela qual faço todos andarem de um lado para outro, em muitas questões que surgem. Mas eu me vejo como uma pessoa um pouco mais inclinada do que a maioria delas a correr riscos. Numa decisão como a da Kuhn's, eu procuro analisar os números – mas em geral, a decisão final é tomada por impulso. Se a coisa me parece certa, minha tendência é ser a favor dela; se não for, eu recuo.

É claro que por vezes isso me leva a cometer erros. Em princípios da década de 1980, por exemplo, viajei por todo o mundo examinando a competição mundial no comércio varejista. Fui à Alemanha, França, Itália, África do Sul, Grã-Bretanha, Austrália e América do Sul, e vi vários conceitos que me interessaram. Fiquei impressionado com as gigantescas lojas Carrefour no Brasil, o que me motivou a começar uma campanha para trazer para os Estados Unidos um conceito chamado Hypermart – lojas gigantescas, com mercearia e mercadorias em geral sob o mesmo teto. Eu o examinei na Europa e voltei interessado nesse conceito. Argumentei que todo mundo tinha êxito com ele, menos os Estados Unidos, e que devíamos experimentá-lo. Eu tinha a certeza de que esse seria o próximo campo da batalha competitiva.

Por fim, abrimos dois Hypermarts na área de Dallas-Fort Worth, um em Topeka e outro em Kansas City. Já então tínhamos conquistado bastante respeito no meio, de modo que a Kmart saiu logo atrás de nós com seu conceito próprio de Hypermart, chamado American Fare. Nossos Hypermarts não foram desastres, mas sim decepções. Eram lojas marginalmente lucrativas, e nos ensinaram qual devia ser nosso próximo passo na combinação de mercearia e comercialização em geral – um conceito de menores proporções, chamado de Supercenter. Mas eu me enganei na minha visão do potencial do Hypermart nos Estados Unidos.

Realizamos ainda outras experiências, menos divulgadas, que não funcionaram muito bem. Nosso conceito de drogarias de ofertas cresceu até ter 25 lojas, antes que decidíssemos que não eram suficientemente lucrativas. E tentamos um centro de reformas de casas no prédio que abrigara o Wal-Mart original em Rogers, e que também não foi um sucesso. Como David Glass disse a meu respeito, quando acho que estou errado, estou pronto a passar a alguma outra coisa.

Mas quando uma de nossas experiências dá certo, atenção. Vejam os SAM'S CLUBS, por exemplo. Era uma experiência quando os iniciamos em 1983, e hoje, nove anos depois, é um negócio de 10 bilhões com mais de 217 lojas e um excelente potencial de crescimento. Os SAM'S CLUBS são lojas grandes em prédios do tipo de armazém, destinadas a proprietários de pequenos negócios e outros clientes que compram mercadorias por atacado. Uma taxa de inscrição, permite ao cliente comprar no SAM'S CLUB, que cobra preços de atacado por produtos de marcas conhecidas, por vezes de alta qualidade – tudo, desde pneus, máquinas de retrato e relógios, passando por artigos de escritório e até salsichas para coquetel e refrigerantes. É muito divertido fazer compras ali, e as pessoas que trabalham nos SAM'S CLUBS são um pouco malucas. Como nos velhos tempos do Wal-Mart, são capazes de fazer qualquer coisa, imediatamente, para movimentar a mercadoria.

Tal como aconteceu com as promoções, lamento dizer que não nos cabe o crédito de ter inventado o conceito de clube atacadista. Coloquem-se em nossa posição por um momento, porém, e poderio ver por que tivemos de roubar a idéia daqueles que a lançaram. Foi no princípio da década de 1980, e estávamos no negócio de ofertas havia cerca de 20 anos. Só as empresas eficientes ainda continuavam atuando, porque os preços, e as margens, tinham caído constantemente durante todo o período. De repente, percebemos a existência de toda uma subclasse de lojas de ofertas vendendo mais barato do que nós, atacadistas com despesas gerais muito baixas, que vendiam com margens inferiores aos 22% das lojas de ofertas – a 5% ou 7%. Como os "Preços Baixos Todos os Dias" nos tinham trazido até aqui, tínhamos de explorar o negócio. Especialmente porque sabíamos que Sol Price – um dos pioneiros das lojas de ofertas – estava por trás da idéia. Ele havia criado as lojas Price Club em 1976.

Assim, um dia fui procurar Sol em San Diego. Eu o tinha conhecido antes, quando eu e meu filho Rob o visitamos. Agora, porém, Helen e eu estávamos na Costa Oeste para uma reunião com os negociantes do atacado, e por isso fomos jantar com ele e a mulher no Lubock's. E tenho de confessar que não lhe disse, naquela época, que ia copiar o seu programa, mas foi o que fiz.

Voltei para casa, e fui em seguida a Oklahoma City, onde alugamos um velho prédio por cerca de 90 centavos o pé quadrado, ou talvez mesmo 75 centavos. Remodelamos o prédio e para a sua administração reunimos uma equipe de malucos que não eram muito apreciados no Wal-Mart. Tínhamos dois ou três compradores. Preparamos rapidamente um programa e um projeto e colocamos tudo em movimento. Abrimos nosso primeiro clube em 1983. Dava a mesma impressão de caos e animação dos primeiros tempos do Wal-Mart. E desde o começo nos empenhamos em separar a cultura dos SAM'S CLUBS da cultura do Wal-Mart. Uma das pessoas que escolhi foi Rob Voss. Ele não era realmente considerado como um grande talento administrativo no Wal-Mart porque na maioria das vezes estava nadando contra a correnteza, não a favor dela. Era um pouco agitador.

ROB VOSS, PRIMEIRO DIRETOR-GERAL DE MERCADORIAS, SAM'S CLUB

"Eu disse a Sam francamente que ele tinha muitos egos na sua companhia, e que eles precisavam compreender que nós íamos fazer uma comercialização própria. Assim, ele se levantou numa reunião de sábado pela manhã e disse a todos – e reproduzo as suas próprias palavras – 'A operação SAM'S CLUB fará a sua comercialização própria. Se qualquer um dos compradores da Wal-Mart aqui presentes se julgar fora dessa norma, e achar que por ser comprador de um artigo deve comprar para toda a companhia, sugiro que venha falar comigo em meu escritório para que eu lhe explique mais detalhadamente.' A partir daquele dia, nunca tivemos um problema."

Abrimos rapidamente SAM'S CLUBS em Kansas City e Dallas, e depois duas unidades em Houston. Era muito parecido com o Wal-Mart. Quando já tínhamos cinco unidades em funcionamento, eu senti que iria dar certo, e deu. Não gosto de dizer isso, mas acho que foi quase como uma segunda infância para mim – pelo menos, um segundo desafio. Tinha novamente a oportunidade de construir toda uma companhia, e tentei trabalhar o máximo possível, embora David Glass também estivesse muito envolvido com os clubes, desde o começo.

RON LOVELESS, VICE-PRESIDENTE SÊNIOR APOSENTADO, WAL-MART

"Vim do Wal-Mart para ajudar Sam a montar os SAM'S CLUBS. Como o nosso modelo eram os Price Clubs, por vezes nós os copiávamos sem saber exatamente o que estávamos fazendo. Estávamos levando para o Meio-Oeste uma idéia da Costa Oeste, e não sabíamos como seria recebida. Lembro uma idéia que não foi bem-sucedida. O Price Club tinha uma enorme seção de vinhos na entrada de suas lojas. Compramos a mesma quantidade para nossas lojas do Meio-Oeste, e ficamos sabendo pela dura experiência que os habitantes dessa região não são exatamente bebedores de vinho."

TOM COUGHLIN, VICE-PRESIDENTE SÊNIOR, SAM'S CLUB

"Este negócio é engraçado. Realmente é. É *tão básico. Tão direto.* Não fazemos anúncios, mas todo o nosso movimento é baseado na venda do conceito. Vendemos a pequenos donos de negócios a idéia de que por 25 dólares por ano eles podem ter um armazém com todas as vantagens de preços obtidas pelas grandes companhias. E tal como no Wal-Mart, nossos clientes ficam conhecendo a nossa cultura, e gostam dela. Sabem que não há quaisquer supérfluos naqueles armazéns. Sabem que são os nossos administradores que pegam as empilhadeiras e vão buscar as mercadorias para eles, e passam a esperar isso. E gostam."

A concorrência no ramo de clubes de atacado pode ficar bastante animada, por vezes. Certa vez eu estava no Price Club, na avenida Marino, em San Diego, e levava comigo meu pequeno gravador como sempre faço – e estava tomando notas sobre preços e idéias para comercialização. Aproxima-se um sujeito corpulento e me diz: "Sinto muito mas tenho de tomar o seu gravador e apagar o material que tem nele. Temos uma política contra o seu uso em nossas lojas." Bem, nós temos a mesma política, e eu sabia que me tinham apanhado. Por isso, disse: "Respeito a ordem. Mas tenho no gravador coisas sobre outras lojas, que não quero perder, portanto, deixe-me mandar um bilhete para o Robert Price" – o filho de Sol. Escrevi: "Robert, o seu fiscal é muito bom. Eu estava tentando registrar no gravador umas informações sobre alguns dos artigos que vocês estão oferecendo e minhas impressões sobre a sua loja, e ele me pegou. Portanto, aqui vai a fita. Se quiser ouvir, é claro que pode, mas tenho nela outro material que gostaria muito que me fosse devolvido." Quatro dias depois recebi uma delicada carta de Robert, com a fita, e nada tinha sido apagado. Ele provavelmente me tratou melhor do que eu merecia.

O lançamento dos SAM'S CLUBS reflete outra parte de meu estilo administrativo que se aplica não só à concorrência, mas também ao nosso próprio pessoal. Gosto de manter todo mundo intrigado. Não quero que nossos concorrentes se sintam muito confiantes com a impressão de que podem prever o que vamos fazer. E não quero que os nossos executivos também tenham essa impressão. Isso contribui muito para que eu sinta a necessidade de mudanças constantes, para que as pessoas fiquem um pouco desnorteadas.

Muitas pessoas na minha posição teriam ficado satisfeitas com a situação tal como existia em 1984. Nossos 640 Wal-Marts lucravam quase 200 milhões de dólares por ano com vendas de mais de 4,5 bilhões, continuávamos a crescer rapidamente, e estávamos progredindo com os SAM'S CLUBS. Mas eu sentia necessidade de uma mudança. Por isso chamei Jack Shewmaker, hoje nosso presidente e diretor de operações, e lhe perguntei se se importaria de trocar de cargo com o nosso diretor financeiro, David Glass. Não é um pedido comum para o presidente, na maioria das companhias, acho. Eu valorizava, e muito, os talentos dessas duas pessoas, mas tinha minhas razões para querer ver como funcionaria a troca. Jack é muito esperto e agressivo, seguro de si aponto de ser, por vezes, um pouco duro com as pessoas, e eu queria ver como alguém com as maneiras suaves de David faria esse trabalho.

Jack disse que ele já sabia que não queria ficar no Wal-Mart até envelhecer, e por isso depois de alguma discussão, concordamos na troca. David assumiu o cargo dele, e Jack ficou por mais três anos como diretor financeiro, e realizou um grande trabalho. Hoje, ele trabalha em consultoria internacional, e continua um valioso membro da junta do Wal-Mart. David, é claro, foi um presidente fantástico, e há cerca de cinco anos eu transferi para ele o meu título de diretor-executivo. Foi nessa época que Jack se afastou.

Além de tudo o que funcionou bem para todos – realmente – não vou fingir aqui que não houve tensões durante aquele período da nossa história. Nosso negócio é altamente competitivo, e nossa companhia, ainda mais competitiva. Ela atrai naturalmente muitas pessoas ambiciosas com grandes egos. Desde meus dias de jogador de futebol, em criança, sempre achei que quase todos os tipos de competição são bons. Espero que nossos associados sejam competitivos entre si e, como já disse, o que odeio é ver urna rivalidade tornar-se pessoal, com pessoas que não se apóiam mutuamente.

A competição é, na verdade, a razão pela qual gosto tanto do varejo. A história do Wal-Mart é apenas um outro capítulo nessa história da competição – um grande capítulo, realmente – mas é parte da evolução desse tipo de comércio. Surge sempre alguém para nos desafiar. Pode haver um desafiador nas ruas neste momento, formulando um plano para chegar ao alto. Para continuar à frente dele temos de mudar constantemente e olhar por cima do ombro e planejar. Foi por isso que compramos a companhia McLane há alguns anos. É uma grande distribuidora de produtos para mercearias e deve constituir uma boa base para nossa entrada nesse mercado, quando sentirmos que os clientes estão preparados para o nosso jeito de fazer negócios.

Neste momento, vejo muitos desafios surgindo do exterior, com alguns programas muito sofisticados. Alguns dos competidores incipientes neste país, que vieram da Holanda, Alemanha e França, devem ser observados de perto. Não vai demorar muito e teremos uma onda de conceitos japoneses sobre o varejo. Não sei se o Wal-Mart pode manter realmente a nossa posição de liderança ficando apenas nos Estados Unidos. Acho que teremos de nos transformar numa companhia mais internacional num futuro não muito distante. Criamos uma divisão internacional, e temos uma empresa mista com uma companhia mexicana, chamada CIFRA, para o desenvolvimento do Clube Aurrera, um clube de vendas por atacado. Abrimos dois deles, com planos de abrir outros sem demora. A absorção de pessoas de outras culturas, rápida e sem atritos, constituirá um real desafio para o Wal-Mart no futuro próximo – mas nosso pessoal está à altura dele.

Na frente interna, a concorrência no ramo das promoções aumentou tremendamente nos últimos anos. Nossos concorrentes estão atendendo melhor aos seus clientes, fazendo com que passem pelos seus caixas. Estão com lojas mais limpas, com melhor apresentação das mercadorias. Estão tornando o nosso trabalho muito mais dificil. Mas até agora, nenhum deles foi capaz de operar no volume que operamos, com a nossa eficiência. Não conseguiram baixar as despesas tanto quanto nós, e não conseguiram que seus associados fizessem para os clientes aquilo que os nossos fazem rotineiramente: cumprimentá-los, sorrir para eles, ajudá-los, agradecer-lhes. E não conseguiram movimentar sua mercadoria, nem estocá-la, com a nossa eficiência.

Se alguém conseguir superar-nos em qualquer dessas áreas, ficaremos realmente preocupados. Até agora, ninguém conseguiu.

Capítulo 14

AMPLIANDO OS CÍRCULOS

> *"Distribuição e transporte foram tão bem-sucedidos no Wal-Mart porque a alta administração os considera como uma vantagem competitiva, e não como um apêndice, ou um mal necessário. E os apóia com investimento de capital. Muitas companhias não querem gastar dinheiro com a distribuição, se não forem obrigadas a isso. A nossa gasta porque demonstramos constantemente que a distribuição reduz os nossos custos. É um ponto estratégico muito importante para se compreender o Wal-Mart."*
>
> JOE HARDIN
> vice-presidente executivo,
> logística e pessoal

ALGUNS DE NOSSOS ASSOCIADOS acham engraçado que me seja dado tanto crédito pela reputação do Wal-Mart como líder mundial do comércio varejista e da tecnologia de distribuição. Não porque não estejamos na primeira linha. Estamos. Acham engraçado porque, como já lhes disse, desde que fui àquela escola da IBM em 1966, eu sempre resisti muito quando alguém quer comprar um novo sistema para isto, aquilo, ou aquilo outro. Quero que pensem bem sobre como justificar a despesa, antes de falarem comigo.

Mas não há dúvida quanto a isso: uma das principais razões pelas quais pudemos projetar esta companhia nacionalmente foi a pressão que sobre mim exerceram pessoas como David Glass e, antes dele, Jack Shewmaker e Ron Mayer, para que investíssemos pesadamente em tecnologia. Sim, eu argumentei e resisti, mas acabei assinando os cheques. E pudemos avançar muito, em relação ao comércio varejista, em comunicações e distribuição. Durante o período, em fins da década de 1970, no qual a administração da Kmart resistiu fortemente a qualquer tipo de mudança, essa resistência incluiu o investimento em sistemas. Ao mesmo tempo, nosso pessoal estava absolutamente convicto de que os computadores eram essenciais para administrar o crescimento e para manter a nossa estrutura de custos baixos. Hoje, é claro, ficou tão provado que eles tinham razão, que parecem gênios. Eu chegaria mesmo a dizer que, de fato, a eficiência e as economias de escala que realizamos com nosso sistema de distribuição nos proporciona uma de nossas maiores vantagens competitivas.

Muitas pessoas contribuíram para isso no decorrer dos anos, mas David Glass tem de ficar com a parte do leão do crédito pela nossa posição atual em distribuição. David teve a visão dos centros de distribuição automatizados – ligados por computadores tanto às nossas lojas quanto aos nossos fornecedores – e se empenhou na criação desse sistema, a partir de 1978 em Searcy, Arkansas.

DAVID GLASS

"Searcy foi provavelmente construído com dois anos de atraso em relação às nossas necessidades, e por isso houve muita pressão para que o criássemos e colocássemos em funcionamento. O grande problema do Wal-Mart era que não poderíamos nos expandir muito além do raio de 550 quilômetros em torno do nosso centro de distribuição em Bentonville. Devido a esse problema logístico, nossos detratores disseram que seríamos sempre uma cadeia regional média, limitada a essa área. Eu pressionei muito por Searcy como a solução. Era um plano realmente ambicioso: nosso primeiro centro de distribuição distante e mecanizado. Infelizmente, precisávamos tanto dele que tivemos de correr, e a pressa o transformou num desastre – meu desastre. Foi tão ruim quanto a inauguração de Sam em Harrison, e mais sério.

Começamos a despachar mercadoria dali antes de termos um telhado no prédio, e nada – nem mesmo os banheiros – funcionava como deviam. Pessoas como Glenn Habern, nosso diretor de processamento de dados, e Paul Carter, trabalharam ali com empilhadeiras – até que Habern derrubou uma armação e espalhou Listerine por todo o lugar. As condições de trabalho eram terríveis, e imediatamente apareceu o sindicato, para organizar-se.

Era tamanho o pesadelo que Sam começou a questionar toda a idéia da distribuição mecanizada. Ele realmente não tinha a certeza de que funcionaria. Felizmente, contratou Don Soderquist, da Ben Franklin, mais ou menos naquela época, e Don deu forte apoio ao que estávamos tentando fazer. Ele acreditava totalmente na distribuição mecanizada, e acabou assumindo a distribuição, a partir de 1980. Fez um grande trabalho na sua ampliação, ajudando a introduzir muitas inovações, inclusive um novo sistema de controle do estoque, que era muito necessário.

Felizmente, modificamos a situação em Searcy e fizemos com que funcionasse, porque o centro salvou nosso pescoço, depois que ficamos com todas aquelas lojas Kuhn's. Tínhamos de encontrar um meio de abastecê-las, e nosso acordo com um distribuidor de fora transformou-se num pesadelo. Por isso, construímos um anexo em Searcy para atendê-las, o que resolveu o problema. Searcy – um dos nossos centros de distribuição com melhor desempenho, atualmente – foi na verdade a chave de todo o nosso sistema de distribuição. Depois que provamos que ele funcionava, era possível reproduzir o modelo em qualquer lugar, e foi o que fizemos."

Creio que podemos dizer com Justiça que nosso sistema de distribuição é hoje motivo de inveja de todos no ramo do varejo, e de outros também. Temos agora 20 desses centros localizados estrategicamente em nossas áreas de operação em todo o país – ainda principalmente a um dia de distância, ou cerca de 550 quilômetros, das lojas a que atendem. Em conjunto, representam mais de 1 milhão e 600 mil metros quadrados de espaço de distribuição. Estocamos mais de 80 mil artigos em nossas lojas, e nossos armazéns reabastecem quase 85% desse estoque, em comparação com o índice de nossos concorrentes, que é de apenas 50 a 60%. Em conseqüência, apenas dois dias, em média, transcorrem entre o momento em que nossos diretores de loja fazem seus pedidos pelo computador até a hora em que recebem esse pedido. Esse prazo é de cinco dias ou mais para muitos de nossos concorrentes, que não transportam muita mercadoria pelos seus sistemas próprios.

A economia de tempo e a flexibilidade são grandes, mas a economia de custos, por si só, tornaria o investimento proveitoso. Nossos custos são inferiores a 3% para enviar mercadorias para as nossas lojas, quando para nossos concorrentes esse mesmo custo fica entre 4,5 e 5%. A matemática é bastante simples: se ambos vendermos as mesmas mercadorias pelo mesmo preço no varejo, ganharemos 2,5% mais do que eles, só nisso.

JOE HARDIN

"Quem é dono de seus próprios canais de distribuição e logística tem uma grande vantagem competitiva sobre as companhias que recorrem a terceiros como abastecedores. Isso diminui automaticamente os prazos de espera, e também leva a uma busca constante de formas de melhorar a operação e tentar realizá-la de maneira mais eficiente. Não é preciso preocupar-se com o que está acontecendo em outra empresa. No nosso caso, sabemos em geral como estão as coisas, no que se relaciona com a data em que queremos que cheguem, de modo que podemos esquematizar e planejar a movimentação de mercadorias para as lojas no momento adequado. Isso maximiza as nossas posições de estoque, o que é vital. Não se pode gerar vendas sem ler o produto no local quando o cliente o deseja."

Não só estocamos mais mercadorias em nossos centros de distribuição, como também dependemos de uma frota própria de caminhões em proporções muilo maiores do que os nossos concorrentes. Nossa frota é uma das maiores do país, talvez a maior. No ano passado, David pediu a Lee Scott, nosso vice-presidente, que superintende os transportes, que tentasse localizar cada caminhão e reboque da frota num mesmo dia, apenas para mostrar que podíamos fazê-lo. É claro que ele conseguiu e, segundo a última contagem, Less diz que temos mais de dois mil tratores e mais de 11 mil reboques em atividade. Ao contrário da Kmart e da Target, que contratam com terceiros a entrega de grande parte de suas cargas oriundas dos centros de distribuição, sempre sentimos necessidade de ter nossa frota própria.

Para ter a flexibilidade que desejamos – a capacidade de reagir acima e além do que poderíamos pedir a uma empresa de fora que fizesse para nós – precisamos de motoristas que sejam parte de nossa equipe, motoristas que sejam tão dedicados ao atendimento de nossos clientes quanto os associados nas lojas. E sempre podemos contar com eles. Quando você estiver numa estrada e passar por um caminhão do Wal-Mart, pode apostar até o seu último dólar que atrás do volante está um profissional de verdade. Ele não está apenas dirigindo um caminhão. Está dedicado ao atendimento daquelas lojas, e sabe que é, na estrada, um embaixador do Wal-Mart e de tudo o que representamos. Digo que temos os melhores motoristas de caminhão dos Estados Unidos, e sua fidelidade e sua boa vontade fizeram uma grande diferença para esta companhia.

LEE SCOTT

"Nossos motoristas são extremamente fiéis à sua missão, que é servir às lojas. Eles informam constantemente ao Wal-Mart coisas como mercadorias jogadas atrás das lojas que ainda pareciam em bom estado, problemas de atitudes e moral nas lojas. Durante muito, muito tempo, Sam aparecia regularmente às 4 da manhã no refeitório dos motoristas, com um saco de roscas, e ficava ali durante algumas horas, conversando com eles.

Sam os interrogava. 'O que vocês têm visto nas lojas?' 'Estiveram recentemente em tal loja?' 'Como é que as pessoas ali agem?' 'A loja está melhorando?' Isso faz sentido. Os motoristas vêem mais lojas, todas as semanas, do que qualquer outra pessoa da companhia. E acho que Sam gosta deles por não serem iguais a muitos diretores. Não se importam com quem você é. Dizem o que realmente pensam."

É claro que a única coisa que faz com que todo o sistema de distribuição trabalhe tão bem é a dedicação de todos os que dele participam. A tecnologia e o equipamento são apenas ferramentas. As pessoas nesse setor acreditam, com a mesma firmeza que nossos associados das lojas, que seu principal trabalho é dar assistência ao cliente. Só que no caso do motorista, o cliente é a loja Wal-Mart ou o SAM'S CLUB que estão abastecendo.

Tendo essa idéia como base, desenvolvemos uma capacidade excepcional de adaptar tudo às necessidades das nossas lojas. Até recentemente, por exemplo, nós nos orgulhávamos de fazer entregas diariamente a 97% de nossas lojas. Mas descobrimos que isso não era necessariamente o melhor para elas, em particular as menores. Por isso temos agora um programa de entregas individualizado, no qual as lojas podem escolher um entre quatro planos diferentes. A cada seis meses, toda loja decide qual plano prefere. E temos também um plano chamado de entrega acelerada, destinado a lojas localizadas a uma certa distância de um centro de distribuição. Uma loja, de acordo com esse plano, pode pedir mercadoria na noite de segunda-feira e recebê-la na noite da terça. Ninguém mais no comércio a varejo pode entregar assim, qualquer que seja a dimensão da rede.

Quando tudo isso é reunido num dos nossos centros de distribuição, é algo digno de ser visto. É preciso realmente ver um desses lugares em atividade para apreciá-los, e por vezes até eu tenho dificuldades em acreditar. Mas vou tentar descrever essa atividade. Comecemos com um prédio de cerca de 100 mil metros quadrados, o que é mais ou menos o espaço de 23 campos de futebol, numa área de cerca de 60 hectares. Suponhamos que esse espaço está cheio de todo tipo de mercadorias que se possa imaginar, desde pasta de dentes até aparelhos de TV, desde papel higiênico a brinquedos, desde bicicletas a churrasqueiras. Tudo ali, está classificado por código de barras e um computador acompanha a localização e o movimento de cada caixa de mercadoria, quando é armazenada e quando é expedida. Cerca de 500 a 800 associados trabalham no local, que funciona 24 horas por dia. De um lado do prédio está o cais de embarque com lugar para cerca de 30 caminhões de cada vez – e, em geral, está sempre cheio. Do outro lado está o cais de recepção, onde pode haver até 135 locais para desembarque de mercadorias.

Essas mercadorias entram e saem do armazém em cerca de 12 quilômetros de correias transportadoras guiadas a laser, o que significa que os lasers lêem os códigos de barras nas caixas e as dirigem para o caminhão que está recebendo o pedido feito por uma das lojas que ele vai atender naquela noite. Num dia de muito movimento, essas correias podem transportar até 200 mil caixas de mercadoria. Quando o sistema está funcionando a toda velocidade, é apenas um amontoado de caixas sendo levadas por essas correias, lasers vermelhos relampejando por toda parte, dirigindo esta caixa para aquele caminhão, ou aquela caixa para este caminhão. Lá fora, no estacionamento, grupos de caminhões do Wal-Mart entram e saem o dia inteiro. Eu fico tremendamente entusiasmado quando vou a esses centros, conversando com nossos associados e tomando café com eles e os motoristas. É espantoso quantas idéias eles têm para melhorar o sistema. Se você está com a impressão de que me orgulho muito do que conseguimos fazer no setor de distribuição, está certo.

Mas para ter uma idéia completa, é importante imaginar que a mesma coisa está acontecendo simultaneamente em 19 outros centros de distribuição quase idênticos, todos os dias. Não só isso, mas também que para continuarmos a expandir da maneira que fazemos, temos de planejar constantemente a construção e equipamento de mais e mais desses gigantescos armazéns mecanizados, o que não é um trabalho pequeno para Joe Hardin e seu pessoal. Provavelmente teremos 30 desses centros em funcionamento nos próximos anos. É provável que já estejam nas pranchetas dos desenhistas.

Desde a época em que David Glass veio trabalhar conosco, em 1976, ele vem me pressionando para investir, investir e investir naquele sistema, e graças a Deus ele conseguiu ser persuasivo. Ao mesmo tempo, ele e Jack Shewmaker também defendiam o investimento num número cada vez maior e melhor de sistemas de computador, para que pudéssemos acompanhar as vendas, a mercadoria e os estoques em toda a companhia – especialmente as transações nas lojas. Quando Jack se tornou nosso presidente e diretor operacional em 1978, ele se empenhou realmente muito para que eu investisse num código de barras e no controle de artigos SKU, que é um sistema de controle unitário computadorizado de estoque.

Jack também participou ativamente na criação de nosso sistema por satélite, que se transformou numa das nossas tremendas vantagens competitivas.

JACK SHEWMAKER

"Glenn Habern era nosso diretor de processamento de dados, e ele e eu tínhamos esse sonho de um sistema de comunicações interativo, no qual fosse possível a comunicação nos dois sentidos entre todas as lojas e centros de distribuição e o escritório geral. Glenn teve a idéia de usar o satélite, e eu disse: 'Vamos começar sem pedir a ninguém.' Assim, chegamos ao ponto em que estávamos preparados para fazer uma proposta, e falamos com Sam. Ele apenas ouviu. Não me desanimou, mas também não me animou. Sam nunca fica entusiasmado com sistemas.

Ainda não havia realmente, na década de 1980, a tecnologia para que um varejista fizesse isso. Mas nos reunimos com a Macom & Hughes Corporation, preparamos um contrato, e finalmente reservamos 24 milhões de dólares para isso. Lançamos o sistema em 1983, e durante dois anos Sam desejou matar-me por isso. Não foi um sucesso imediato. Mas nós o colocamos em funcionamento, e agora, é claro, todos têm um."

O satélite acabou sendo absolutamente necessário porque quando instalamos scanners nas lojas, os dados começaram a chover em Bentonville pelas linhas telefônicas. Essas linhas têm uma capacidade limitada, e por isso à medida que abríamos mais e mais lojas, tivemos um verdadeiro congestionamento nesse setor. Como você sabem, gosto de ter os meus números o mais rápido possível. Quanto mais depressa recebemos essa informação, mais depressa podemos agir. O sistema tem sido um grande instrumento para nós, e nosso pessoal técnico fez um maravilhoso trabalho de calcular como usá-lo com a melhor vantagem.

Jack tem toda a razão em relação a mim e os sistemas. Raramente me entusiasmo com eles. Há alguns anos construímos um enorme edifício perto dos nossos escritórios principais – cerca de 12.500 metros quadrados – apenas para abrigar os computadores, e todos na época me disseram qual o espaço que tínhamos para crescer. Quero dizer, a coisa estava realmente vazia até uns dois ou três anos. Bem, já está totalmente tomada de equipamentos de computador. E quando olho para trás, não me espanto. Gastamos quase 700 milhões de dólares para fazer os sistemas de computador e satélite que temos. Disseram-me que é o maior banco de dados civis de seu tipo, em todo o mundo – maior mesmo do que o da AT&T.

Nada disso tem importância para mim. O que eu gosto é o tipo de informação que podemos obter dele imediatamente – todos aqueles números. Entre outras coisas, mantemos um histórico, que cobre 65 semanas, de cada artigo estocado no Wal-Mart ou nos SAM'S CLUBS. Isso significa que posso escolher qualquer coisa, digamos uma pequena combinação de televisão e videocassete como é usado aqui no meu escritório, e dizer exatamente quantos compramos nos últimos 15 meses e exatamente quantos vendemos. Não só no total, mas em cada região, cada distrito, cada loja. É difícil que um fabricante saiba melhor do que nós como os seus produtos estão vendendo em nossas lojas. Eu acho que sempre soube que a informação nos dá um certo poder, mas as proporções nas quais a podemos recolher em nosso computador realmente nos proporciona o poder da vantagem competitiva.

Posso entrar naquela sala do satélite, onde nossos técnicos estão sentados em frente dos seus computadores, conversando no telefone com quaisquer lojas que possam ter problema com o sistema, e apenas olhando por cima do ombro deles durante um ou dois minutos posso ficar sabendo muita coisa sobre como aquele dia está correndo. Na tela do computador posso ver o total das vendas através de cartões de crédito bancários à medida que vão sendo realizadas. Posso ver quantos cartões de crédito roubados localizamos naquele dia. Posso ver se o nosso sistema de aprovação do cartão de crédito em sete segundos está funcionando como deve, e monitorar o número de transações realizadas naquele dia. Se temos alguma coisa realmente importante ou urgente para comunicar às lojas e centros de distribuição – alguma coisa bastante importante para determinar uma visita pessoal – eu, ou qualquer outro executivo do Wal-Mart, posso voltar para nosso estúdio de TV, entrar na transmissão por satélite e falar imediatamente com eles. E como já lhes disse, posso chegar àquelas salas em qualquer manhã de sábado, examinar aquelas folhas impressas e saber precisamente que espécie de semana tivemos.

Como vêem, a tecnologia e a distribuição são *realmente* tão importantes para a capacidade de crescimento do Wal-Mart, e de manutenção do controle, quanto você pode ter lido ou ouvido falar, durante esses anos. Mas quando você vir todas aquelas antenas parabólicas de satélites e nosso edifício, ou ouvir falar de todos os computadores que estão no interior dele, ou assistir a um videotape dos nossos centros de distribuição guiados a laser, não deixe que ninguém o engane. Sem os diretores adequados, e sem os associados e os motoristas dedicados em todo o sistema, tudo aquilo são instrumentos totalmente inúteis.

Capítulo 15

PENSANDO PEQUENO

"Bem, e agora, Sam, de que tamanho você quer que esta companhia seja? Qual o seu plano?"

FEROLD AREND
pouco depois de ter entrado
para o Wal-Mart

"Ferold, vamos ver como as coisas ficam, e se pudermos crescer com o nosso próprio dinheiro, talvez acrescentemos mais uma ou duas lojas."

SAM WALTON

NÃO FAZ MUITO TEMPO alguém me mostrou um artigo escrito para uma revista local em 1960. Intitulava-se "História de Sucesso do Ano", e descrevia como tínhamos criado um império de nove lojas de variedades. Depois me citava, como tendo dito que provavelmente não cresceríamos muito mais, porque eu acreditava na supervisão pessoal do grupo de nove lojas, e achava que muitas lojas mais tornaria difícil o controle sem supervisores adicionais. Que diabo aconteceu, então? Como chegamos a ser os maiores varejistas do mundo com uma filosofia assim?

Eu realmente acreditava no que disse naquela época, e ainda acredito. Mas nós imaginamos uma maneira de crescer e continuar sendo lucrativos, e não havia um ponto lógico para pararmos. Na minha abordagem do negócio, sempre tentei manter um senso de mão na massa, de supervisão direta – geralmente voando de um lugar para outro para ver as nossas lojas, em base regular. Mas desde o começo, desde o tempo em que entregava jornais quando estava na universidade, tenho sido também um delegador de poderes, tentando contratar as melhores pessoas possíveis para administrar nossas lojas. Isso vem ocorrendo desde Newport.

Muita água correu sob a ponte desde 1945, quando compramos aquela pequena loja na Front Street, em Newport, mas quase tudo o que aprendemos, todos os princípios básicos que aplicamos na transformação daquela loja num negócio respeitável, ainda se aplicam hoje à nossa companhia. É difícil pensar em outra empresa que tenha mantido o crescimento que registramos durante 30 anos, sem enfrentar qualquer problema financeiro sério, ou queda na lucratividade. Durante esse tempo, nosso negócio cresceu a taxas anuais situadas entre 30% até os incríveis 70% em alguns anos.

Ao longo desse caminho, sempre houve pessoas que esperavam que tropeçássemos e caíssemos – especialmente pessoas de Wall Street. Diziam que nunca poderíamos continuar fazendo as coisas como fazíamos, quando atingíssemos um bilhão de dólares de vendas. Mas atingimos e continuamos fazendo as coisas do mesmo jeito e avançando. Depois, disseram que tudo desmoronaria com os 10 bilhões de dólares de vendas, porque não se podia dirigir uma companhia desse tamanho com nossas filosofias domésticas de administração. Passamos daquela marca, e chegamos depois aos 20, depois aos 30 bilhões de dólares, e no próximo ano devemos alcançar cerca de 53 bilhões de dólares. Há dois anos, tivemos um lucro de 1 bilhão de dólares, pela primeira vez. É uma grande distância em relação aos 41 milhões de há apenas 10 anos. Eis um quadro que me deixa espantado:

	1960	1970	1980	1990
Vendas	$1,4 milhão	$31 milhões	$1,2 bilhão	$26 bilhões
Lucros	$112.000	$1,2 milhão	$41 milhões	$1 bilhão
Lojas	9	32	276	1.528

Somos agora, portanto, os maiores varejistas do mundo, e continuamos a crescer como mato. Se para você meu quadro acima não mostra uma imagem bastante clara das nossas proporções, eis algumas outras maneiras de pensar no tamanho do Wal-Mart. Todas as semanas, cerca de 40 milhões de pessoas compram no Wal-Mart. No ano passado, vendemos roupas de baixo e meias suficientes para colocar um par em cada pessoa nos Estados Unidos, com algumas sobras. Vendemos 135 milhões de calças de homem e menino, 136 milhões de calcinhas, e 280 milhões de pares de meias. Vendemos um quarto de toda a linha de pescar comprada nos Estados Unidos, cerca de 950 mil quilômetros de linha, ou o suficiente para dar a volta à Terra 24 vezes. Vendemos 25 milhões de malhas e 27 milhões de calças jeans, e vendemos quase 20% de todos os telefones comprados nos Estados Unidos. E eis um detalhe de que me orgulho realmente: no ano passado, numa semana vendemos tanta ração de cachorro Ol'Roy que é a nossa marca, quanto em todo o ano de 1980. Com venda de 200 milhões de dólares no ano passado, Ol'Roy tornou-se a ração de cachorro número 2 dos Estados Unidos, e lembrem-se de que só é vendida nos Wal-Marts. Outro: Procter & Gamble vende mais produtos para o Wal-Mart do que para todo o Japão.

Eu poderia continuar por muito tempo, mas vocês já têm uma idéia. Somos grandes. Realmente grandes. Não gosto de falar disso. Eu sempre quis ser o melhor comerciante de varejo do mundo, mas não necessariamente o maior. De fato, como disse naquela notícia de há 30 e poucos anos atrás, sempre tive um pouco de medo de que o tamanho interferisse na realização de um bom trabalho. É claro que ser desse tamanho tem algumas vantagens reais. Até atingirmos um bilhão de dólares, muitos fornecedores e fabricantes simplesmente nos ignoravam, aqui nas lonjuras de Arkansas. Durante anos, alguns fornecedores nem sequer nos procuravam. Agora, é claro que somos grandes demais para não sermos levados em conta. Mas ser grande também cria riscos. Muitas companhias boas foram arruinadas pelo tamanho – inclusive alguns varejistas gigantescos – companhias que começaram fortes e incharam demais, ou perderam contato com a realidade, ou foram lentas em reagir às necessidades de seus clientes.

Eis a questão: quanto maior o Wal-Mart fica, mais essencial é que pensemos pequeno. Porque foi exatamente assim que nos tornamos uma grande empresa – por não agirmos como tal. Acima de tudo, somos comerciantes de cidade pequena, sendo muito importante não nos esquecermos – quando enchemos o peito e nos gabamos de todas essas vendas e lucros enormes – de que as vendas e os lucros foram obtidos um de cada vez, numa loja de cada vez, principalmente graças a um esforço árduo, a uma boa atitude e ao trabalho de equipe de todos os nossos associados e seus diretores, bem como de todo o pessoal nos centros de distribuição. Se alguma vez nos deixarmos levar pela idéia de que somos importantes porque somos uma grande cadeia de 50 bilhões de dólares – e não uma loja em Blytheville, Arkansas, ou em McComb, Mississippi, ou Oak Ridge, Tennessee – então você pode nos considerar liquidados. Se nos esquecermos uma vez que olhar o cliente nos olhos, cumprimentá-lo e perguntar cortesmente se podemos ajudá-lo, é tão importante hoje em todas as lojas Wal-Mart quanto era naquela pequena loja em Newport, então devemos procurar um outro negócio, porque não sobreviveremos neste em que estamos.

BILL FIELDS

"Tenho a certeza de que toda a nossa concentração em pensar pequeno está relacionada com a direção daquela loja de Sam em Newport, onde ele era empresário e também líder da comunidade. Ele considera o elemento empresarial muito importante, e como alguma coisa que não devemos esquecer. Ele viu a grande mudança na Ben Franklin e em todas aquelas outras companhias que perderam esse espírito porque ficaram muito grandes e desorientadas, e está disposto a não deixar que isso aconteça aqui."

Para nós, pensar pequeno é. um modo de vida, quase uma obsessão. E acho que pensar pequeno é uma abordagem que pode ser lucrativa para qualquer negócio. Quanto maior você for, mais provavelmente terá necessidade de pensar pequeno. Com o tamanho que temos hoje, há todos os tipos de pressão para que nos arregimentemos, padronizemos e operemos como uma cadeia dirigida centralmente, onde tudo é decidido na cúpula e transmitido de cima para baixo até as lojas. Num sistema assim, não há absolutamente espaço para a criatividade. Não há espaço para o comerciante inquieto que eu fui nos primeiros tempos da Ben Franklin, nenhum apelo ao empresário ou ao promotor de vendas. Ora, eu não gostaria de trabalhar num lugar desses, e me preocupo todos os dias com a possibilidade de que o Wal-Mart fique assim. Insisto sempre com meu pessoal, aqui, sobre isso. É claro que todos esses fabricantes e fornecedores gostariam que seguíssemos esse caminho. Tornaria seu trabalho muito mais simples, sem dúvida. Se alguém no Wal-Mart pensa que nós, como uma companhia, estamos imunes à Grande Doença, gostaria que fizesse as malas e fosse embora imediatamente, porque esse tem de ser um motivo constante de nossas preocupações.

Há várias décadas estamos trabalhando com empenho para criar uma companhia simples, compacta, orientada pelas suas raízes. É uma tarefa difícil para uma empresa que está se estendendo por todo o país com a nossa rapidez. Mas ao longo do caminho aprendemos algumas coisas práticas sobre como pensar pequeno e desenvolvemos princípios que tiveram grande influência no sucesso de nossa companhia. Antes que alguém possa compreender bem como chegamos onde estamos hoje, é importante compreender esses princípios. Poderá então reconhecer como foram aplicados durante todo o caminho, na construção da companhia. Observar como fizemos tais coisas pode ser útil a outras pessoas que enfrentam o mesmo desafio de crescimento em seus negócios, sem perder contato com o cliente.

Não há nada de profundo em nenhum de nossos princípios. Na verdade, são todos frutos do bom senso, e a maioria deles pode ser encontrada em qualquer livro ou artigo sobre teoria da administração – muitos dos quais li e estudei no decorrer dos anos. Mas acho que a maneira pela qual os aplicamos no Wal-Mart foi um pouco diferente. Damos, a seguir, seis das maneiras mais importantes pelas quais nós, no Wal-Mart, tentamos pensar pequeno.

Pensar em uma loja de cada vez

Isso parece bastante fácil, mas é algo em que temos de insistir constantemente. O fato de nossas vendas e lucros continuarem subindo não significa que somos mais espertos do que todos os outros, ou que podemos fazer isso acontecer porque somos muito grandes. Significa, isso sim, que os nossos clientes nos estão apoiando. Se parassem, nossos ganhos simplesmente desapareceriam, e todos teríamos de procurar novos empregos. Portanto, sabemos o que temos de fazer: continuar a baixar os nossos preços, continuar a melhorar nosso atendimento, e continuar fazendo as coisas melhores para as pessoas que compram em nossas lojas. Isso não pode ser feito de uma maneira geral. Não é algo que se possa ordenar dos gabinetes executivos, porque queremos que assim seja. Temos de fazer isso loja por loja, departamento a departamento, cliente a cliente, associado a associado.

Por exemplo, temos uma loja em Panama City, Flórida, e outra a apenas sete quilômetros, em Panama City Beach, mas na verdade estão muito distantes quando se trata de sua combinação de mercadorias e sua base de clientes. São tipos de loja totalmente diferentes. Uma delas é preparada para turistas que vão à praia, a outra parece-se mais com um Wal-Mart normal, feito para pessoas que vivem na cidade. É por isso que nos esforçamos ao máximo para colocar um comerciante à frente de cada loja, e desenvolver outros comerciantes como chefes de cada departamento, nessas lojas. Para que a combinação de mercadorias seja acertada, tem de ser feita pelos comerciantes, no local, as pessoas que realmente tratam frente a frente com os clientes, dia após dia, estação após estação.

Por isso, a tarefa da administração é ouvir esses comerciantes das lojas. Temos esses compradores aqui em Bentonville – 218 ao todo – e precisamos lembrar-lhes constantemente de que sua verdadeira tarefa é apoiar os comerciantes das lojas. Sem isso, teremos um sistema dirigido da sede, sem contato com os clientes de cada loja em particular, e acabamos com um monte de botas de trabalho, macacões e espingardas de caça na loja de Panama City Beach, enquanto os clientes ali estão pedindo artigos de pesca, baldes e pás; e com um monte de artigos de praia empilhados tomando poeira, na loja de Panama City.

Por isso, quando nos sentamos nas nossas reuniões de sábado pela manhã, para conversar sobre nosso negócio, gostamos de passar o tempo focalizando uma única loja, e a maneira pela qual ela está enfrentando um concorrente no seu mercado. Falamos sobre o que ela está fazendo certo, e procuramos ver o que está fazendo errado.

DAVID GLASS

"Acreditamos que temos de conversar e de examinar esta companhia nos mínimos detalhes. Não conheço nenhuma outra grande companhia de comércio a varejo – Kmart, Sears, Penney's – que discuta suas vendas no final da semana, especificando-as em unidades menores do que regiões. Nós examinamos as lojas individualmente. Isso significa que se estivermos falando sobre a loja em Dothan, Alabama, ou Harrisburg, Illinois, espera-se que todos aqui saibam alguma coisa sobre ela – como avaliar seu desempenho, se um aumento de 20% é bom ou ruim, qual a sua folha de pagamento, quem são os concorrentes, e como estamos nos saindo. Mantemos na companhia uma orientação voltada para a pequena unidade, focalizando a menor unidade operacional que temos. Nenhuma outra companhia faz isso."

Focalizar uma única loja é um processo que nos oferece várias vantagens. Primeiro, é claro, permite-nos melhorar realmente essa loja. Mas se nesse processo ficamos sabendo também de que maneira o Wal-Mart de Panama City Beach está vencendo a concorrência em, digamos, toalhas de praia, podemos então transmitir rapidamente essa informação para todas as outras lojas na praia, em todo o país, e ver se tal abordagem funciona em toda parte. Isso nos leva ao princípio a seguir.

Comunicar, comunicar, comunicar

Se tivéssemos de reduzir o sistema Wal-Mart a uma única idéia, provavelmente seria porque essa idéia é uma das chaves reais de nosso sucesso. É o que fazemos de muitas formas, desde a reunião das manhãs de sábado e do simples telefonema, até o nosso sistema de satélite. A necessidade de boas comunicações numa companhia grande como esta é tão vital que não pode ser exagerada. De que serve imaginar uma maneira melhor de vender toalhas de praia, se não pudermos falar com toda a companhia sobre ela? Se o pessoal em St.Augustine, Flórida, não souber do que está dando certo em Panama City durante o verão, terá perdido uma grande oportunidade. E se os nossos compradores, aqui em Bentonville não souberem que estamos esperando duplicar nossas vendas de toalhas neste verão, as lojas não terão nada para vender.

Hoje em dia, vejo artigos que se ocupam de administração falarem sobre a participação na informação como uma nova fonte de poder nas empresas. Nós estamos fazendo isso desde o tempo em que tínhamos apenas um punhado de lojas. Naquela época, acreditávamos que o diretor de uma loja devia ter conhecimento de todos os números relacionados com ela, e mais tarde começamos a comunicar esses mesmos números aos chefes de departamento de cada loja. Continuamos fazendo isso enquanto crescemos. Essa é a razão pela qual gastamos centenas de milhões de dólares em computadores e satélites – para difundir todos os detalhes por toda a companhia, o mais depressa possível. Mas o dinheiro foi bem empregado. É graças exclusivamente à tecnologia da informação que os diretores de nossas lojas têm uma idéia realmente clara do seu desempenho, a maior parte do tempo. Eles recebem todos os tipos de informações, que lhes são transmitidas por satélite, com uma rapidez espantosa: o relatório mensal de lucros e perdas, os dados absolutamente atualizados sobre as vendas, lhes informam o que está vendendo em suas lojas, e muitos outros papéis que eles provavelmente preferiam que não lhes estivéssemos mandando.

Não pretendo dizer que somos perfeitos nisso. Temos a nossa parcela de má comunicação, como na ocasião em que os Moon Pies foram mandados para lojas em Wisconsin, onde eles não foram exatamente arrancados das prateleiras, e por vezes uma atitude simples é tão valiosa quanto toda a tecnologia do mundo. Por exemplo, temos uma regra que espero não deixemos nunca de observar: nossos compradores aqui em Bentonville são obrigados a responder aos telefonemas das lojas em primeiro lugar, antes de atender aos fabricantes ou qualquer outra pessoa, e são obrigados a comunicar-se com a loja até o entardecer do dia em que recebem o chamado dela.

Obviamente, somos muito grandes para que todo chefe de departamento em todo Wal-Mart possa passar muito tempo com vendedores que nos procuram em Bentonville, por isso tentamos imaginar maneiras de chegar a um resultado semelhante. Recentemente, demos início a seminários para nossos diretores de departamentos. Escolhemos um departamento, como artigos de esporte ou de jardinagem, depois escolhemos um chefe de departamento – são os nossos associados que dirigem esses departamentos nas lojas – de cada um de nossos distritos. Isso soma 184 pessoas, no momento. Levamos essas pessoas para Bentonville para conversar com os compradores sobre o que está saindo bem nas lojas, e o que não está. Depois, reúnem-se com os fabricantes e explicam as reclamações que estamos recebendo sobre os seus produtos, ou o que está sendo elogiado. Juntas, todas essas pessoas formulam um plano para a próxima estação, e os chefes de departamento voltam aos distritos e comunicam o que aprenderam com os outros chefes das lojas vizinhas.

Por mais que visitemos as nossas lojas, e por mais que nosso pessoal venha a Bentonville, por vezes tenho a sensação de que as coisas não estão sendo comunicadas. E quando se trata de um assunto que considero muito importante, não deixo de ir para uma de nossas câmeras de TV aqui em Bentonville e falar, através do satelite, para todos os nossos associados reunidos em frente de seus aparelhos de TV nos refeitórios de nossas lojas. Há alguns anos, tive uma idéia lá pelo Natal, e estava ansioso para comunicá-la aos outros, por isso fui para nosso circuito interno de televisão e conversei com todos sobre a situação de nossas vendas, e falei um pouco de minhas caçadas, expressando o desejo de que tivessem Festas muito boas. Depois ataquei o assunto: "Não creio que nenhuma outra companhia varejista do mundo poderia fazer o que lhes vou propor. É simples. Não nos custará nada. E acho que funcionará como uma mágica, para os nossos clientes, e nossas vendas aumentarão muito, e acho que superaremos os nossos amigos da Kmart dentro de um ou dois anos e provavelmente também a Sears. Quero que assumam um compromisso comigo. Quero que me prometam que sempre que estiverem a três metros de um cliente, olhem nos olhos dele, cumprimentem, e perguntem se podem ajudá-lo. Sei que alguns de vocês são naturalmente tímidos, e talvez não queiram perturbar os outros. Mas se concordarem em fazer o que lhes peço, isso estará ajudando vocês a se tornarem líderes. Ajudará a sua personalidade a desenvolver-se, vocês se tornarão mais extrovertidos, e com o tempo poderão ser diretores daquela loja, poderão ser diretores de departamento, diretores de distrito, ou qualquer coisa que quiserem ser na companhia. Isso fará milagres para vocês. Garanto-lhes isso. Quero que levantem a mão direita – e lembrem-se do que dizemos no Wal-Mart, que uma promessa feita é uma promessa mantida – e quero que repitam comigo: a partir de hoje, prometo solenemente e declaro que todas as vezes que um cliente estiver a três metros de mim, sorrirei, olharei nos seus olhos e o cumprimentarei. Que Sam me ajude."

Ora, não tinha como saber que efeito uma pequena comunicação como esta teria sobre os nossos associados, ou sobre os nossos clientes. Mas eu estava tão animado com a idéia que valeu a pena chamar a atenção para ela via satélite, e eu fui realmente sincero quando disse que nenhum outro varejista no mundo podia fazer aquilo. Sei que muitos de nossos associados começaram a fazer o que eu sugeri, e estou certo que muitos dos nossos clientes gostaram. Usamos a comunicação de massa para transmitir a idéia, mas era uma idéia pequena, destinada às pessoas na linha de frente, as que são mais responsáveis pela satisfação dos nossos clientes, e pelo retorno destes à loja, repetidas vezes. E não estou querendo dizer que meu pequeno discurso teve alguma coisa a ver com isso, mas naquele Natal superamos tanto a Kmart como a Sears em vendas, pelo menos dois anos antes do que até mesmo os mais otimistas analistas de Wall Street achavam possível.

Manter o ouvido no chão

Como presidente do Wal-Mart, fui eu, naturalmente, quem deu a autorização decisiva para todos os gastos com tecnologia, que foram absolutamente essenciais para nosso sucesso. Mas, sinceramente, nunca achei que os computadores fossem algo mais do que um instrumento necessário. O computador não substitui – e nunca substituirá – a visita pessoal às lojas, para ver o que está acontecendo. Em outras palavras, o computador pode dizer-nos, até o último tostão, o que vendemos, mas não nos poderá dizer jamais o quanto poderíamos ter vendido.

É por isso que nós no Wal-Mart somos absolutamente fanáticos da idéia de que nossos diretores e compradores devem deixar suas mesas aqui em Bentonville e visitar as lojas. Temos 12 aviões – e orgulho-me de que apenas um deles seja um jato – em nossos hangares, no aeroporto de Rogers, Arkansas, e é para isso que eles estão lá. Nós ficamos no ar para manter o ouvido junto ao chão. Todo o nosso sistema de viagens é na realidade uma evolução do que eu fazia com aquelas nove lojas, em 1960, quando disse que não queria crescer mais. Naquela época, como vocês já sabem, eu entrava no meu velho Tri-Pacer e voava para aquelas lojas uma vez por semana, para ver o que estava vendendo e o que não estava, o que a concorrência estava fazendo, como os nossos diretores estavam se saindo, que aparência tinham as lojas, o que pensavam os clientes. É claro que continuei a visitar lojas constantemente, desde então, e é a parte de meu trabalho de que mais gosto, a parte onde sinto que a minha contribuição é maior, mas com quase duas mil lojas atualmente, muitas outras pessoas têm que me ajudar nisso.

A concepção continua sendo hoje mais ou menos a mesma. Nossos diretores distritais estão fazendo o trabalho que eu fazia em 1960 – aquela coisa da mão na massa, de ir para a loja. Mas também temos 18 diretores regionais, todos eles baseados aqui em Bentonville. Toda segunda-feira pela manhã eles se amontoam nos aviões e se dirigem às lojas em suas regiões, por todo o país. É uma das condições do emprego. Ficam fora três a quatro dias, voltando geralmente na quinta-feira. Nós os convencemos de que devem voltar tendo pelo menos uma idéia que pague a viagem. Em seguida, eles se reúnem com a alta administração da companhia – que também deve ter visitado lojas, naquela mesma semana, para que possa fazer perguntas inteligentes ou para saber pessoalmente o que está acontecendo – na manhã de sexta-feira, para o debate sobre comercialização.

Além do trabalho de campo, é claro, temos as informações dos computadores nas reuniões, que nos dizem o que está vendendo e o que não está. Mas as informações realmente valiosas que surgem nessas sessões são as trazidas das lojas por todos os participantes. Se estiverem fazendo seu trabalho direito, saberão o que está vendendo ou não, e o que devemos pensar em vender em seguida, ou retirar do nosso sortimento. Se os participantes dessas reuniões estiveram na loja de Panama City Beach e viram um creme de bronzear que está vendendo aos montes, podem dizer isso aos outros diretores regionais, para as suas lojas de praia. Ou se estiveram numa loja grande em Rio Grande Valley, e viram que estamos sendo vencidos por um concorrente em roupas de mulher, porque seu sortimento é mais adequado ao gosto daquela área, podemos começar a resolver a questão. Quando a reunião termina, todos esses diretores regionais devem falar pelo telefone com seus diretores distritais, que transmitirão a mensagem para os diretores das lojas, que por sua vez providenciarão as medidas adequadas com os chefes de departamento.

DAVID GLASS

"Nossa reunião de comercialização nas sextas-feiras é a única realizada por qualquer companhia de comércio a varejo, pelo que sei. Comparecem todos os diretores regionais que passaram toda a semana visitando lojas – eles são os encarregados da operação, que dirigem as lojas. Temos também todo o pessoal da comercialização em Bentonville – as pessoas que compram para as lojas. No varejo, sempre houve um confronto tradicional entre as operações e a comercialização. Vocês sabem como é, o pessoal da operação diz: 'Por que alguém iria comprar isso? É uma porcaria, e não vai vender nunca.' E o pessoal da comercialização diz: 'Não há nada de errado com esse artigo. Se vocês forem bastante inteligentes para expô-lo bem e promovê-lo adequadamente, venderá aos montes.' É assim em toda parte, inclusive no Wal-Mart. Por isso, reunimos todo esse pessoal na sexta-feira e discutimos.

Temos as discussões mais acaloradas que se pode imaginar. Mas observamos uma regra. Nunca deixamos um assunto pendente. Tomamos uma decisão na reunião, ainda que seja errada, como acontece por vezes. Mas quando o pessoal deixa a sala, é difícil dizer quem foi contra e quem foi a favor. E uma vez tomada aquela decisão na sexta-feira, esperamos que seja cumprida em todas as lojas já no sábado. O que não queremos, aqui, é gente dizendo: 'Vamos pensar nisso.' Tomamos uma decisão, agimos de acordo com ela."

Quando esses diretores regionais estão de volta, na quinta-feira, enchemos os aviões com alguns compradores e os mandamos visitar lojas. À medida que crescemos, adotamos todos os tipos de procedimento para manter os nossos compradores sensíveis às necessidades das lojas. Temos atualmente pessoas chamadas de compradores regionais, que vão pelas lojas ajudando os diretores delas a adaptar a mercadoria às suas lojas. Meu programa de comprador favorito é o chamado Coma o que Você Cozinhou. Uma vez por trimestre, todo comprador tem de ir a uma loja diferente e durante alguns dias trabalhar como diretor do departamento para o qual ele, ou ela, faz compras. Asseguro-lhes que depois de terem comido o que cozinharam durante algum tempo, esses compradores não compram muitos Moon Pies para mandar para Wisconsin, ou toalhas de praia para Hiawatha, Kansas.

Delegar responsabilidade – e autoridade

Quanto maiores nos tornamos como companhia, mais importante é para nós transferir a responsabilidade e a autoridade para as linhas de frente, para o diretor de departamento que está abastecendo as prateleiras e falando com o cliente. Quando éramos muito menores, eu provavelmente não assimilei essa idéia com a rapidez que devia. Mas como estudioso ávido da teoria da administração, lá por meados da década de 1970 comecei a ler a obra de W. Edwards Deming, o famoso estatístico que ensinou tanta coisa aos japoneses sobre a melhoria de produtividade e competitividade. Depois, Helen e eu fizemos uma viagem ao Japão e Coréia, que me levou a pensar sobre muitas coisas diferentes que poderíamos fazer para melhorar a nossa companhia. Foi, provavelmente nessa ocasião que comecei a pensar em algumas maneiras muito reais pelas quais poderíamos melhorar nosso trabalho de equipe e dar mais autoridade ao pessoal das lojas.

Nossa técnica mais famosa para fazer isso é um exemplo didático de como pensar pequeno. Nós o chamamos de Loja Dentro da Loja, e é a idéia mais simples do mundo. Em muitas lojas de varejo o chefe de departamento é apenas um empregado que marca um cartão de ponto, abre caixas e empilha nas prateleiras o que estava dentro delas. Mas nós damos aos nossos chefes de departamento a oportunidade de se tornarem verdadeiros comerciantes, ainda bem no começo da carreira. Eles podem ter o orgulho de proprietários, mesmo que não tenham a sorte de contar com uma educação universitária ou um preparo formal em comércio. Basta que realmente queiram, que prestem muita atenção e trabalhem com afinco para desenvolver conhecimentos relacionados com a comercialização. Tivemos muitos casos nos quais a experiência estimulou a ambição das pessoas, que estudaram e subiram na companhia, e espero que tenhamos muitos casos mais assim.

Mais uma vez, isso só funcionou porque há muito tempo atrás decidimos divulgar o máximo de informações sobre a companhia entre nossos associados, em lugar de manter sigilo sobre tudo. Na Loja Dentro da Loja transformamos nossos chefes de departamento em diretores de seu próprio negócio, e em alguns casos esses negócios são na realidade maiores em vendas anuais do que muitas das primeiras lojas Wal-Mart. Dividimos tudo com eles: os custos de suas mercadorias, dos fretes, as margens de lucro. Deixamos que eles vejam como a sua loja se classifica em relação a todas as outras da companhia, em base constante, corrente, e lhes damos incentivos para desejar vencer.

Estamos sempre procurando estabelecer um bom equilíbrio entre autonomia e controle. Como qualquer outro grande varejista, o Wal-Mart evidentemente tem certos procedimentos que devem ser observados pelas lojas, ou artigos que devem ter em estoque. Mas tomamos medidas para dar às nossas lojas uma certa autonomia. A responsabilidade pelos pedidos de mercadoria cabe ao chefe de departamento. A responsabilidade pela promoção de mercadorias é do diretor da loja. Nossos compradores têm muito mais responsabilidade pelas decisões sobre o que é oferecido em nossas lojas do que os compradores da maioria das outras companhias. Nós os fiscalizamos de perto e damos duro neles, porque não queremos que se considerem todo-poderosos. Mas a verdade é que os nossos compradores – como nosso pessoal nas lojas – têm uma posição excepcional de autoridade, dentro do comércio varejista.

Forçar a fermentação de idéias

Esse item acompanha a atribuição de responsabilidade. Estamos sempre buscando novas maneiras de estimular nossos associados nas lojas a apresentar suas idéias a toda a companhia. Fazemos muito isso nas reuniões das manhãs de sábado. Convidamos associados que imaginaram alguma coisa que realmente funcionou bem para sua loja – em particular um artigo, ou uma determinada arrumação – para que venham partilhar suas idéias conosco.

O concurso do Item Produtor de Volume (IPV) é um exemplo perfeito de como colocamos isso em prática. Todos, a partir do nível de diretor de departamento, podem escolher um artigo que querem promover – com grande exposição, ou qualquer outro recurso – e em seguida vemos quais os itens que produziram maior volume de vendas. Eu sempre considerei o concurso IPV não apenas como uma maneira de estimular as vendas, mas também como um método de ensinar aos nossos associados como ser melhor comerciante, mostrar-lhes o que se pode fazer tomando um artigo existente e imaginando uma forma criativa de vendê-lo, ou comprá-lo, ou as duas coisas. Isso lhes dá a oportunidade de agir tal como fazíamos antigamente. Podem fazer coisas malucas, como escolher um artigo e pendurá-lo numa árvore cheia de macacos empalhados no meio da loja. Ou colocar uma caminhonete numa das alas de maior movimento, e enchê-la de esponjas de lavar carro.

Não estamos apenas procurando idéias de comercialização dos nossos associados. Nosso esforço mais recente é um programa chamado "Sim, Nós Podemos, Sam!" – nome que, por acaso, não foi escolhido por mim. Convidamos nossos associados que tiveram idéias que nos pouparam dinheiro a comparecer à reunião de sábado pela manhã. Até agora, calculamos ter poupado cerca de 8 milhões de dólares por ano com essas idéias. E a maioria delas são apenas coisas de bom senso, que ninguém nota quando estamos pensando em nossa grandeza. São o tipo de coisa que resulta de se pensar pequeno. Uma das minhas favoritas veio de uma associada em nosso departamento de tráfego que começou a se perguntar por que mandávamos por transportadoras todas as armações e equipamento que comprávamos para os nossos armazéns, quando éramos donos da maior frota particular de caminhões nos Estados Unidos. Ela imaginou um programa para transportarmos todas aquelas coisas em nossos próprios caminhões, e nos poupou mais de meio milhão de dólares, só com isso. Por isso nós a chamamos aqui, reconhecemos sua boa idéia, e lhe demos uma recompensa em dinheiro. Se pensarmos que somos 400 mil, é evidente que há muitas outras idéias boas à espera de serem aproveitadas.

TOM COUGHLIN

"Vou dizer-lhes como o Wal-Mart começou a ter recepcionistas de loja. Em 1980 o sr. Walton e eu fomos a um Wal-Mart em Crowley, Louisiana. A primeira coisa que vimos ao abrir a porta foi um cavalheiro idoso, de pé. O homem não me conhecia, e não viu Sam, mas disse: 'Alô! Como vai o senhor? Fico satisfeito em tê-lo aqui. Se houver alguma coisa que lhe possa informar sobre a nossa loja, diga-me, por favor.'

Nem eu, nem Sam, jamais tínhamos visto coisa assim, por isso começamos a conversar com ele. Bem, depois que superou a surpresa de estar falando com o presidente, ele explicou que agia assim com um duplo objetivo: fazer com que as pessoas se sentissem bem por ter entrado, e fiscalizar para que não saíssem com mercadorias sem pagar.

A loja, pelo que soubemos, tinha enfrentado problemas com larápios, e seu diretor era um comerciante da velha guarda, chamado Dan McAllister, que sabia como cuidar do seu estoque. Não queria intimidar os clientes honestos, colocando um guarda na porta, mas pretendia deixar claro que, se você roubasse, alguém o veria.

Bem, Sam achou que aquela era a melhor idéia que já ouvira. Voltou para Bentonville e disse a todos que devíamos colocar recepcionistas na entrada de todas as lojas. Muitos pensaram que ele tinha perdido o juízo.

Nosso pessoal achou que colocar uma pessoa na porta era um desperdício de dinheiro. Não conseguiam ver o que Sam e Dan McAllister estavam vendo – que o recepcionista dava um recado cordial e caloroso ao bom cliente, e representava uma advertência para o ladrão. Combateram a idéia. Alguns tentaram muito fazer com que Sam desistisse dela. Tentaram não tomar conhecimento.

Sam continuou insistindo, insistindo, insistindo. Toda semana, em toda reunião, ele falava sobre recepcionistas. Ficava furioso quando ia a uma loja e não os encontrava. Aos poucos, ele venceu a todos e fez o que queria. Direi que foi necessário um ano e meio, porque eles realmente resistiram. Mas Sam foi incansável.

Acho que o dia de sua realização ocorreu em 1989, quando entrou numa Kmart em Illinois e viu que tinham colocado recepcionistas na porta."

Mesmo se os recepcionistas tivessem sido a única boa idéia que encontrei entre os associados das lojas, durante esses anos todos, ainda assim eu diria que visitar as lojas e ouvir o que dizem os associados, ali, é uma das melhores utilizações do meu tempo como executivo. Mas realmente, as nossas melhores idéias geralmente vêm do pessoal das lojas. Ponto. Eu diria, porém, que os recepcionistas foram uma exceção, porque, em geral, não me inclino a favor de idéias que exigem aumento de pessoal e de despesas.

Permanecer despojado, combater a burocracia

Sempre que uma companhia cresce tão depressa quanto o Wal-Mart, acumulam-se nela bolsões de duplicação, e certas áreas podem deixar de ser necessárias. Nenhum patrão, ou empregado, gosta de deter-se nessas questões: é parte da natureza humana não querer que o seu cargo, ou o cargo das pessoas que trabalham para você, seja eliminado. Mas é responsabilidade absoluta da alta administração da companhia refletir constantemente sobre esse problema – para assegurar um futuro sólido à empresa como um todo.

Uma maneira que tive de abordar essa questão foi continuar com a fórmula que usei quando tinha cerca de cinco lojas. Naquela época, tentei funcionar com uma estrutura de custos de 2% para o escritório geral. Em outras palavras, 2% das vendas teriam de cobrir nosso escritório de compras, nossas despesas do escritório geral, meu salário, o salário de Bud – e depois que começamos a ter diretores regionais, ou quaisquer outros funcionários, também os seus salários. Acreditem ou não, essa fórmula básica não foi modificada, desde as cinco lojas até as duas mil. Na verdade, estamos operando atualmente com uma percentagem bem mais baixa, nas despesas gerais de escritório, do que há 30 anos, e entre elas estão incluídas despesas enormes de apoio aos computadores e aos centros de distribuição – embora não o custo real de administração destes últimos. Na realidade, essa percentagem inclui tudo o que fornecemos centralmente como apoio às lojas.

Algumas pessoas que estão no ramo do varejo perguntaram-me como cheguei à fórmula de 2%, e a verdade é que simplesmente a tirei do bolso. Antigamente, a maioria das companhias reservava 5% de suas vendas para as despesas de escritório. Mas nós sempre fomos parcimoniosos. Funcionamos com menos pessoal. Fizemos nosso pessoal trabalhar mais do que nas outras companhias. Creio que começávamos o dia mais cedo, e terminávamos mais tarde. Tem sido nossa herança – e obsessão – sermos mais produtivos e mais eficientes do que os nossos concorrentes. E realizamos essa meta.

Muitas das pessoas que nos visitam pela primeira vez ficam surpresas com as salas de nossos executivos. A maioria delas diz que o meu escritório, e o de todos os outros executivos do Wal-Mart, parecem coisas encontráveis num terminal de caminhões. Ocupamos um armazém-escritório de um andar. As salas não são muito grandes, e as paredes estão cobertas com revestimento de madeira barato. Nunca tivemos móveis elegantes nem carpetes grossos, ou suítes com bares para nossos executivos. Gosto delas tal como são. Certamente não ganharemos nenhum prêmio de decoração interior, mas nossas salas estão como precisamos, e devem funcionar bem. Perguntem aos nossos acionistas.

DAVID GLASS

"Se não nos concentrarmos na burocracia de vez em quando, certamente ela crescerá em níveis. Ninguém se propõe a criar burocracia. Ela simplesmente surge. Ponto. Mesmo sem saber. Por isso, é preciso estar sempre atento para elirniná-la. Quando Tom Watson, Sr., estava dirigindo a IBM, determinou que nunca haveria mais de quatro níveis, desde o presidente até o nível mais baixo na companhia. Essa pode ter sido uma das maiores razões isoladas pelas quais a IBM teve êxito.

Grande parte disso remonta ao que Deming disse aos japoneses, há muito tempo: façam direito desde a primeira vez. A tendência natural, quando se tem um problema numa companhia, é imaginar uma solução para resolvê-lo. Com muita freqüência, essa solução é apenas a criação de mais um nível. O que devemos fazer é ir à origem do problema para solucioná-lo, e isso por vezes exige o fuzilamento do culpado.

Vou dar-lhes um exemplo que deixou Sam louco até que começássemos a agir. Quando a mercadoria chegava ao depósito de uma loja, devia estar marcada com o preço adequado, ou ser marcada corretamente no local. Mas como isso não estava sendo feito da maneira certa, criamos cargos chamados de fiscais, pessoas que andavam pelas lojas com scanners de mão, verificando se os preços estavam fixados corretamente. Era mais um nível, e Sam nunca visitou uma loja sem perguntar se realmente precisávamos dessas pessoas.

Bem, ainda temos alguns fiscais, mas o que fizemos foi reformular o procedimento nos depósitos das lojas, para assegurar que o preço certo é fixado e, nesse processo, eliminamos um funcionário e meio do escritório, em cada loja da companhia. Isso representa muito dinheiro.

É, realmente, uma filosofia muito simples. O que temos de fazer é traçar uma linha no chão, e manter a burocracia do outro lado dessa linha. E ter a certeza de que depois de um ano ela terá atravessado a linha, e será necessário fazer a mesma coisa outra vez."

Acho que uma das razões pelas quais me empenho fortemente em não deixar que os egos escapem ao controle no Wal-Mart é que muita burocracia é, na realidade, produto do ego de algum construtor de impérios. Algumas pessoas têm a tendência de criar um quadro de pessoal numeroso à sua volta para enfatizar sua importância, e nós não precisamos disso no Wal-Mart. Se você não estiver atendendo ao cliente, ou dando apoio aos que atendem, não precisamos de você. Quando se pensa pequeno, essa é uma outra coisa para a qual devemos sempre estar atentos: os grandes egos. Não é preciso ter um ego pequeno para trabalhar aqui, mas é melhor saber como fazer com que ele pareça pequeno, ou então, estará em apuros.

Portanto, você entende o que eu quero dizer quando digo que é preciso pensar pequeno para ficar grande. E realmente, não tenho dúvidas de que o Wal-Mart permanecerá na rota e alcançará os 100 bilhões de dólares em vendas no ano 2000. É um desafio. Nunca se fez coisa igual antes, mas nosso pessoal fará. E agora vou confessar uma idéia realmente radical que me vem ocorrendo ultimamente. É provável que eu não faça nada em relação a ela, mas as pessoas que vierem depois de mim poderão ter de enfrentar essa questão. Mesmo pensando pequeno, pode um varejista de 100 bilhões de dólares realmente funcionar com a eficiência e produtividade que deve? Ou talvez cinco companhias de 20 bilhões funcionassem melhor?

Capítulo 16

RETRIBUINDO

"Acredito que a cada direito corresponde uma responsabilidade, a cada oportunidade uma obrigação, a cada propriedade um dever."

JOHN D. ROCKEFELLER. JR.

ESPERO TER, já agora, dado ao leitor uma idéia bem clara de quais têm sido as minha prioridades econômicas durante todos esses anos. Se me expliquei bem, você saberá que eu sempre me concentrei na criação da melhor companhia de comércio varejista possível. Ponto. A acumulação de uma grande fortuna pessoal não foi nunca uma meta para mim, e a prova disso está no fato de que até hoje a maioria de minha fortuna, e a da minha família, continua na forma de ações do Wal-Mart. Creio que a maioria das pessoas em nossa posição teria protegido seus interesses e diversificado em todos os tipos de investimento. Aconteceu, porém, que a nossa estratégia simplista e muito pessoal de investimento foi melhor do que se poderia ter imaginado. Assim, as ações do Wal-Mart fizeram dos Waltons uma família muito rica – pelo menos no papel.

Eu não negaria, nem por um minuto, que minha abordagem foi simplista. Concentrei-me no bom funcionamento das lojas Wal-Mart e dos SAM'S CLUBS, e tenho de reconhecer que jamais gastei muito tempo, ou energia, pensando em quais seriam as implicações mais amplas da riqueza da minha família. Talvez porque nunca tivemos a intenção de vender nossas ações. Mesmo assim, seus dividendos anuais tornaram-se grandes, por si mesmos, e é essa renda que representa a riqueza concreta à nossa disposição.

Como já lhes disse antes, tal riqueza parece atrair naturalmente todo o tipo de pessoas que esperam que lhes façamos um presente. Nunca pensamos em dar um donativo a um estranho, que nada fez para merecê-lo, e nunca mudaremos de idéia quanto a isso. Nem achamos que, pelo fato de termos dinheiro, devemos ser chamados a resolver todos os problemas pessoais que nos são trazidos, todos os problemas da comunidade, do estado e até mesmo do país.

Acreditamos, porém, em causas dignas, e compreendemos que somos uma família de muita sorte. Portanto, pretendemos usar nossos recursos pessoais de modo a provocarem os maiores benefícios possíveis – nas áreas onde nos parece haver maior necessidade de ajuda, empregando os métodos que nos parecem ser os mais promissores. E as doações feitas pela nossa família refletem uma grande variedade de interesses, distribuindo-se por numerosas organizações, com uma acentuada ênfase na educação.

A maior parte dessas doações foi feita anonimamente, ou condicionada a compromissos rigorosos de não haver publicidade, e não vou entrar em detalhes financeiros sobre nossas atividades filantrópicas aqui, porque não creio que isso seja do interesse de mais ninguém, a não ser nosso. Digo-lhes, porém, que acho que fazemos a nossa parte.

Além de muitas instituições educacionais, os recipientes das doações da família Walton incluem grupos religiosos e projetos comunitários como zoológicos, bibliotecas e instalações recreativas. Apoiamos hospitais e programas de pesquisa médica. Financiamos grupos de arte, de teatro e orquestras sinfônicas. Contribuímos para causas conservacionistas e ambientais e para grupos de veteranos, bem como para os grupos de desenvolvimento econômico e de livre empreendimento. Apoiamos escolas públicas e privadas. Como a caridade quase sempre começa em casa, muitos dos beneficiários estão nas comunidades ou nas instituições com as quais Helen e eu, ou nossos filhos, temos ligações pessoais. Mas também demos apoio a organizações nacionais e até mesmo a algumas causas locais de importância nacional em cidades como Nova York e Washington. Helen tem participado ativa e publicamente do apoio a várias instituições, inclusive a Igreja Presbiteriana, a Universidade de Ozarks e o Museu Nacional para as Mulheres nas Artes. E eu dei apoio a grupos como Cidadãos contra o Desperdício Governamental, Estudantes na Livre Empresa, e o Conselho de Comércio de Arkansas – que as pessoas daqui insistem em chamar de "Clube dos Bons Ternos".

Também temos alguns projetos preferenciais, aos quais Helen e eu estamos forte e pessoalmente envolvidos. Nos últimos 10 anos, criamos um programa especial de bolsas que traz jovens da América Central para as faculdades de Arkansas. Neste momento, temos cerca de 180 jovens matriculados em três diferentes escolas e pagamos cerca de 13 mil dólares anuais por estudante, com ensino, transporte, livros e casa e comida. Tivemos essa idéia quando viajamos por aquela parte do mundo. E quando soubemos que a antiga União Soviética e Cuba tinham programas para ensinar seus valores a jovens de outros lugares, achamos que os americanos deviam estar fazendo o mesmo com os nossos valores. Queremos que os jovens aprendam sobre o tremendo potencial do sistema de livre empresa e vejam por si mesmos quais as vantagens de um governo estável, democrático. Além disso, o programa ajudará alguns desses estudantes, que sem ele não teriam nenhuma educação superior, a fazer alguma coisa sobre os sérios problemas de desenvolvimento econômico de seus países, quando voltarem a eles. Quem sabe, talvez algum dia alguns deles estarão dirigindo Wal-Marts ou SAM'S CLUBS em Honduras ou Panamá ou Guatemala – ou mesmo na Nicarágua. Aqui em nosso país, a família Walton patrocina 70 bolsas de 6 mil dólares cada, anualmente, para filhos de associados do Wal-Mart.

Portanto, nós nos sentimos muito bem em relação ao que fizemos até agora. Mas compreendo que existem aqui problemas maiores, e tenho pensado muito sobre isso, ultimamente. Como família, estamos na fase de planejamento sobre como desejamos distribuir os nossos recursos, mas na verdade isso só será realmente feito depois que eu desaparecer. Helen e eu esperamos que um volume pelo menos igual à nossa parte dos bens de família seja destinado a organizações sem fins lucrativos, durante alguns anos.

Muito provavelmente a educação será o aspecto em que mais nos concentraremos. É a área que me causa maior preocupação, no que se relaciona com o futuro do nosso país. Como nação, já aprendemos que temos de competir mundialmente com todas as outras, e nosso processo educacional tem mais relação com a nossa capacidade de competir com êxito do que qualquer outra coisa. Se não nos colocarmos no caminho certo bem depressa, e começarmos a reconstruir o nosso sistema para que se compare favoravelmente com o do resto do mundo, poderemos prejudicar de maneira séria o futuro deste nosso grande país. Francamente, eu gostaria de ver uma revolução total na educação. Temos de nos concentrar nas escolas das cidades do interior e nos bolsões de pobreza rural, como o delta do Mississippi, e encontrar um modo de modificar a situação. Temos de começar na pré-escola, e desenvolver formas de mudar o ambiente para as crianças, a fim de que tenham uma oportunidade de permanecer na escola e aprendam a dar valor à educação. Temos de estudar os efeitos causados pelo fato de tantas mães e pais solteiros deixarem seus filhos em casa, sem nenhuma orientação, e encontrar maneiras de ajudá-los a estimular os filhos.

Por exemplo, minha parte de direitos sobre este livro irá para a New American School Corporation, uma iniciativa privada de líderes do comércio que se comprometeram a levantar 200 milhões de dólares para o desenvolvimento de "escolas diferentes". É um esforço realmente apartidário, destinado a ajudar as escolas americanas a atingir as seis metas estabelecidas por uma força-tarefa do governo nacional, nomeada pelo presidente Bush e presidida pelo governador do Arkansas, Bill Clinton.

Queremos ser muito cautelosos nesse enfoque mais amplo sobre questões educacionais, por parte de nossa família. Somos todos crentes devotos da maneira Wal-Mart de fazer as coisas, e queremos uma base para medir o nosso investimento. Não acreditamos que os métodos tradicionais pelos quais as fundações filantrópicas são dirigidas satisfaçam realmente aos nossos critérios. Algumas pessoas alardeiam muito toda a sua filantropia no decorrer dos anos, mas desconfio que um número demasiado grande dessas fundações só foram criadas para a evasão fiscal, sem um senso muito real de finalidade. Muitas delas parecem ter se transformado em bons lugares de trabalho para um grupo pequeno de pessoas que criaram estruturas administrativas e burocráticas bastante grandes. Foram duas coisas que lutamos muito para manter longe de nossa companhia, de modo que naturalmente não queremos que elas atrapalhem os nossos esforços não-lucrativos.

Insistimos em que qualquer programa por nós apoiado inclua esses mesmos valores. Quando se trata de educação superior e de bolsas, por exemplo, sempre preferi programas que exigem que os beneficiados trabalhem e contribuam com um pouco do seu próprio dinheiro. Sempre preferi contratar pessoas que tiveram de trabalhar, pelo menos parte do tempo em que estudaram – sem dúvida devido à minha própria formação. O segredo está em motivar os meninos que não estão recebendo educação hoje a *querer* ir para a escola, e fazê-los compreender as recompensas que podem esperar se fizerem isso.

Assim, nós abordamos a filantropia com a mesma falta de reverência que tivemos para os métodos tradicionais de fazer comércio varejista, quando começamos. Vamos ver se não podemos abalar alguns dos pressupostos tradicionais sobre o que se pode ensinar às pessoas, sobre o que se pode fazer com pessoas cuja dignidade foi ferida, e como podemos motivá-las a fazerem coisas extraordinárias. E como exemplo de personalidades que estamos convocando para esse esforço conjunto, convidamos Lamar Alexander, ex-governador do Tennessee e atual secretário de Educação dos Estados Unidos, a comparecer à nossa última reunião de família aqui em Bentonville e conversar conosco sobre algumas das suas idéias para a melhoria de nosso sistema de educação pública.

Esse interesse pela melhoria da educação não nos vem de alguma noção confusa ou de alguma coisa lida em algum lugar. Vemos a sua necessidade diariamente no Wal-Mart. Antigamente, bastava ser inteligente e estar disposto a trabalhar muito para ter todas as oportunidades em nossa companhia. Mas hoje, somos uma empresa tão sofisticada, e entramos tão depressa em áreas de tecnologia e comunicações que o conhecimento nesses campos tornou-se parte vital de nosso negócio. Nada disso é novidade para quem acompanha as tendências mundiais do comércio. É a direção para a qual todos estamos voltados. E para conseguir êxito, simplesmente teremos de proporcionar melhor educação e treinamento à nossa força de trabalho.

Um aspecto de toda essa questão de filantropia que me tem aborrecido consideravelmente, nos últimos anos, é a crítica feita por alguns de nossos detratores, segundo a qual o Wal-Mart não contribui com o que seria uma justa parte para as entidades filantrópicas. Essa crítica me parece vir de pessoas que dizem que não estamos à altura dos padrões habituais para empresas, padrões esses fixados, suponho, pelas pessoas que dirigem essas entidades.

O Wal-Mart, como muitas outras empresas, promove todos os anos uma campanha United Way muito agressiva, que tem grande sucesso entre os nossos associados. Na verdade, mantemos a placa da United Way na área bem fronteira ao meu escritório, aqui, para que todos possam ver o que estamos fazendo. Acreditamos firmemente na United Way, porque – apesar de toda a publicidade que ela recebeu recentemente devido a problemas no escritório nacional – a maior parte de todo o dinheiro recolhido nessas campanhas é aplicado localmente. Acreditamos em entidades filantrópicas dirigidas localmente, razão pela qual temos um programa de doações equivalente para associados que queiram levantar dinheiro para entidades filantrópicas de sua escolha. Também somos grandes contribuintes do Children's Miracle Network Telethon – que apóia hospitais infantis dirigidos localmente. No ano passado, o Wal-Mart e seus associados foram os maiores contribuintes dessa campanha – com 7,5 milhões de dólares.

Acredito que algumas companhias usam os padrões filantrópicos habituais como uma maneira de dizer, com efeito, "Nós já contribuímos", quando refletem sobre qual o bem geral que as companhias deveriam estar promovendo. Na minha opinião, o Wal-Mart é uma empresa totalmente diferente disso e eu diria que nosso esforço incansável de melhorar nosso negócio sempre esteve ligado à tentativa de tornar as coisas melhores para as pessoas que vivem e trabalham em nossas comunidades. Criamos uma companhia tão eficiente que nos permitiu proporcionar aos nossos clientes uma economia de bilhões de dólares, e quer vocês aceitem ou não esses argumentos, nós acreditamos neles. Isso é, na realidade, dar alguma coisa em troca, e tem constituído a pedra fundamental da filosofia de nossa companhia.

Por exemplo, realizamos vendas de 43 bilhões de dólares este ano. Nos últimos 10 anos – de 1982 a 1992 – tivemos uma média de vendas de, digamos, 13 bilhões por ano. Isso perfaz cerca de 130 bilhões de dólares em vendas. Se poupamos aos nossos clientes apenas 10% do que teriam pago se não existíssemos – e creio que essa estimativa é muito conservadora – teremos proporcionado a eles uma economia de 13 bilhões. São 13 bilhões que são produto de um sistema de livre mercado que nos permite operar de maneira eficiente, e é por isso que nossos clientes nos apreciam tanto. A verdade é que o Wal-Mart tem sido uma força poderosa na melhoria do padrão de vida nas nossas áreas mais rurais, e os clientes sabem disso.

Fazemos muita coisa pelos nossos associados. Algumas delas vocês já sabem. Eles têm quase 2 bilhões de dólares em seu fundo de participação nos lucros, e suponho que a companhia poderia ter dado parte desses recursos para as entidades filantrópicas. Temos um fundo assistencial para associados que são vítimas de desastres naturais. E anualmente, cada loja Wal-Mart patrocina um estudante de sua comunidade, oferecendo-lhe uma bolsa de mil dólares.

Temos um forte sentimento de que não devemos ir além disso, pois o Wal-Mart *não* está, *nem deveria* estar, no ramo da filantropia. Não acreditamos em tirar um monte de dinheiro das caixas registradoras do Wal-Mart e entregá-lo às entidades filantrópicas, simplesmente porque qualquer débito teria de ser passado a alguém – seja aos nossos acionistas ou ao nossos clientes. Há alguns anos, quando Helen me convenceu que nossos associados aqui em Bentonville precisavam de instalações de primeira para exercícios físicos, ela e eu pagamos milhões de dólares em custos de construção, pessoalmente, mais um subsídio por alguns anos, para que as instalações funcionassem. Pagamos para mostrar a nossa sincera apreciação aos nossos associados, mas também porque não acredito em pedir aos clientes, ou aos acionistas, que custeiem algo assim – por mais digna que a causa seja. Ao não destinar uma grande soma dos recursos da empresa para alguma entidade filantrópica que pudesse ser do agrado dos diretores do Wal-Mart, achamos que estamos dando aos nossos acionistas maior margem para que apóiem as entidades de sua escolha. E eu me tenho orgulhado, em especial, do apoio comunitário realmente generoso evidenciado por alguns de nossos acionistas que nos acompanham há longo tempo – especialmente os antigos diretores de lojas. Willard Walker e Charlie Baum são duas pessoas que fizeram grandes coisas pela comunidade, com parte do que acumularam graças às suas ações do Wal-Mart.

A maneira mais importante pela qual nós, do Wal-Mart, acreditamos em dar alguma coisa de volta, talvez seja o nosso compromisso de usar o poder desta enorme empresa como uma força para a mudança. Um dos melhores exemplos do que estou falando é o nosso programa "Traga de Volta para os EUA", iniciado em 1985 como uma reação contra o enorme déficit comercial americano.

O Wal-Mart, como todos os varejistas americanos, é grande importador de mercadorias do exterior. Em certos casos – demasiado numerosos, na minha opinião – importar é na verdade a nossa única alternativa, porque muitos produtos americanos simplesmente não são competitivos, em preço, em qualidade, ou em ambos. Nós nos comprometemos a ver se podíamos fazer alguma coisa para melhorar a situação. O remédio imaginado não foi nenhuma idéia patriótica pouco prática, recomendando a compra de produtos americanos em qualquer circunstância. Nós, como todos os outros varejistas, só compraremos mercadorias americanas se forem produzidas com eficiência capaz de fazer delas uma boa compra. Nós não estamos interessados em filantropia, aqui; não acreditamos em subvencionar trabalho de má qualidade, nem a ineficiência. Por isso, nosso objetivo primordial foi trabalhar com os industriais americanos, e ver se nosso formidável poder de compra podia ajudá-los a melhorar e, nesse processo, salvar alguns empregos industriais nos Estados Unidos. Enviei uma carta aberta aos nossos fornecedores, convidando-os a colaborar conosco nesse programa. "O Wal-Mart acredita que os trabalhadores americanos podem ser bons", disse-lhes, "se a administração lhes proporcionar a liderança".

Nós mesmos ficamos surpresos com os resultados. Verificou-se que se o Wal-Mart se comprometesse a fazer compras volumosas bem antes do prazo de entrega, muitos fabricantes americanos poderiam economizar na compra de materiais, na contratação de pessoal e nos custos de estoque o suficiente para obter ganhos significativos em eficiência. Com isso, podiam produzir uma grande variedade de mercadorias – camisas de flanela, velas, camisas de homem, suéteres de mulher, bicicletas, toalhas de praia, filmes, videotapes, móveis, e até mesmo brinquedos – a preços competitivos. Também fizemos uma análise de nossos processos de compra no exterior e descobrimos vários custos embutidos, como despesas de estoque desde o momento em que a mercadoria deixa o porto num navio. Usando esses dados, desenvolvemos uma fórmula que nos permite fazer uma comparação direta de custos entre a compra de um artigo no exterior e a compra nos Estados Unidos. Se houver uma diferença de até 5% no preço e qualidade, reduzimos a nossa margem e ficamos com o produto americano.

O que verificamos é que tínhamos criado uma rotina de importação automática sem realmente examinar as possíveis alternativas. No passado, pegávamos artigos americanos mais vendidos, mandávamos para o Oriente dizendo: "Vejam se podem fazer igual. Compramos 100 mil unidades, ou mais, se a qualidade for igual." Tenho a certeza de que muitos comerciantes fazem a mesma coisa. Hoje, nossos compradores têm ordens de viajar para lugares distantes como Greenville, Carolina do Sul; Dothan, Alabama; Aurora, Missouri; e centenas de outros lugares distantes na Pensilvânia, Nova York, Ohio, ou New Hampshire, antes de mandar rotineiramente uma carta de crédito para o Extremo Oriente. Se todos nós nos déssemos a um pequeno trabalho extra para concluir algumas dessas transações – e os fabricantes continuassem a apresentar seus programas criativos – acredito que ainda haveria um enorme potencial inexplorado nessa idéia.

Como sempre, alguns de nossos críticos – principalmente os sindicatos, neste caso – me atacaram por ter essa idéia. Disseram que eu me estava enrolando na bandeira e fazendo uma típica promoção Sam Walton para esconder o fato de que vendemos muitas mercadorias importadas. Essas pessoas estão realmente vivendo no passado, creio. Elas não acreditam na liberdade de mercado. Não estão interessadas em soluções novas. E só se preocupam com os empregos se forem empregos cobertos pelo sindicato, muitos dos quais, francamente, perderam mercado pelos salários pouco realistas pretendidos, ou devido à inflexibilidade total. Com essa abordagem, calculamos ter garantido, ou criado, quase 100 mil empregos industriais americanos. Portanto, antes de rejeitar o programa como um golpe publicitário, deviam ouvir as pessoas cujos empregos foram garantidos, ou criados, por ele.

FARRIS BURROUGHS, PRESIDENTE, FARRIS FASHIONS, BRINKLEY, ARKANSAS

"Foi a melhor coisa que já aconteceu em Brinkley, e certamente a melhor que já me aconteceu. Antes, tínhamos um contrato com Van Heusen para a Penney's e a Sears, mas em 1984 eles nos disseram que estavam transferindo tudo para a China. Estávamos lutando para sobreviver, com 90 empregos, quando recebi esse telefonema de uma pessoa dizendo ser Sam Walton. Era realmente Sam Walton, e queria saber se nós poderíamos fazer 50 mil dúzias de camisas de flanela para ele. Mas digo-lhes uma coisa. Ele é a única pessoa para quem trabalhei que me olhou bem nos olhos e disse: 'Filho, se não puder ter lucro com esse projeto, não aceite.' A maioria dos comerciantes está pouco ligando se o fabricante tem lucro ou não.

Hoje, estamos fazendo cerca de dois milhões e meio de camisas Wal-Mart, e passamos dos 90 empregados na semana que o sr. Walton telefonou, para 320 hoje. E sabemos a quem devemos isso. Todo Natal, damos aos nossos empregados certificados de presentes do Wal-Mart."

Não há nenhuma filantropia nesse programa e, na verdade, orgulho-me de dizer que ele nos beneficia, no Wal-Mart, de uma maneira muito direta. Cada emprego que salvamos cria outro cliente potencial do Wal-Mart, que não está se preocupando de onde virá o seu dinheiro. Eles têm um emprego, e nós, um cliente. Portanto, todos ganhamos. Farris foi uma das nossas primeiras histórias de sucesso, e desde então fizemos todos os tipos de transação "Compre Americano" com grandes e pequenos fabricantes, inclusive Fieldrest Cannon, 3M, Sunbeam, Mirro Roley, U.S. Eletronics, Kentogs, Capital-Mercury, Mr. Coffee, Lasko e Huffy.

Desde a época em que o programa foi iniciado em 1985, até o fim do ano passado – 1991 – calculamos ter comprado produtos feitos nos Estados Unidos num valor de varejo de mais de 5 bilhões de dólares, que antes teriam sido comprados no exterior. E para que todos continuem pensando nessas linhas, afixamos sempre nossos últimos resultados e nossa mais recente história de sucesso no programa bem na porta pela qual todos os nossos fornecedores entram em nosso edifício para fazer suas vendas.

Dentro do mesmo espírito, estamos nas primeiras fases de uma iniciativa ambiental, estimulando fornecedores e fabricantes a eliminar práticas que representam desperdício – como embalagens desnecessárias. E também temos um programa bastante recente no qual doamos 2% das compras dos produtos "Escolha Americana do Sam" – uma seleção de nossas próprias marcas – para bolsas destinadas a estudantes de matemática, ciências exatas e ciências da computação.

Não somos nada ingênuos quanto à influência do Wal-Mart no mundo do comércio a varejo, atualmente. Sabemos que podemos ser muito influentes – poderosos, se preferirem. Portanto, acho que hoje é importante que o nosso pessoal se lembre de que as coisas não são como nos velhos tempos, quando estávamos por baixo e tínhamos de lutar por todas as oportunidades. Ainda queremos lutar, mas agora precisamos ter cuidado para não abusar de nosso próprio poder. Queremos encontrar novas maneiras, como o "Traga de Volta para os EUA", com o qual podemos usar nossa influência para retribuir.

Capítulo 17

DIRIGINDO UMA COMPANHIA BEM-SUCEDIDA: DEZ REGRAS QUE FUNCIONARAM COMIGO

"Uma coisa que vocês notarão se passarem muito tempo conversando com Sam sobre o sucesso do Wal-Mart: ele está sempre dizendo coisas como 'Esta foi a chave de tudo', ou 'Aquele foi o nosso verdadeiro segredo'. Ele sabe tão bem quanto qualquer outra pessoa que não houve nenhuma fórmula mágica. Uma porção de coisas diferentes fez com que desse certo, e num mesmo dia ele pode citar todas elas como a 'chave' ou o 'segredo'. O espantoso é que durante quase 50 anos ele conseguiu focalizar todas ao mesmo tempo. É esse o seu verdadeiro segredo."

DAVID GLASS

CREIO QUE JÁ CONTAMOS a história de como todos os meus sócios, associados e eu fizemos do Wal-Mart, no decorrer dos anos, o que ela é hoje. E ao contar, creio que expusemos todos os princípios que resultaram no espantoso sucesso da companhia. Muita coisa mudou no comércio varejista nos 45 anos que dele participamos – inclusive algumas de minhas teorias. Mudamos de idéia sobre algumas coisas significativas, ao longo desse caminho, e adotamos alguns princípios novos – particularmente o conceito de sociedade numa empresa. Mas a maioria dos valores, das normas e das técnicas que nos nortearam continuaram as mesmas. Algumas delas são clássicos do bom senso, e nem precisam ser mencionadas.

Não é esta a primeira vez que me pedem para apresentar uma lista de regras para o sucesso, mas é *realmente* a primeira vez que eu a preparei. E estou satisfeito com isso, porque foi um exercício revelador para mim. A verdade é que David Glass tem razão. Há realmente uma dúzia de pontos que mencionei em diferentes ocasiões, como a "chave" de tudo. Um deles, que sequer faz parte de minha lista, é "trabalho árduo". Se você já não sabe disso, ou não está disposto a trabalhar muito, provavelmente não irá longe bastante para precisar de minha lista, de qualquer modo. E outro que não incluí foi a idéia da criação de uma equipe. Se você quiser criar uma empresa, qualquer que seja o tamanho dela, quase nem será preciso dizer que tem de criar um grupo de pessoas que trabalhem juntas e dêem um significado real à gasta palavra "equipe". Para mim, isso representa antes a meta de toda a coisa do que um meio de chegar até lá.

Acredito que devemos ter sempre metas, e que devem ser altas. Posso dizer-lhes com certeza que o pessoal do Wal-Mart sempre teve metas. De fato, por vezes montamos verdadeiros placares no palco, nas reuniões das manhãs de sábado.

Mais uma coisa. Se você está realmente esperando meus conselhos aqui, tentando ganhar alguma coisa séria com este meu esforço, lembre-se de que estas regras não têm a pretensão de ser Os Dez Mandamentos do Comércio. São regras que funcionaram para mim. Mas eu sempre me orgulhei de violar as regras dos outros, e sempre simpatizei com os irrequietos, que contestam minhas regras. Posso ter lutado contra eles até o fim, mas os respeitei e, no fundo, os ouvi com mais atenção do que dei aos que sempre concordaram com tudo o que eu disse. Assim, tenha uma atenção especial para com a Regra nº 10, e se interpretá-la da maneira adequada – tal como se aplica a você – ela pode significar simplesmente: "Viole Todas as Regras."

Qualquer que seja o seu valor, aqui estão. Regras do Sam para Criar um Negócio:

REGRA Nº 1: DEDIQUE-SE ao seu negócio. Acredite nele mais do que qualquer outra pessoa. Creio ter superado cada uma de minhas deficiências pessoais pela simples paixão pelo meu trabalho. Não sei se você nasceu com essa paixão, ou se pode aprendê-la. Mas sei que precisa dela. Se gosta do seu trabalho, você se dedicará a ele todos os dias, tentando fazê-lo da melhor maneira, e dentro em pouco todos à sua volta pegarão essa paixão de você – como uma doença.

REGRA Nº 2: DIVIDA os seus lucros com os seus associados, e trate-os como sócios. Por sua vez, eles o tratarão como sócio, e juntos vocês terão um desempenho muito superior às maiores expectativas. Continue sendo uma empresa e conserve o controle se quiser, mas comporte-se como um líder numa sociedade. Estimule os seus associados a terem participação na companhia. Ofereça ações com descontos e ofereça-as quando eles se aposentarem. Foi a melhor coisa que fizemos.

REGRA Nº 3: MOTIVE seus associados. Dinheiro e propriedade apenas não bastam. Constantemente, dia a dia, pense em maneiras novas e mais interessantes de motivar e desafiar os seus associados. Fixe metas elevadas, estimule a competição, e registre o desempenho em pontos. Faça apostas com prêmios extravagantes. Se isso perder a novidade, faça combinações; promova a troca de funções entre diretores para manter o desafio. Mantenha todos em suspense quanto à sua próxima idéia. Não se tome muito previsível.

REGRA Nº 4: COMUNIQUE tudo o que for possível aos seus associados. Quanto mais eles souberem, mais compreenderão. Quanto mais compreenderem, mais se interessarão. Quando se interessarem, não vão parar. Se você não confiar nos seus auxiliares e deixar que saibam o que está acontecendo, eles sentirão que você não os considera realmente como sócios. Informação é poder, e o ganho que você tem em dar poder aos seus associados mais do que compensa o risco de que essas informações cheguem aos seus concorrentes.

REGRA Nº 5: APRECIE tudo o que seus associados fizerem pelo negócio. O cheque de pagamento e a opção para a compra de ações compram um tipo de lealdade. Mas todos nós gostamos de saber o quanto alguém aprecia o que fazemos por eles. Gostamos de ouvir isso com freqüência, em especial quando fizemos alguma coisa de que realmente nos orgulhamos. Nada substitui perfeitamente umas poucas palavras de elogio, bem escolhidas, sinceras e oportunas. Elas não custam absolutamente nada – e valem uma fortuna.

REGRA Nº 6: COMEMORE o seu sucesso. Veja com bom humor os seus fracassos. Não se leve muito a sério. Relaxe, e todos à sua volta relaxarão. Divirta-se. Mostre entusiasmo – sempre. Quando tudo mais falhar, ponha uma fantasia e cante uma canção boba. Faça com que todos cantem com você. Não dance a hula em Wall Street, eu já fiz isso. Pense num número que seja seu. Tudo isso é mais importante, e mais engraçado, do que você pensa, e realmente engana a concorrência. "Por que vamos levar a sério aqueles malucos do Wal-Mart?"

REGRA Nº 7: OUÇA todos em sua companhia. E imagine formas de fazer com que falem. As pessoas na linha de frente – as que falam com o cliente – são as únicas que realmente sabem o que está acontecendo ali. É melhor descobrir o que elas sabem. Qualidade total é isso. Para delegar responsabilidades em sua organização, e fazer com que boas idéias fermentem junto com as responsabilidades, você *tem* de ouvir o que os seus associados estão tentando dizer.

REGRA Nº 8: SUPERE as expectativas dos seus clientes. Se o fizer, eles voltarão sempre. Dê-lhes o que querem – e um pouco mais. Faça-os sentir que você os aprecia. Procure aproveitar-se de todos os seus erros e não apresente justificativas – peça desculpas. Assuma tudo o que faz. As duas palavras mais importantes que já escrevi estavam naquela primeira tabuleta do Wal-Mart: "Satisfação Garantida". Elas continuam ali, e fazem toda uma diferença.

REGRA Nº 9: CONTROLE as suas despesas melhor do que a sua concorrência. É aí que você pode encontrar sempre a vantagem competitiva. Durante 25 anos de atividades – muito antes que o Wal-Mart fosse conhecido como a maior companhia de varejo do país – nós éramos os primeiros do ramo na menor proporção entre despesas e vendas. Você pode cometer muitos erros e recuperar-se, se tiver uma empresa eficiente. Ou pode ser brilhante e fechar as portas, se for muito ineficiente.

REGRA Nº 10: NADE contra a correnteza. Ande no caminho inverso. Não leve em conta a sabedoria convencional. Se todos estão fazendo de um jeito, há uma boa possibilidade de que você encontre o seu espaço se fizer exatamente o oposto. Mas esteja preparado para ser condenado por muita gente, que lhe dirá que está no caminho errado. Acho que em toda a minha vida o que ouvi com mais freqüência foi: uma cidade com menos de 50 mil habitantes não pode manter uma loja de ofertas por muito tempo.

São regras bastante comuns, pode-se dizer que são até mesmo simplistas. O difícil, o verdadeiro desafio, é imaginar constantemente maneiras de executá-las. Você não pode simplesmente continuar fazendo o que deu certo uma vez, porque tudo à sua volta está sempre mudando. Para ter sucesso, é preciso estar à frente dessa mudança.

Capítulo 18

DEIXANDO UM LEGADO

"Com a possível exceção de Henry Ford. Sam Walton é o empresário do século."

TOM PETERS
co-autor de *In Search of Excellence*

A ESTA ALTURA, já deve ser evidente para o leitor que dediquei a maior parte de minha vida ao Wal-Mart – criando-o, fazendo-o crescer e sempre aprimorando o conceito desse fenômeno. Minha vida foi cheia, divertida, desafiadora e recompensadora, superando até mesmo as minhas maiores expectativas. As coisas se fizeram sempre mais ou menos ao meu jeito. Enquanto muita gente trabalhava em empregos desgastantes dos quais talvez não gostassem, eu me divertia muito. Quando não estava nas lojas, tentando fazer com que nossos associados realizassem um trabalho ainda melhor, ou no escritório examinando os números para ver onde iria surgir o problema seguinte, ou liderando o nosso grito de guerra na reunião das manhãs de sábado, provavelmente estaria pilotando meu avião, olhando para alguma parte deste nosso belo país – e contando o número de carros nos estacionamentos das lojas Kmart. Ou, talvez, estivesse tirando algumas horas de folga para jogar um pouco de tênis, ou para caçar com os meus cachorros.

Tudo isso terminou para mim, agora. Estou realmente doente, e acho que quando a gente envelhece, e a enfermidade nos atinge, naturalmente nos tornamos um pouco filosóficos – em especial, tarde da noite, quando não podemos dormir e nossa mente repassa tudo, várias vezes, tentando avaliar o que fomos e o que fizemos. A verdade é que se não fosse a doença, duvido que tivesse escrito este livro, ou tivesse tempo para tentar avaliar a minha vida. Como vocês devem saber, já agora, temperamentalmente, inclino-me demais para a ação para realizar um projeto tão sedentário. Mas como comecei, vou até o fim e tentarei dizer a você o que sinto sobre algumas das coisas que me parecem importantes.

Isso parecerá estranho a pessoas que me conhecem bem, mas ultimamente tenho pensado se devo ter remorsos por me ter dedicado de maneira tão total ao Wal-Mart. Terá sido realmente compensador todo aquele tempo que passei longe da minha família? Deveria eu ter pressionado tanto os meus associados, durante todos esses anos? Estarei deixando alguma coisa de cuja realização me possa orgulhar, ou falta-lhe sentido para mim, agora que enfrento o desafio final?

Poderíamos ter seguido muitos caminhos diferentes, em vários momentos. Muitas pessoas entraram no comércio varejista da mesma maneira que eu, construíram suas companhias até um certo ponto, e então disseram: "Basta!", venderam a empresa e compraram uma ilha. Eu podia ter deixado tudo de lado para brincar com os netos, ou poderia ter dedicado os últimos anos de minha vida a obras boas, creio. Não conheço ninguém mais que tenha feito como eu: começado como um neófito, aprendido o seu ofício, varrido o chão, escriturado os livros, esfregado as janelas, pesado o açúcar, manobrado a registradora, instalado as armações, remodelado as lojas, construído uma organização deste tamanho e qualidade, e continuado a fazer isso até o fim, porque lhe agradava tanto. Ninguém que eu conheça fez isso.

Eis como vejo a coisa: minha vida tem sido uma troca. Se eu queria alcançar as metas que fixei para mim mesmo, tinha de perseverar cotidianamente no esforço para isso. Tinha de pensar nelas todo o tempo. E suponho ser verdade o que David Glass disse a meu respeito: eu tinha de me levantar a cada dia pensando em melhorar alguma coisa. Charlie Baum também tinha razão ao dizer que eu era impulsionado por um desejo de ficar sempre no alto. Mas no sentido mais amplo – no sentido da vida e da morte – terei feito as escolhas certas?

Tendo refletido muito sobre isso, agora, posso dizer sinceramente que se tivesse de fazer as escolhas novamente, faria exatamente as que fiz. Os sacerdotes são colocados aqui para cuidar das nossas almas; os médicos, para curar nossas doenças; os professores, para abrir nossos espíritos, e assim por diante. Cada qual tem seu papel a cumprir. Estou absolutamente convencido de que a única maneira pela qual podemos melhorar a qualidade de vida, que é algo muito real para os que cresceram na Depressão, é através do que chamamos de livre empresa – praticada de maneira correta e moral. E realmente acredito que não são muitas as companhias que fizeram as coisas como nós do Wal-Mart. Melhoramos o padrão de vida de nossos clientes, para os quais economizamos bilhões de dólares, e de nossos associados, que puderam participar de nossos lucros. Muitas pessoas, em ambos os grupos, investiram também em nossas ações e lucraram durante todos esses anos.

Quando começamos, toda a idéia era apenas o motivo de lucro: nossa estratégia comercial era atrair os clientes vendendo artigos da melhor qualidade possível pelos menores preços possíveis. Funcionou, e os poucos entre nós que acreditaram nisso desde o começo e investiram na idéia, enriqueceram com ela.

Evidentemente, nem todas as pessoas que foram trabalhar no Wal-Mart ficaram ricas. Mas são muitas as histórias de associados nossos que ganharam o suficiente para, pelo menos, comprar seu primeiro carro, ou sua primeira casa, e muitos que se aposentaram com mais de um milhão de dólares de participação nos lucros. Pudemos ajudar os nossos associados em proporções maiores do que a maioria das companhias, devido ao que se poderia chamar de interesse esclarecido: fomos suficientemente egoístas para ver, desde o início, o valor que tinha para a companhia a sua participação nos lucros.

Também acho que os associados de nossa companhia que acreditam em nossos ideais e nossas metas, e estão de acordo com o programa, sentiram uma satisfação espiritual – mais no sentido psicológico do que religioso – com toda essa experiência. Aprenderam a ficar eretos, olhar as pessoas nos olhos e falar com elas, e sentiram-se melhor consigo mesmos, e quando se começa a ganhar confiança, não há razão pela qual não se possa continuar a melhorar. Muitas dessas pessoas decidem ir para uma escola superior, ou dirigir uma loja, ou aproveitar o que aprenderam para começar seu próprio negócio, ou fazer um bom trabalho e orgulhar-se disso. O Wal-Mart ajudou os seus bolsos e o seu amor-próprio. Há sem dúvida certos sindicalistas e certos intermediários que não concordariam comigo, mas acredito que milhões de pessoas estão hoje melhor do que estariam se o Wal-Mart não existisse. Sinto-me muito orgulhoso com tudo isso, e com a maneira pela qual gastei minhas energias nesta vida.

De uma coisa tenho certeza. É fora de dúvida que mudamos o modo pelo qual o comércio varejista funciona em nosso país. E quando digo nós, não me refiro apenas ao Wal-Mart. Algumas das pessoas de que falei antes neste livro, como Sol Price, Harry Cunningham e John Geisse, também merecem muito crédito por isso. Toda a filosofia do comércio varejista mudou devido à qualidade das lojas de ofertas, das quais acredito que somos as melhores. Quase que desde o princípio o nosso objetivo foi cobrar o mínimo possível pelas nossas mercadorias, e tentar usar toda a força que tivéssemos para conseguir com nossos fornecedores negócios que nos pemitissem oferecer a melhor qualidade possível. Muitas pessoas em nosso ramo ainda estão tentando cobrar o que o mercado tolerar, e estão simplesmente no caminho errado. Digo-lhes uma coisa: as companhias que não pensam nos clientes, não se concentram no interesse dos clientes, vão se perder nessa luta – se é que já não se perderam. Os que são ambiciosos vão ficar na poeira.

Há no que aconteceu com o Wal-Mart lições que vão além do comércio varejista e se aplicam a muitos outros tipos de negócio. Partimos de uma constatação: a livre empresa é o motor de nossa sociedade; o comunismo está desmoronando, e já mostrou isso. Portanto, não há mais nada que se possa comparar com a sociedade livre, baseada numa economia de mercado. Nada pode vencer esse sistema – nada, a menos que a liderança e a administração se tornem egoístas ou preguiçosas. No futuro, a livre empresa terá de ser bem-exercida – o que significa que terá de beneficiar os trabalhadores, os acionistas, as comunidades e, é claro, a a sua administração, que deve adotar uma filosofia de liderança para servir.

Nos últimos tempos, não creio haver dúvida de que muitas empresas americanas pensaram primeiro em si mesmas, com demasiada freqüência, para depois pensar nos outros. Os japoneses têm razão num ponto: não se pode criar um espírito de equipe quando a situação é unilateral, quando a administração fica com um pedaço tão grande do bolo, e os trabalhadores, com um pedaço tão pequeno. Alguns dos salários que vejo por aí estão totalmente desatualizados, e todo mundo sabe disso. É evidente que a maioria das companhias faria melhor se baseasse os proventos de sua direção no respectivo desempenho, ou no retorno oferecido ao investimento feito pelos acionistas, ou em qualquer outro índice que leve claramente em conta a maneira pela qual os diretores estão fazendo o seu trabalho. E a fórmula tem de assegurar a divisão justa dos lucros com os trabalhadores, os administradores e os acionistas, de acordo com suas contribuições e riscos. No Wal-Mart, sempre pagamos aos nossos executivos menos do que é habitual nesse ramo de negócio, por vezes excessivamente menos. Mas sempre os recompensamos com bônus em ações e outros incentivos relacionados diretamente com o desempenho da companhia. Não é por acaso que ela, junto com os seus diretores, se tem saído bem.

Acredito que nossa maneira de ver as coisas terá o seu reconhecimento nesta década, e no próximo século. A maneira de realizar negócios, mundialmente, vai ser diferente, e grande parte dessa diferença refletirá aquilo que nós, de uma maneira egoísta, chamamos de Jeito Wal-Mart. Na economia global, a empresa bem-sucedida fará exatamente o que o Wal-Mart está sempre tentando fazer: delegar cada vez mais a responsabilidade pelas decisões às pessoas que estão na linha de tiro, as que tratam com os clientes diariamente. A boa administração vai começar a ouvir as idéias desses soldados rasos, reunindo-as e disseminando-as pelas suas organizações, a fim de que as pessoas possam agir de acordo com elas. É assim que já estão fazendo companhias bem-sucedidas: 3M, Hewlett-Packard, GE, Wal-Mart. Grandes idéias podem vir de qualquer lugar, desde que ouçamos e procuremos por elas. Nunca se sabe quem vai ter uma grande idéia.

Podemos mudar a tendência do mundo, tal como fizemos com o comércio varejista. Podemos fazer isso melhor do que os japoneses, porque somos mais inovadores, mais criativos. Podemos competir com a mão-de-obra de Bangladesh, ou qualquer outro lugar, porque temos uma tecnologia melhor, que pode nos dar equipamento mais eficiente. Podemos superar muitas de nossas relações adversas e estabelecer associações com nossos fornecedores e nossos trabalhadores onde todos ganhem, e que nos deixará com mais energia e talento para nos concentrarmos no importante, o atendimento das necessidades de nossos clientes. Mas tudo isso exige a superação de uma das forças mais poderosas da natureza humana: a resistência à mudança. Para ter êxito neste mundo, é preciso mudar sempre.

Quando vemos o que aconteceu com a indústria americana de automóveis, sentimos a tentação de tratar os japoneses injustamente – devido à maneira pela qual eles nos tratam, com as suas leis protecionistas. Nossa indústria automobilística não está sendo tratada com lealdade. Mas não me parece que devemos revidar com protecionismo também, porque ele não soluciona o verdadeiro problema: a qualidade de nosso produto não compete com a qualidade do produto japonês, quer reconheçamos isso, ou não. É um grande desafio para a administração das empresas. O que elas tem de fazer é formar uma sociedade com seu pessoal.

Compreendo que a indústria automobilística tem problemas que não vimos no nosso negócio. Sei que seus operários ganham 22 dólares por hora, em comparação com os 16 dólares no Japão, e que os trabalhadores mexicanos na indústria automobilística ganham muito menos. Não estou dizendo que eu poderia resolver todos esses problemas, mas gostaria muito de pegar hoje uma companhia coberta por um sindicato e convencer seu pessoal da necessidade de ser globalmente competitivo – quer em automóveis, aço ou eletrônica. Gostaria de ter a oportunidade de fazer isso, o prazer de ver se poderiam ser motivados a constituir uma equipe que participasse do sucesso de toda a companhia – e ainda continuar a ter um sindicato. Seria necessária muita persuasão para conseguir isso, mas garanto que poderia ser conseguido por alguém suficientemente obcecado e persistente. Mas, para que a administração da indústria americana possa dizer aos seus trabalhadores que estão todos juntos no mesmo barco, terá de deixar essa tolice de pagar aos diretores bônus de três e quatro milhões de dólares todos os anos e de andar por toda parte em limusines e jatos das empresas, como se fossem muito melhores do que os outros.

Não estou dizendo que toda companhia deva necessariamente ser tão econômica quanto o Wal-Mart. Nem todos estão no ramo das lojas de ofertas, tentando economizar cada dólar possível para os seus clientes. Mas eu me pergunto se muitas dessas companhias não se sairiam igualmente bem se os seus executivos vivessem um pouco mais como pessoas reais. Muita gente acha que é loucura minha viajar em classe econômica sempre que faço um vôo comercial, e talvez eu exagere um pouco. Mas acho que me cabe, como líder, dar o exemplo. Não é justo que eu ande de uma maneira, e peça aos outros que viajem de maneira diferente. No momento em que se faz isso, começa-se a criar ressentimentos e toda a idéia de equipe começa a se frustrar.

Mas para mim, já é tempo de esquecer o passado e pensar em como realmente desejo que seja o legado do Wal-Mart, no futuro. Gostaria de acreditar que, continuando a florescer e a crescer, o Wal-Mart possa fazer jus ao nome que nos foi dado por alguém: o Farol dos Ozarks. Só espero que possamos difundir o conceito para além de nossa região de origem, porque agora somos uma companhia realmente nacional. Para que o Wal-Mart mantenha a sua posição nos corações de nossos clientes, temos de estudar mais formas pelas quais possamos fazer uma retribuição às nossas comunidades. Orgulho-me tremendamente das coisas que fizemos e que já mencionei. E já estamos estudando meios pelos quais possamos participar mais, ser mais socialmente conscientes em todos os aspectos. Como já disse, nosso país precisa desesperadamente de uma revolução na educação, e espero que o Wal-Mart possa contribuir de alguma forma, ainda que seja por motivos egoístas. Sem um sistema educacional forte, o princípio da livre empresa que permite a um Wal-Mart, ou a uma IBM, ou a uma Procter & Gamble, aparecer em cena e fortalecer a economia de nosso país simplesmente não funciona. Você pode ter problemas em acreditar nisso, mas todas as vezes que testamos o velho ditado, ele nos foi confirmado: quanto mais se dá, mais se recebe.

Finalmente, muita gente me faz sempre duas perguntas relacionadas entre si. A primeira é: poderia uma história do tipo do Wal-Mart ocorrer ainda hoje? A minha resposta é que certamente poderia acontecer de novo. Neste momento, em algum lugar, deve existir alguém – provavelmente centenas de milhares de alguéns – com boas idéias em número suficiente para percorrer todo esse caminho. Ele será percorrido novamente, muitas vezes, desde que alguém deseje realmente fazer o necessário para chegar lá. É apenas uma questão de atitude e capacidade de estudar constantemente, e uma questão de administração do negócio.

A segunda pergunta é: se eu fosse um jovem, ou uma jovem, começando hoje com os mesmos talentos, energias e aspirações que eu tinha há 50 anos, o que faria? A resposta a essa pergunta é um pouco mais difícil. Não sei exatamente o que eu faria hoje, mas tenho razoável certeza de que eu estaria vendendo alguma coisa, e espero que fosse em nível de varejo, onde eu poderia ter contato direto com os clientes, com as pessoas vindas da rua. Creio que estudaria o setor de varejo hoje e escolheria o ramo que prometesse mais com menos investimento. Provavelmente alguma forma de varejo especializado, relacionada talvez com computadores, ou alguma como a Gap – ou mesmo a Body Shop.

De qualquer modo, da próxima vez que algum lojista impaciente, ligeiramente excêntrico, abrir um negócio lá na sua cidadezinha, antes de prever apressadamente a sua falência, lembre-se daqueles dois sujeitos que deram um prazo de talvez 60 dias de duração para minha loja em Fayetteville. Vá ver de perto a nova loja. Veja o que tem a oferecer, como tratam o cliente, e decida por você mesmo se quer voltar lá. Mas é disso que se trata, realmente. Neste país livre que é o nosso, o sucesso daquele lojista depende inteiramente de você, o cliente.

PÓS-ESCRITO

DURANTE OS DOIS ÚLTIMOS anos de sua vida, meu pai travou uma difícil batalha contra uma forma de câncer dos ossos, mieloma múltiplo, que desde o momento em que foi diagnosticada ele compreendeu que quase certamente seria fatal. Como em todos os outros desafios encontrados em sua vida, ele enfrentou este frontalmente, cheio de otimismo e pronto a tentar todas as novas maneiras de vencer o problema. Assim, com o estímulo de toda a família – e a cuidadosa assistência médica do meu irmão John – meu pai submeteu-se a vários programas experimentais de tratamento, com um grupo de excelentes médicos.

Tomava seus remédios, mas nunca falava da enfermidade que o atingira, nem de sua cura potencial. Pelo contrário, lançou-se à atividade. Na época do diagnóstico, em princípios de 1990, ele vinha trabalhando, de maneira bastante irregular, numa autobiografia. Cancelou esse projeto, preferindo gastar a maior parte do seu tempo e energia fazendo o que mais gostava: pilotar seu aparelho de cidade em cidade, indo de Wal-Mart em Wal-Mart, visitando seus queridos associados. Em fins de 1991, quando começou a perceber que a doença o estava vencendo e dentro em pouco limitaria sua mobilidade, meu pai – a instâncias de nossa família e de outros – voltou novamente a sua atenção para o projeto de colocar sua história no papel, enquanto isso ainda lhe era possível. Quando resolveu escrever, lançou-se neste projeto de livro com a mesma concentração e energia que dedicou a tudo o que fez em vida. Era muito exigente sobre o que desejava que o livro fosse, e trabalhou nele diariamente, fazendo revisões, acrescentando fatos, melhorando o estilo, insistindo com outros para que colaborassem com as suas lembranças.

Em princípios de março seu moral continuava elevado e o trabalho no livro prosseguia, mas suas condições físicas estavam se agravando. Teve, então, uma das grandes surpresas da sua vida. A Casa Branca quis condecorá-lo com a Medalha Presidencial da Liberdade, a maior condecoração civil do país. O presidente bush e a primeira-dama viriam a Bentonville para entregá-la a meu pai, que ficou emocionado com essa honra. Para essa ocasião ele poderia ter convidado, é claro, qualquer pessoa que quisesse, mas nem tivemos de perguntar-lhe quem ele desejava que estivesse ali com ele: seus associados do Wal-Mart.

A medalha lhe foi entregue na manhã de terça-feira, 17 de março, no auditório do escritório geral do Wal-Mart, onde meu pai tinha realizado tantas reuniões das manhãs de sábado. O auditório estava cheio com várias centenas de associados, e sua afeição por meu pai, naquele dia especial, foi particularmente comovente. Eles de fato se superaram, e acredito que tenham até mesmo assustado o presidente e a sra. Bush – para não falarmos do pessoal da imprensa da Casa Branca – dando um dos mais entusiásticos gritos de guerra do Wal-Mart que já se ouviu aqui nos últimos tempos. A satisfação de meu pai era evidente, e ele considerou aquele momento como "o ponto culminante de toda a nossa carreira". É claro que dividiu o crédito com todos os seus associados. Mas foi um dia pungente. Ele teve de ser levado ao palco numa cadeira de rodas, e a maioria de seus associados sentiu que seria a última reunião. A sala estava cheia de orgulho, naquele dia – mas também de lembranças perdidas, e de muitas lágrimas.

Eis o que a citação presidencial disse de meu pai:

"Americano de nascimento, Sam Walton encarna o *espírito empresarial e exemplifica o sonho americano. A preocupação com seus empregados, a dedicação à sua comunidade, e o desejo de influir foram os marcos de sua carreira. Patrocinando bolsas para a América Latina, também contribuiu para aproximar os povos e compartilhar com outros os ideais americanos que ele tão bem representa. Homem dedicado à sua família, líder empresarial e estadista da democracia, Sam Walton demonstra as virtudes da fé, esperança e trabalho. A América homenageia este capitão do comércio, tão bem-sucedido na vida como nos negócios."*

Poucos dias depois, meu pai foi internado no hospital da Universidade de Arkansas, em Little Rock. Mesmo em suas últimas semanas de vida, tinha grande prazer em fazer o que sempre fizera. Uma das últimas pessoas com as quais conversou, fora da família, foi o diretor do Wal-Mart local que, a nosso pedido, foi conversar com ele sobre os dados das vendas de sua loja naquela semana. Depois, menos de três semanas depois de ter recebido a Medalha da Liberdade, e poucos dias antes do seu 74º aniversário, a luta de meu pai contra o câncer terminou. Na manhã de sábado, 5 de abril, ele morreu tranqüilamente – tão inspirado em presença da morte quanto tinha sido em presença da vida.

Todos sentirão falta dele.

ROB WALTON
Presidente, Lojas Wal-Mart
Bentonville, Arkansas, maio de 1992

NOTA DO CO-AUTOR

SAM WALTON EVITOU por muito tempo aqueles que queriam escrever sobre ele, e este livro não teria existido sem várias pessoas cuja insistência no assunto se estendeu por vários anos.

Grande parte do crédito pela minha participação pertence a Marshall Loeb, editor-gerente da *Fortune* – e meu chefe – que me enviou a Ozarks pela primeira vez em dezembro de 1988, depois de deixar claro que não aceitaria uma recusa. Kris Dahl, meu agente na ICM, estimulou-me a escrever um livro e ouviu com paciência os altos e baixos da realização deste, durante anos.

Mais do que ninguém, o vice-presidente da Doubleday, Bill Barry – o "comerciante" de livros de Nova York, que fala depressa e escreve cartas – merece crédito por ter convencido Sam a escrever um livro. Seus constantes esforços nesse sentido ultrapassaram todas as funções normais de um editor de livros. E uma de suas grandes contribuições foi ter escolhido Deb Futter para acompanhar o seu preparo, e que correu pressurosa por um caminho que muitos teriam temido palmilhar. Ela teve um desempenho notável apesar da pressão de prazos inacreditáveis, desempenho esse que foi também o de tantas outras pessoas com funções essenciais na Doubleday.

No Wal-Mart houve também conspiradores. Sem o estímulo paciente e ousado da secretária pessoal de Sam, Becky Elliot, ele teria encontrado desculpas para adiar permanentemente o livro. Desde o início, o diretor-executivo do Wal-Mart, David Glass, deu seu apoio oficial, o que ajudou muito. E toda a família Walton colaborou. A elegância e a hospitalidade de Helen Walton, em circunstâncias difíceis, foram de grande valor, como também as suas entradas para o basquetebol. A orientação profissional que Rob Walton deu ao projeto o facilitou para todos.

Finalmente, agradecimentos pessoais a Kate Ellis e Jack Huey por tolerarem a minha ausência e minha agenda peripatética sem reclamar. Lamento apenas não ter podido agradecer a Sam Walton pela oportunidade de ajudá-lo a contar a sua vida extraordinária. Colaborar com Sam em qualquer empreendimento foi sempre uma experiência de vida, e este livro não constitui exceção.

JOHN HUEY
Atlanta, Geórgia,
maio de 1992

ÍNDICE

A

ações
 com desconto, 114-115
 de propriedade da família, 5-6, 8
 de propriedade privada, 36
 desdobramentos, 87
 no mercado paralelo, 86
 queda, 2-3
 varejo, 94
 Wal-Mart, 5, 32, 82-95, 116, 118, 127
Águia, loja, 25, 26, 29, 154
Alexander, Margo, 170
Alexander, secretário Lamar, 210
Ann & Hope, lojas, 37, 71
Anúncios, 21, 30, 97, 99, 178
Arena Bud Walton, 147
Arend, Ferold, 74, 78, 79, 81, 100, 101, 132, 134, 136, 150
 na presidência, 132
Arkansas, universidade de, 147, 150
Arlan, lojas, 37, 71
Associação dos Acionistas Unidos, 95
Aurora, Missouri, loja Wal-Mart, 97
auto-atendimento, conceito de, 19-20, 29

B

Bates, Tom, 18
Baum, Charlie, 24, 29, 49, 86, 112, 212, 221
Beall, Royce, 127
Belton, Missouri, loja Wal-Mart, 97
Ben Franklin, lojas, 19, 22, 29, 33, 38
 Arkadelphia, Arkansas, 20
 Coffeyville, Kansas, 36
 desinteresse pelas ofertas, 43
 escritório regional, 33
 Little Rock, Arkansas, 36
 Neodesha, Kansas, 36
 Newport, Arkansas, 19, 23, 25, 26, 28
 operação de franquia, 21
 Rogers, Arkansas, 40
 Ruskin Heights, Missouri, 34, 35
 Saint Robert, Missouri, 62
 Siloam Springs, Arkansas, 36
 Springdale, Arkansas, 36
Benton County Democrat (jornal), 30
Bentonville, Arkansas
 centro de distribuição do, Wal-Mart, 78, 106, 183
 escritório geral do Wal-Mart, 195, 196
 estilo de vida, 15
 loja de variedades ou miudezas, 29
 Walton's Five and Dime, 158
Bernard, Kurt, 73
Billingsley, George, 128, 164
Bogle, Bob, 39, 71
Bolsa de Valores de Nova York, 88, 127
Bonner Spring, Kansas, loja Wal-Mart, 97
Boss, Loretta, 102, 129
Broken Arrow, Oklahoma, loja Wal-Mart, 97
Burroughs, Farris, 214
Bush, Barbara, 228
Bush, presidente George, 210, 228

C

Campo Chapote, 131
Carter, Paul, 175, 183
Carthage, Missourl, loja Wal-Mart, 80
Cate, Charlie, 33, 42, 49, 56, 86
Câmara de Comércio, 26, 89
Chambers, Royce, 80
Chase, Marty, 37
Chattanooga Bakery, 54
Children's Miracle Network nethon, 211
Cidadãos Contra o Desperdício Governamental, 208
Claremore, Oklahoma 18, 28
 loja Wal-Mart, 80

Clark, Bob, 117
Clinton, governador Bill, 210
Clinton, Missouri, 115
    Sam's Club, 148, 176, 177, 179
    publicidade, 178
Columbia Missourian (jornal) 14
Colúmbia, Missouri, 1, 3, 12
    loja Wal-Mart, 32
comercialização, 15, 21-22, 24, 41, 50-51, 54-55, 72, 76, 107, 121
computadorização, 43, 75, 76, 79, 108, 109, 165, 186
comunicações, 80, 122, 140
concorrência, 52, 72, 104
    dominando a, 55
    global, 175-176, 180
    J.C.Penney, 26
    Kmart, 12, 43, 51, 96, 98
    loja Scott, 31
    loja Sterling, 20, 24, 26, 34, 110
    lojas Duckwall, 110
    lojas Gibson's, 105, 155, 168
    lojas Kuhn's Big K, 105, 110
    lojasTG&Y, 105
    lojas Woolworth, 31
concursos, 144
Conselho de Comércio de Arkansas, 208
Conway, Arkansas, loja Wal-Mart, 74
Coughlin, Tom, 178
Crowley, Louisiana; loja Wal-Mart, 203
Cunningham, Harry, 138, 169, 172, 222

D
Dayton-Hudson, loja, 44
Deming, W. Edwards, 200
depressão, 3, 14, 154, 221
Discount Store News (revista) 142
Distribuição, 45, 46, 50-51, 72, 77, 79, 97, 107, 110, 147
    correias transportadoras a laser, 187
    mecanizada, 183
    plataformas duplas, 80-81, 108-109
    por terceiros, 175, 185
    problemas sindicais, 113
    transbordo, 108
Dodson, Jim, 28, 32
Duckwall, lojas, 78, 110
Dunham, John, 20, 21, 24, 27

E
Elliott, Becky, 102
Empresas Walton 5, 66
English, Larry, 56
Entrekiri, Ezrn, 14
Escola Secundária de Hickman, 12
Escolha Americana de Sam, produtos, 215
Estoques, 45, 76, 184
Estudantes na livre Empresa, 206, 209

F
Fayetteville, Arkansas, 169
    loja Wal-Mart, 82
Fed-Mart, lojas, 37, 71
Federated, lojas, 18
Fields, Bill, 150, 170, 192
First Boston, 101
First Commerce Bank, 84
Fisher, Herb, 77, 170
Fitzgerald, Georgia, loja Wal-Mart, 143
Forbes (revista), 1
Fort Scott, Kansas, loja Wal-Mart, 97
Fortune (revista), 142
franquia, operações de, 21, 36, 40

G
Geisse, John, 169
General Electric, 55, 146, 224
Gibson's, lojas, 41, 45, 46, 49, 56, 105, 155, 168
    concorrência com o Wal-Mart, 168
Gibson, Herb, 38, 41, 43
Gilliam, Maggie, 92
Gillman, Herb, 170
Glass, David, 8, 35, 40, 54, 101, 102, 103, 108, 124, 140, 141, 166, 172, 187, 195, 216, 221
    diretor-executivo, 199
    presidente, 179
    substitui Mayer, 135

Goizueta, Roberto, 153
Grandview, Missouri, loja Wal-Mart, 97
Green, Phil, 51, 57, 82, 142

H

Habern, Glenn, 183
Hadrin, Joe, 182, 184, 187
Haik, Jim, 56
Harris, Claude, 48-49, 57, 163
Harrison, Arkansas, 41, 136
Harrisonville, Missouri, loja Wal-Mart, 97
Harvey, Paul, 111
Hested's, lojas, 34, 106, 174
Holmes, P. K., 24
Hopper, Artie, 144
Hot Springs, Arkansas, 24, 168
  loja Wal-Mart, 52, 168
Huey, John, 229
Huntsville, Arkansas, loja Wal-Mart, 144
Hurst, Mort, 144
Hypennart, 176

I-J

IBM, 75, 79, 140, 182, 205, 225
Idabel, Oklahoma, loja Wal-Mart, 150
In Search of Excellence (Peters), 220
Instituto Nacional de Varejistas em Grande Escala, 75, 76
Instituto Walton, 150
Irmãos Butler, 18, 20, 21, 24, 38, 46
Irving, Texas, loja Wal-Mart, 120
Jacobs, Joh, 56
Jacobs, Rayburn, 39
Jamesway Corporation, 77, 169
Jefferson, Thomas, 107, 109, 171
Jimmy Walker e os Contadores, 139
Johnson, A.L., 103-104
Johnson, Mike "Gambá", 139
Jones, E. Fay, 7
Jones, Jimmy, 83
Jones, Loy, 11
Joplin, Missouri, loja Wal-Mart, 97

K

Kelley, Jean, 118
Kingfisher, Oklaroma, 3
Kmart, lojas, 43, 44, 51, 71, 98, 155, 158, 159, 168, 169, 171
  concorrência com o Wal-Mart, 2, 22, 43, 96, 98, 168, 169, 170
  e as cidades pequenas, 96
  recepcionistas, 97
  sistema de distribuição 203
Kresge, S.S., lojas, 44, 138, 169, 172
Krist, Harry, 57
Kroger, lojas, 24, 31, 34
Kuhn' BigK, lojas, 94, 105, 110, 174
Kuhn, Gus, 174
Kuhn, Jack, 174

L

Lauer, Gene, 33
Lazarus, Arlie, 77
Leavenworth, Kansas, loja Wal-Mart, 98
Leis, Clarence, 46, 56
Uttle Rock, Arkansas, 36, 90, 171
lojas de variedades (ou miúdezas) 15, 19, 20, 26, 36-37
  auto-atendimento, 29
  concorrência, 38
  desaparecimento, 110, 155
  independentes, 31, 36-37
  necessidade de reposição, 159
  regionais, 105
Love, John, 144
Loveless, Ron, 178

M

Magic Mart, 110, 168
Majors, Duncan, 16
Manunoth Mart, 37, 71
Marcus, Bernie, 123
Marks, Abe, 75, 78
Marshall, Missouri, 3, 10
"Massacre de sábado à noite", 135
Mattingly, Hugh, 15
Mayer, Ron, 77, 80, 81, 84, 86, 101, 107, 108, 127, 132

McAllister, 203
McMurray, Joyce, 118
Medalha Presidencial da Uberdade, 228
México, Missouri, 113, 115, 118
métodos promocionais, 21, 22, 23, 31, 41, 50, 51, 106
balões 142
bingo dos carrinhos de mercado 142
equipe de manobras com carrinhos de mercado, 142
lançamento de pratos, 142
Vendas em Gôndolas, 107
Vendas Loucuras ao Luar, 142
Vendas na Calçada, 107, 142
Miles, Al, 82, 99, 110, 145
Missouri, Universidade de, 13
Mohr-Value, lojas, 173
Monett, Missouri, loja Wal-Mart, 97
Morrilton, Arkansas, loja Wal-Mart, 45
motivação, 10, 12, 19, 120-121, 122
Motoristas Cantores 139
Mountain Home, Missouri, loja Wal-Mart, 80
Museu Nacional para a Mulher nas Artes, 208

N

Nagy, Ed, 120
Neosho, Missouri, loja Wal-Mart, 80, 97
Nevada, Missouri, loja Wal-Mart, 97
New American School Corporation, 210
New Iberia, Louisiana, loja Wal-Mart, 143
Newberry, J.J., lojas, 74, 78, 106
Newport, Arkansas, 7
loja Ben Franklin, 19, 23, 25, 26
loja Wal-Mart, 156
partida de Sam, 28
North Uttle Rock, Arkansas, loja Wal-Mart, 171
Nova York, 58, 64

O-P

Olathe, Kansas, loja Wal-Mart, 97
Oneonta, Alabama, loja Wal-Mart, 144
Ozark, Missouri, loja Wal-Mart, 143
Panama City Beach, loja Wal-Mart, 194
Panama City, Florida, loja Wal-Mart, 195
Parker, Loretta Boss, 102, 129
participação nos lucros, 113, 114, 115, 118, 149
Penney, J.C., lojas, 15, 16, 26, 154
concorrência com o Wal-Mart, 26
Peters, Tom, 220
Penney, JamesCash, 16, 115
perdas de estoque, 65, 119
Peterson, Donald, 11
Pickens, Fred, 90
preços, fixação de, 22, 45, 46, 156
Price Club, 167, 177, 178
Price, Robert, 179
Price, Sol, 37, 71, 167, 177
Pritchett, Lou, 165
processamento de dados, 80, 109, 132
Procter & Gamble, 46, 164, 192
Promoções, 110
associação comercial, 72, 74-75
conceito, 72
em pequenas cidades, 95, 104
enfraquecimento, 173
filosofia, 37-38
grupos de pesquisa, 105, 170
primeiras 37-38, 44
propriedade absenteísta, 76-77
Pumphrey, Stephen, 4

R

recepcionistas, 144, 203
Reinboth, Gary, 8, 37, 57, 74, 100
Remmell, Buck, 85
Republic, banco, 84
Reuniões das manhãs de sábado, 55, 67, 101, 138, 139, 141, 144, 177, 194, 195, 201
Rhoads, Robert, 139
Robson, Frank (cunhado), 129
Robson, L. S. (sogro), 5, 18
Robson, Nick (cunhado), 31
Rogers, Arkansas, 169
Wal-Mart n 1, 39, 45
Rotary Club, 26, 89
Roy (cão de Sam), 130, 191

Ruskin Heights, Missouri, 33-35
Russell, Max, 38
Ruston, Louisiana, loja Wal-Mart, 97

S
Sand Springs, Oklahoma, loja Wal-Mart, 97
Sanders, Dean, 125, 149, 170
Sanders, Georgia, 117
Schneider, Bob, 141
Scott, Lee, 185
Scott, loja 31
Sears Roebuck, lojas, 15, 195, 198
Self, Charlie 141
Shelbina Democrat (jornal), 11
Shelbina, Missouri, 12
Shewmaker, Jack, 96, 100-101, 108
  como diretor-financeiro, 179
  como presidente, 187
  sobre as comunicações, 188
Sikeston, Missouri, loja Wal-Mart, 80
Siloam Springs, Arkansas, 28, 33, 36, 170
Sims, Andy, 124
sindicatos, 113, 114, 214, 224
sistemas
  administração, 80-81
  comercialjzação, 74, 99, 106
  comunicações, 80
  contabilidade, 21, 47
  controle de estoque, 184, 187
  departamento, 46
  distribuição, 44, 50, 71, 78, 80, 97, 107
  falta de, 45
  reabastecimento, 46, 74
Smith, Lee, 39
Smith, Mike, 83-84, 85, 89, 91
sociedades, 6, 19, 32, 38, 65, 83
  consolidação, 85-86
  Wal-Mart, 5, 83, 85
Soderquist, Don, 43, 101, 108, 137, 147
Southpoint (revista) 127, 130
Springdale, Arkansas, 36
  loja Wal-Mart, 40, 42, 44, 170
Stephens College, 14
Stephens Inc., 83, 96
Stephens, Jack, 35, 85
Sterling, loja, 20, 24, 33, 34, 41, 110, 154
  concorrência com o Wal-Mart, 20, 24, 26, 34, 105, 110

T
T. Rowe Price, 88
Target, lojas, 72, 158, 169, 173
Tate, John, 115
TG&Y, lojas, 32, 34, 38, 48, 105
  concorrência com o Wal-Mart, 105
Thornton, Bob, 78, 107
Threet, Inez, 30
trabalho de equipe, conceito de, 12, 95, 142, 200, 217, 223

U-W
Universidade dos Ozarks, 208
varejo, 15, 18, 30, 54, 71, 93, 121, 155
  conceito do auto-atendimento, 20, 30, 31
  desaparecimento do pequeno comerciante, 155-161
  evolução, 158
  internacional, 180
  mudanças, 23
  mulheres no, 151
  (ver também *promoções; comercialização*)
Versailles, Missouri, 33, 35
Volume, 23, 37, 56, 122
Wal-Mart World (jornal da companhia) 103, 149
Wal-Mart, lojas
  abertura do capital, 32, 65, 82-85
  ações, 3, 6, 32, 37, 82-95, 116
  ações com desconto, 114-115, 118
  anúncios, 98, 99
  aparência, 44
  assembléia de acionistas, 88, 141, 148
  atendimento ao cliente, 44, 72, 113, 152, 153, 161, 171, 192, 197
  bônus de incentivo, 114-115, 119
  Centro de Visitantes, 30, 33
    associados (empregados), 7, 111, 115, 116, 120, 122, 125
  comercialização, 50, 54, 55, 74, 99, 106, 108, 111, 132

computadorização, 109, 110, 165
comunicações, 80, 122, 140, 146, 175
concorrência, 9, 12, 20, 24, 26, 31, 34, 38, 43, 51, 55, 73, 96, 98, 104, 105, 110
controle do estoque, 184
cultura da empresa, 138-152
departamento de transportes, 107, 118, 148, 185, 202
distribuição, 45, 50, 71, 77, 78, 97, 107, 110, 132, 136, 147, 163
divisão na direção, 133-136
envolvimento comunitário, 161
equipamento/tecnologia, 81, 111, 136
escritório geral, 78, 195, 196, 204
êxodo de executivos, 135
filosofia comercial, 7, 9, 25, 39, 96-97
filosofia de preços, 22, 46
financiamento, 44
fundo de assistência, 212
diretores, 74, 83, 95, 107, 113
diretores distritais, 97, 120
diretores regionais, 198, 200
grito de guerra, 139
Hypermarts, 176
localizações urbanas, 97, 98, 120
Loja Dentro da Loja, 200
manual de diretrizes 109
método de saturação, 97, 111
métodos promocionais, 41, 51, 52-56
museu, 158
origem do nome, 39, 73
participação nos lucros, 113, 114, 116, 118, 119
Plano de Abertura de Loja, 99
primeira loja, 38-39, 45
processamento de dados, 80-81, 108, 132, 182
programa Coma o Que Cozinhou, 200
programas de compras, 55, 57
programa Traga de Volta para os E.U.A., 213, 214
quebras de estoque, 119-121
recepcionistas, 144, 202, 203
relações com os fabricantes, 160, 214
sistema de departamentos, 45, 201
sistema de entregas, 186
sistema de reabastecimento, 74
sistema de satélite, 188
sistema de viagens, 198-199
sistemas administrativos, 80
sistemas contábeis, 47
sociedades 5, 36-37, 83, 85
supercentros, 108
taxa de crescimento, 94, 106, 190
uso de aviões, 35-36
Walker, Willard, 36, 86, 112, 212
Wall Street, 2, 85, 91, 127, 171
analistas, 89, 90, 92, 94, 95
Sam e a hula-hula, 140
Walton's Five and Dime, 30
Walton, Alice (filha), 61, 62, 63, 67
Walton, Helen Robson (esposa), 19, 20, 61, 63, 65, 116, 128
ambição, 17
atitude para com a abertura de capital, 88
atividades comunitárias, 111
conhece Sam, 17
educação, 5
no primeiro Wal-Mart, 38
preocupação com os empregados, 114
sobre a expansão, 70
sobre a saída de Newport, 28
sobre as reuniões de sábado, sobre Bentonville, 29
Walton, James "Bud" (irmão), 3, 4, 10, 18, 25
ceticismo sobre as lojas de ofertas, 42
loja Ben Franklin de Versailles, 33
na primeira Wal-Mart, 38
propriedade de ações, 86
sobre concorrência, 168
sobre vôos, 35-36
sociedade com Sam, 33, 36
viagens de compras, 57
Walton, Jim (f1lho), 5, 61, 63, 65
Walton, John(filho), 36, 61, 66, 129
Walton, Rob (filho), 61, 62, 64, 84, 86, 99, 177

Walton, Sam,
- ambição, 10, 12
- aposentadoria, 133
- atitude quanto ao dinheiro 2, 3, 14, 82, 151
- atitude quanto às mudanças, 150
- caçadas, 28, 84, 128, 197
- competitividade, 5, 12, 28, 129
- compra de banco, 80, 82
- conhece Helen, 17
- e aviões, 4-5, 7, 8, 35, 39, 99, 133
- enfermidade, 220, 227
- estilo de administração, 101, 103, 104, 105, 121, 124, 145
- estilo de vida, 1-2, 8
- filosofia comercial, 7, 8, 9, 39, 72, 79-80, 101
- filosofia da oferta, 38, 42
- finanças pessoais, 1, 2, 5, 68
- idéia sobre varejo, 15
- infância 3-4, 12
- interesse pela política, 23, 67
- interesses filantrópicos, 208
- personalidade, 70
- perspectiva educacional, 208-211, 225
- recebe a Medalha da Liberdade, 228
- reuniões das manhãs de sábado, 55, 67, 101, 138, 140, 144, 177, 194, 195
- serviço militar, 15-18
- sobre a burocracia, 203
- tênis, 128, 129, 220
- valores familiares 7, 42, 61
- viagens de compras, 8, 48, 85

Walton, Thomas (pai), 3, 14, 61
Warrensburg, Missouri, loja Wal-Mart, 97
Washburn, Colon, 145, 149
Watson, Tom, 140, 205
Weiner, Harry, 22, 23
Welch, Jack, 55, 146
West Plains, Missourl, loja Wal-Mart, 80
Wheat Ridge, Colorado, loja Wal-Mart, 160
Whitaker, Don, 38, 40, 48, 56, 57, 58, 73, 79, 136
White, Nick, 170
Williams, Helen, 1
Wiseman, Wanda, 47
Woolco, lojas, 44, 78
Woolworth, F.W., lojas, 31, 34, 44, 49, 155
Wonnan, Dale, 77, 170
Wright, Wesley, 145